华南国际知识产权研究文丛

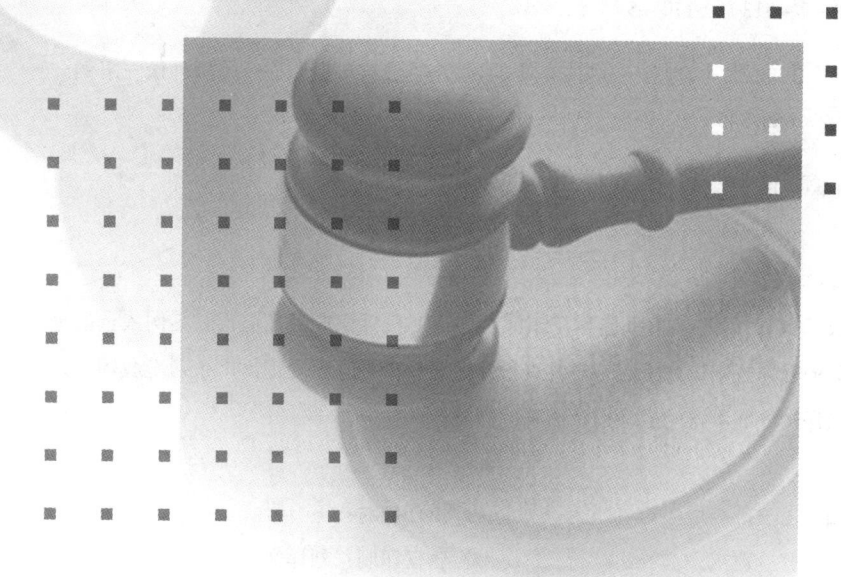

广东涉外知识产权诉讼典型案例解析 2017—2018

常廷彬 赵盛和 叶昌富／编著

知识产权出版社
全国百佳图书出版单位

图书在版编目（CIP）数据

广东涉外知识产权诉讼典型案例解析：2017—2018/常廷彬，赵盛和，叶昌富编著．—北京：知识产权出版社，2019.8

ISBN 978-7-5130-5170-5

Ⅰ.①广… Ⅱ.①常… ②赵… ③叶… Ⅲ.①涉外经济—知识产权—民事诉讼—案例—广东 Ⅳ.①D927.650.345

中国版本图书馆 CIP 数据核字（2019）第 164051 号

内容提要

本书收录了 2017 年度和 2018 年度广东涉外知识产权诉讼典型案例，以案例入选的理由以及所确立的裁判规则等为重点，对其进行评述和分析，进而展现出广东乃至我国涉外知识产权司法保护方面取得的成绩以及面临的问题。

责任编辑：王玉茂　可　为	责任校对：王　岩
装帧设计：张　冀	责任印制：刘译文

广东涉外知识产权诉讼典型案例解析（2017—2018）

常廷彬　赵盛和　叶昌富　编著

出版发行：知识产权出版社有限责任公司	网　　址：http://www.ipph.cn
社　　址：北京市海淀区气象路 50 号院	邮　　编：100081
责编电话：010-82000860 转 8541	责编邮箱：wangyumao@cnipr.com
发行电话：010-82000860 转 8101/8102	发行传真：010-82000893/82005070/82000270
印　　刷：三河市国英印务有限公司	经　　销：各大网上书店、新华书店及相关专业书店
开　　本：720mm×1000mm　1/16	印　　张：19.75
版　　次：2019 年 8 月第 1 版	印　　次：2019 年 8 月第 1 次印刷
字　　数：300 千字	定　　价：80.00 元
ISBN 978-7-5130-5170-5	

出版权专有　侵权必究

如有印装质量问题，本社负责调换。

华南国际知识产权研究文丛
总　序

党的十九大报告明确指出："创新是引领发展的第一动力，是建设现代化经济体系的战略支撑。"知识产权制度通过合理确定人们对于知识及其他信息的权利，调整人们在创造、运用知识和信息过程中产生的利益关系，激励创新，推动经济发展和社会进步。随着知识经济和经济全球化深入发展，知识产权日益成为推动世界各国发展的战略性资源，成为增强各国国际竞争力的核心要素，成为建设创新型国家的重要支撑和掌握发展主动权的关键。

广东外语外贸大学作为一所具有鲜明国际化特色的广东省属重点大学，是华南地区国际化人才培养和外国语言文化、对外经济贸易、国际战略研究的重要基地。为了更好地服务于创新驱动发展战略和"一带一路"倡议的实施和科技创新强省的建设，广东外语外贸大学和广东省知识产权局于2017年3月共同成立了省级科研机构——华南国际知识产权研究院。研究院本着"国际视野、服务实践"的理念，整合运用广东外语外贸大学在法学、经贸、外语等领域中的人才和资源，以全方位视角致力于涉外及涉港澳台知识产权领域重大理论和实践问题的综合研究，力争建设成为一个国际化、专业化和高水平的知识产权研究基地和国际知识产权智库。

为了增强研究能力，更好地服务于营造法治化、国际化营商环境和粤港澳大湾区的建设，我们决定组织编写"华南国际知识产权文丛"。该文丛以广东省以及粤港澳大湾区这一特定区域内的知识产权情况为研究对象，对区域内具有涉外以及涉港澳台因素的知识产权创造、保护和运营等情况进行深入研究，为提升广东、粤港澳大湾区乃至全国知识产权创造、保护和运用水平，促进社会经济文化的创新发展，提供智力支持。

该文丛是内容相对集中的开放式书库，包括但不限于以下三个系列：

《广东涉外知识产权年度报告》系列丛书。其以广东省涉外知识产权的司法和行政保护以及广东省企业在国外进行知识产权创造和运用等情况作为研究对象，立足广东，从国内和国际两个市场，从整体上研究我国知识产权的创造、保护和运用情况，为进一步完善我国的知识产权法律制度，提高行政机构的知识产权管理和服务能力，提升知识产权的司法和行政保护水平，增强企业在国内和国外两个市场进行知识产权创造、应用和防范、应对知识产权风险的能力，进而为推动我国"一带一路"倡议、"走出去"等国家政策的实施，提供智力支持。

《粤港澳大湾区知识产权年度报告》系列丛书。其以粤港澳大湾区内的香港、澳门、广州、深圳等11个城市的知识产权情况为研究对象，全面和深入研究各地的知识产权制度以及知识产权创造、保护和运用等情况，力求推动大湾区内部的知识产权交流与合作，增强和提升大湾区知识产权创造、保护和运用的能力和水平。

《广东涉外知识产权诉讼典型案例解析》系列丛书。其以研究院每年评选出的"广东十大涉外知识产权诉讼典型案例"为研究对象，深入解读典型案例所确立的裁判规则，分析涉外知识产权司法保护中的经验和不足，以推动我国知识产权司法保护工作的发展，增强我国企业、个人防范和应对知识产权诉讼的能力。

我们期望并且相信，经过各方的共同努力，该文丛必将成为知识产权研究的特色、精品佳作，为知识产权创造、运用、保护、管理提供高质量的智力指导。

是为序

石佑启

2019年7月10日

前 言

案例来源于实践，是生动具体的法治。在我国法律实践中，典型案例的引领、示范、指导作用日益凸显。因此，在华南国际知识产权研究院成立伊始，我们就将选评和发布广东涉外知识产权十大典型案例列为研究院的工作重点之一，每年定时进行评选和发布典型涉外案例。至今，我们已经完成了2016年度、2017年度、2018年度的广东涉外知识产权十大典型案例的评选和发布工作。考虑到这些案例所具有较高的典型意义，为进一步挖掘案例的价值，我们决定对评选出的典型案例作进一步的"深加工"——进行较为详细地解析，出版这套《广东涉外知识产权诉讼典型案例解析》系列丛书。

我们认为，包括知识产权诉讼在内的各类民事诉讼的功能不仅在于个案的纠纷解决，而且在于确立规则；不仅在于追究个案的公平正义，而且在于为国家经济社会的发展保驾护航。在知识产权民事纠纷案件中，涉外（包括涉我国港澳台地区）案件虽是"小众"的，但其作为一面"镜子"，映像巨大，意义非凡：

其一，作为知识产权创造、运用的镜子，其可以在一定程度上反映我国在知识产权创造、运用方面取得的成绩和存在的不足。涉外知识产权纠纷案件绝大多数是国外或者我国港澳台地区的企业、个人以我国内地企业、个人为被告提起的维权诉讼。通过分析和研究这些案例，可以让我国企业和个人发现知识产权创造、保护和运用方面所面临的风险和存在的不足，"有则改之、无则加勉"，防范知识产权风险，推动企业的健康发展。

其二，作为知识产权保护的镜子，可反映我国知识产权司法保护的能力和水平。对外部而言，涉外知识产权案例作为代表，可以反映我国知识产权司法保护的能力和水平；就内部来说，涉外知识产权案例作为我国知识产权审判的重要组成部分，与非涉外知识产权案例一起，可反映我国知识产权司法保护的实际情况。

需要特别指出是，虽然所选案例为广东法院审理的涉外知识产权案件，但基于广东知识产权审判在我国所具有的重要地位，使得其具有较强的代表性，因此，其所反映的情况均非地方和局部性的，而是全国和全局性的。

本书是《广东涉外知识产权诉讼典型案例解析》系列丛书的第一辑，所解析的案例来自于研究院评选、发布的第一届、第二届广东十大涉外知识产权诉讼典型案例。本书的作者为常廷彬、赵盛和、叶昌富三人，具体分工如下：涉外专利权和著作权纠纷案例由赵盛和博士负责解析，商标权纠纷和不正当竞争纠纷案例由常廷彬教授和叶昌富教授负责解析。

囿于学识、能力和时间等方面的限制，本书的内容还存在一些不足之处，敬请各位读者批评和指正。我们将会在今后的工作中更加努力，不断提高本系列丛书的编著质量，以更好的作品回馈各位读者和社会。

作者

2019年7月于广州

CONTENTS 目录

第一部分　涉外专利权纠纷

案例1　功能性技术特征的解释和对比规则／3

案例2　专利间接侵权的构成要件／18

案例3　知识产权诉前行为保全的适用要件／26

第二部分　涉外著作权纠纷

案例4　网络游戏画面的要素式著作权保护／43

案例5　证明妨碍原理在知识产权诉讼中的适用／64

案例6　隐蔽性侵权诉讼中侵权网站主体的举证和认定规则／77

案例7　实用艺术作品的著作权保护／97

案例8　版权登记证书的法律效力及著作权侵权的判定规则／112

第三部分　涉外商标权及不正当竞争纠纷

案例9　驰名商标的认定规则／127

案例10　旅游购物贸易模式下商标侵权的认定规则／149

案例 11　驰名商标的认定及损害赔偿数额的确定 / 158

案例 12　市场开办方是否构成间接商标侵权的判断标准 / 177

案例 13　申请与他人注册商标相近似的商标和外观设计专利是否
　　　　　构成侵权的判断 / 186

案例 14　突出使用字号的商标性使用行为的认定标准 / 206

案例 15　知名商品特有名称权归属的确定标准 / 234

案例 16　涉外定牌加工是否构成商标侵权的判定 / 260

案例 17　集成电路型号是否属于商品特有名称的认定标准 / 270

案例 18　网络游戏界面是否属于反不正当竞争法意义上
　　　　　特有装潢的认定标准 / 286

第一部分　涉外专利权纠纷

案例1　功能性技术特征的解释和对比规则

——飞利浦优质生活有限公司诉佛山市顺德区巨天电器有限公司侵害发明专利权纠纷案

【裁判要旨】

对于权利要求中的功能性技术特征，应当结合说明书和附图描述的该功能或者效果的具体实施方式及其等同的实施方式，确定该技术特征的内容。但实施例并非孤立存在，在功能性特征的内容一般需要依赖具体实施例来确定的情况下，更应结合权利要求书、说明书等内容对实施例的内容进行审查，以清楚、合理界定其保护范围。从实施例1来看，相关文字记载并未揭示"空气导向构件"的具体形状和结构布置，但附图1确实并未显示空气导向肋，而仅仅显示了在外壁（4）底部中间呈向上收缩的截头锥形结构。对于该截头锥形向上收缩的空气导向部分是否属于"空气导向构件"的一种实施方式，不能以某一图例来简单确定，而应当考虑从该领域普通技术人员角度，通过阅读权利要求书、说明书及附图，能否清楚确定此"空气导向构件"的实施方式，起到"将空气流基本上向上导引"的功能和效果。

"空气导向构件"是一个相对独立的技术单元，不能因为被诉产品其他技术特征与涉案专利相同，就推定被诉侵权产品也具有"空气导向构件"；在被诉产品相应技术不能实现涉案专利所述的"将空气流基本上向上导引"的功能的情况下，不能仅因其结构与某一图示相近似就被认定采用了相同或等同的功能性技术特征。

入选理由

在有的发明专利权利要求中，有些技术特征难以用结构特征表述，或者技术特征用结构特征限定不如用功能或效果特征限定更加恰当，因而使用功能或效果特征来限定发明。在使用功能性特征来限定权利要求范围时，由于其字面含义本身较为宽泛，故应当结合说明书和附图描述的该功能或者效果的具体实施方式及其等同的实施方式，来确定该技术特征的具体内容。在司法实践中，功能性特征的解释和确定既是发明专利侵权纠纷案件中当事人争议的焦点，也是法院审理的重点和难点。

该案的典型意义在于，终审法院详细论述了涉案专利权利要求书中的功能性特征的功能与说明书各实施例之间的关系，对各实施例是否都能实现其功能和效果进行了细致分析的基础上，突破性认定说明书和附图中涉及的所有实施方式是否都纳入功能性特征的保护范围，不能仅凭某一图例就简单认定属于功能性特征保护范围，应当重点审查相关实施方式能否实现该功能，并应当考虑专利的创新高度。在被诉侵权产品不能实现相关功能的情况下，不能因为被诉侵权产品其他技术特征与涉案专利相同，就推定被诉侵权产品也具有同样的功能性特征，也不能仅因被诉产品的相关结构与某一图示相近似就认定采用了相同或等同的功能性技术特征。尤其是涉案产品与涉案专利说明书某一实施例的附图看起来非常接近的情况下，不能想当然认为相同或等同。该案在功能性特征保护范围的界定和侵权认定方面，具有较强的指导意义。

案例索引

一审案号：广州知识产权法院（2015）粤知法专民初字第2395号

二审案号：广东省高级人民法院（2017）粤民终1125号

案例 1
功能性技术特征的解释和对比规则

> 基本案情

上诉人（一审原告）：飞利浦优质生活有限公司（Philips Consumer Lifestyle B. V.，以下简称"飞利浦公司"）

被上诉人（一审被告）：佛山市顺德区巨天电器有限公司（以下简称"巨天公司"）

一审诉请

飞利浦公司向一审法院起诉请求：（1）巨天公司立即停止侵害 ZL200780029489.3 发明专利的行为，包括停止制造、销售、许诺销售侵害发明专利的空气炸锅产品，包括但不限于型号为 JT-916 的空气炸锅产品；（2）巨天公司销毁尚未售出的侵权产品以及制造侵权产品的专用设备、模具，并且不得销售尚未售出的侵权产品或者以任何其他形式将其投放市场；（3）巨天公司赔偿飞利浦公司经济损失以及飞利浦公司为制止侵权行为所支付的调查取证费、律师费等合理费用，暂计 100 万元；（4）承担本案的全部诉讼费用。

一审判决

一审法院认为，该案系侵害发明专利权纠纷。飞利浦公司是名称为"制备食品的设备和用于该设备的空气导向件"、专利号为 ZL200780029489.3 的发明专利的专利权人，该专利至今合法有效，应受法律保护。飞利浦公司获得专利权利人授权的排他独占许可后，系授权专利在中国的排他独占许可权人，有权就涉嫌侵犯涉案专利权的行为提起诉讼。本案的争议焦点为：（1）被诉侵权空气炸锅的技术方案是否落入授权专利权的保护范围；（2）被诉侵权行为是否成立及侵权责任如何承担。

《专利法》第五十九条第一款规定，发明或者实用新型专利权的保护范围以其权利要求的内容为准，说明书及附图可以用于解释权利要求的内容。《最高人民法院关于审理侵犯专利权纠纷案件应用法律若干问题的解释》（法释〔2009〕21号）第一条规定，人民法院应当根据权利人主张的权利要求，依据专利法第五十九条第一款的规定确定专利权的保护范围。权利人主张以从属权利要求确定专利权保护范围的，人民法院应当以该从属权利要求记载的附加技术特征及其引用的权利要求记载的技术特征，确定专利权的保护范围。上述司法解释第七条第二款规定，被诉侵权技术方案包含与权利要求记载的全部技术特征相同或者等同的技术特征的，人民法院应当认定其落入专利权的保护范围；被诉侵权技术方案的技术特征与权利要求记载的全部技术特征相比，缺少权利要求记载的一个以上的技术特征，或者有一个以上技术特征不相同也不等同的，人民法院应当认定其没有落入专利权的保护范围。

该案中，将被诉侵权的JT-916型空气炸锅的技术特征与授权专利的权利要求1、5所载明的技术特征进行比对，被诉侵权产品为空气炸锅，属于一种制备食品的设备，该被诉侵权空气炸锅由底壳、相对于底壳上翻打开的上盖、与上盖固定连接的上内胆、放置于底壳内的下内胆、放置在内胆中的盛物篮、设置在上内胆与下内胆之间的空气加热管组成。被诉侵权空气炸锅的盛物篮在上内胆与下内胆闭合后形成相对封闭的空间中形成烹饪食品的制备室，下内胆内壁构成食品制备室的外壁，盛物篮构成食品制备室的内壁，盛物篮上方空出，底部为网格状，形成可透过空气的底部壁。该被诉侵权空气炸锅的食品制备室的上方安装了一个由叶轮组成的风扇，形成循环气流。空气炸锅的内胆内壁与盛物篮外壁之间形成的通道形成空气导向装置，使得盛物篮上方排出的空气，在风扇的作用下，经过盛物篮与外锅体之间的通道，向盛物篮的网状底部壁返回。空气炸锅上内胆内壁之下，下内胆食品制备室上方设置有空气加热管，构成热辐射装置实现加热食品和空气的技术效果。被诉侵权空气炸锅产品的内胆弧形内凹底壁凸起形成空气导向构件，位于盛物篮底部壁的下方及内胆外壁上方，该空气导向构件与授权专利的权利要求5中向上收缩的截头锥形外观类似。被诉侵权空气炸锅的上述技术特征与授权专利权利要求1、5中对应的技术特征一致。因授权专利说明书第［0006］段限定了授权专利空气气流的径向分量基本上垂直向上弯曲，以使气流基本上向上流过食品。因此，判断被诉侵权技术特征是否完全落入授权专利保护范围的关键是判定被诉侵权技术方案中的气流方向。

通过前两次的实验可以得出，被诉侵权空气炸锅内的气流方向是从风扇下方向上穿过风扇后沿侧边空气导向装置向下返回盛物篮下方顺次穿过盛物篮底部壁、盛物篮内部空间以及网篮上方风扇的循环气流。从第三次实验结果来看，食品制备器内的水面上的无纺布在打开锅盖的瞬间呈现轻微涡旋状态，但该实验结果仅验证了气流在空气炸锅的侧边空气导向装置内向下流动，不足以判断气流呈螺旋向下运动，另在底部壁的部分空气导向构件被水覆盖的情况下，无法判断空气导向构件在气流从下往上运动中对气流所产生的影响，因此不足以得出被诉侵权空气炸锅运行时气流在空气导向构件阻碍下径向分量上呈螺旋上升的结果。因此通过上述实验均无法证明被诉侵权空气炸锅运行时空气导向构件引导空气在径向分量上呈垂直向上弯曲还是螺旋向上。

根据《最高人民法院关于审理侵犯专利权纠纷案件应用法律若干问题的解释（二）》（法释〔2016〕1号）第八条第一款的规定，功能性特征，是指对于结构、组分、步骤、条件或其之间的关系等，通过其在发明创造中所起的功能或者效果进行限定的技术特征，但本领域普通技术人员仅通过阅读权利要求即可直接、明确地确定实现上述功能或者效果的具体实施方式的除外。第二款规定，与说明书及附图记载的实现前款所称功能或者效果不可缺少的技术特征相比，被诉侵权技术方案的相应技术特征是以基本相同的手段，实现相同的功能，达到相同的效果，且本领域普通技术人员在被诉侵权行为发生时无须经过创造性劳动就能够联想到的，人民法院应当认定该相应技术特征与功能性特征相同或者等同。授权专利底部壁向上收缩的截头锥凸起构成的空气导向构件属于功能性技术特征。根据授权专利的权利要求1记载的内容结合发明内容第［0006］段及专利附图，可以看出授权专利在底部壁中央位置设置所述空气导向构件与底部壁呈接近90°的圆弧过渡夹角，因此客观上使得从制备器上方四周沿空气导向装置吹下的气流在底部壁径向分量流动受阻后基本上垂直向上引导，以此改善气流循环，得以均匀加热食品。而被诉侵权产品所述空气导向构件由底部壁边缘1/3处逐渐呈缓坡面凸起至中心部位形成截头锥形,凸边与底部壁的内夹角远大于90°。根据物理常识,该结构的形状使得从制备器上方四周吹下的气流在底部壁径向分量流动遇到该凸起时,沿坡面呈现平滑斜向上流动,并非呈现基本上垂直向上流动方式。在授权专利的无效宣告审查程序中,专利复审委员会在论述对比文件2中所述底部壁凸起技术特征与授权专利技术特征的区别时,强调对比文件2中的凸起未能证明起到引导气流径向分量基本上垂直向上,从而认为授权专利具备新颖性最终维持专利的效力。而在该案中,被诉侵权产品的该技术特征亦如上述对比文件2中底部壁凸起一般,未能证明起到引导气流径向分量基本上垂直向上,因此与授权专利的该技术特征具有明显的区别,实现不同的技术效果,就引导气流基本垂直向上的效果而言,授权专利是较优方案。根据全面覆盖的原则,被诉侵权的技术方案至少有一个技术特征与授权专利技术特征不相同也不等同,未落入授权专利权的保护范围。飞利浦公司主张巨天公司实施侵权行为缺乏事实依据,一审法院不予支持。因被诉侵权技术方案没有落入专利权的保护范围,巨天公司并未侵犯飞利浦公司专利权,故一审法院对其余争议焦点不再论述。

综上所述,一审法院判决:驳回飞利浦公司的诉讼请求。一审案件受理费13800元,由飞利浦公司负担。

二审判决

广东省高级人民法院认为,该案系侵害发明专利权纠纷。根据上诉人的上诉请求与理由,该案的争议焦点为:被诉产品是否落入涉案专利权保护范围。该案中,飞利浦公司主张保护的是涉案专利权利要求1及其从属权利要求5。将被诉产品与涉案专利权利要求1相比,双方当事人除了对被诉产品是否具有"空气导向构件"这一特征存在争议外,对于被诉产品具有涉案专利权利要求1所记载的其他技术特征并无异议,法院予以确认。故该案争议焦点可具体分解为:(1)如何确定"空气导向构件"这一功能性技术特征内容;(2)被诉产品是否具有与"空气导向构件"相同或等同的技术特征。

一、关于权利要求 1 中"空气导向构件"技术特征的确定

《最高人民法院关于审理侵犯专利权纠纷案件应用法律若干问题的解释》（法释〔2009〕21号）第四条规定："对于权利要求中以功能或者效果表述的技术特征，人民法院应当结合说明书和附图描述的该功能或者效果的具体实施方式及其等同的实施方式，确定该技术特征的内容。"故该案需结合说明书和附图描述的具体实施方式，来确定该"空气导向构件"技术特征的内容。飞利浦公司主张，为达到"将空气流基本上向上导引"功能，说明书及附图记载了空气导向构件4个实施例。其中，实施例2、3、4均揭露了使用空气导向肋的3种方式，而实施例1并未显示空气导向肋，仅仅以附图1显示了截头锥形向上收缩的空气导向部分。飞利浦公司以此主张，实施例1揭示了不使用空气导向肋、仅通过截头锥形向上收缩的空气导向部分的设置来实现"将空气流基本上向上导引"的实施方式，故主张依据实施例1，可认定仅设置"截头锥形向上收缩的空气导向部分"也属于"空气导向构件"的特征内容和保护范围。对此，法院不予支持。理由如下：

第一，对于"空气导向构件"这一功能性特征内容的理解，不能脱离权利要求书的记载及涉案专利说明书的相关表述。该案中，权利要求1对"空气导向构件"所实现的功能或者效果是"将空气流基本上向上导引"，而对何谓"基本上向上"，说明书明确解释为"基本上试图表达气流的径向分量基本上垂直向上弯曲，以使气流基本上向上流过食品"。同时，针对背景技术"空气可以在该空间内回旋，并且不能向上导引""空气带有显著径向流动分量地到达食品制备室的底部壁"的缺陷，说明书载明该专利的创新之处在于"空气的这种向上导向的空气流改善了常规空气流形态，因此，能均匀地制备制品"。可见，"空气导向构件"所起到的功能和效果是尽可能将空气流的径向分量基本上垂直向上引导、尽量避免空气回旋。此是确定"空气导向构件"技术特征内容的重要基础和前提。

第二，实施例并非孤立存在，在功能性特征的内容一般需要依赖具体实施例来确定的情况下，更应结合权利要求书、说明书等内容对实施例的内容

进行审查，以清楚、合理界定其保护范围。从实施例1来看，相关文字记载并未揭示"空气导向构件"的具体形状和结构布置，但附图1确实并未显示空气导向肋，而仅仅显示了在外壁（4）底部中间呈向上收缩的截头锥形结构。故飞利浦公司据此主张设置截头锥形向上收缩的空气导向部分属于"空气导向构件"的一种实施方式，具有一定合理性。但仅凭该图例能否清楚确定此即"空气导向构件"的实施方式、起到"将空气流基本上向上导引"功能和效果，需要从该领域普通技术人员角度，通过阅读权利要求书、说明书及附图来理解，而不能以某一图例来简单确定。

第三，从该领域普通技术人员角度，难以从实施例1有效得出设置截头锥形向上收缩的空气导向部分属"空气导向构件"的实施方式。首先，涉案专利对于"空气导向构件"具有明确的限定。如前所述，涉案专利权利要求书及说明书要求"空气导向部件"实现的功能，并非仅仅是简单地将空气向上引流，而是尽可能实现气流的径向分量基本上垂直向上弯曲，避免空气回旋。实施例1中所揭示的截头锥形向上收缩的空气导向部分，与涉案专利说明书中实施例3中的"空气导向部分11向上收缩的周边表面16"结构一致，图示标识名称也一致，作为同一文件中的同一术语，功能作用应当一致。而在实施例3中，该结构的作用明确为"协助引导从通道9而来的空气（见图1），使其向上进入食品制备室2"。可见该截头锥形向上收缩结构仅起到引导空气的辅助作用，尚难以得出能够独立实现引导气流的径向分量基本上垂直向上弯曲的功能和效果。其次，从各实施例的相关表述及其关系来看，实施例1的文字部分并未明确记载附图1属"空气导向部件"的一种实施方式。相比之下，实施例2、3在文字部分就明确记载是"空气导向构件11的两种实施方式"，实施例4是"替代实施方式"。从这三个明确记载的"空气导向部件"实施例来看，实施例2、4均设置径向/弯曲延伸且在中央位置汇合的空气导向肋，实施例3是在设置空气导向肋的基础上，与空气导向肋同心地设置截头锥形向上收缩的空气导向部分。即涉案专利对"空气导向部件"的基本实施方式都是设置空气导向肋，且清晰记载了该空气导向肋的功能在于"有利于空气向上流动，防止出现环形（回旋）空气流并向着中央位置压力增大"。此正与涉案专利实现"将空气流基本上向上导引"、克服背景技术中的"空气回旋且不能实现向上导引"缺陷的目的相一致。故在涉案专利已就"空气导向部件"给出了明确的3个实施例及其原理,而涉案专利说明书明确记载"截头锥形向上收缩的空气导向部分"作用仅仅是"协助引导"的情况下,普通技术人员无法确定不使用空气导向肋、只使用设置截头锥形向上收缩的结构构件也属于"空气导向构件"的实施方式之一。

第四,对专利的保护力度应与其创新高度相一致。二审法院留意到,原国家知识产权局专利复审委员会于2013年6月25日作出的第20936号无效宣告请求审查决定中,已经认可"对比文件2的凸底壁79向上凸起,从下方过来的空气流遇到阻力,客观上能够起到将空气向上引流的效果",但鉴于"该对比文件2的文字部分并未记载其向上引导的气流能够实现基本上向上的功能,不能由此得出气流的径向分量基本上垂直向上弯曲的结论";且涉案专利说明书背景技术部分已经提及对比文件2,并指出在该结构中"空气可以在该空间内回旋,并且不能向上引导",专利复审委员会从而认为不能根据对比文件2的凸底壁结构认定其具有能够基本上向上引导气流的功能。同理,对于涉案专利实施例1,外壁4底部中间截头锥形向上收缩的结构客观上可以起到将空气向上引流的效果,但涉案专利要求达到的是"气流的径向分量基本上垂直向上弯曲"功能,无论是专利文件的相关记载还是飞利浦公司在庭审中及庭审后提交的说明,均未能合理解释仅凭该结构,如何就能实现克服现有背景技术中空气回旋缺陷,使气流的径向分量基本上垂直向上弯曲的功能。故在实施例1未能清楚说明相关结构并无法推导出相关结构能够起到克服空气回旋、实现"将空气流基本上向上导引"功能的情况下,不能根据实施例1来确定"空气导向构件"这一技术内容的具体内容。

综上,飞利浦公司要求依据实施例1来确定"空气导向构件"技术特征内容的主张不能成立。根据涉案专利权利要求1、说明书及实施例2、3、4的记载,实现"将空气流基本上向上引导"功能的"空气导向构件"不可缺少的技术特征应当包括:在底部壁(5)下方位于外壁(4)上,设置径向延伸或者弯曲延伸且在中央位置汇合的空气导向肋。一审法院仅依据涉案专利说明书中某一附图来确定"空气导向构件"的技术特征有误，二审法院予以纠正。

二、关于被诉产品是否具有与"空气导向构件"相同或等同技术特征的问题

《最高人民法院关于审理侵犯专利权纠纷案件应用法律若干问题的解释（二）》（法释〔2016〕1号）第八条第二款规定："与说明书及附图记载的实现前款所称功能或者效果不可缺少的技术特征相比，被诉侵权技术方案的相应技术特征是以基本相同的手段，实现相同的功能，达到相同的效果，且本领域普通技术人员在被诉侵权行为发生时无须经过创造性劳动就能够联想到的，人民法院应当认定该相应技术特征与功能性特征相同或者等同。"如前所述，涉案专利的"空气导向构件"是通过设置空气导向肋这一基本手段，来实现"将空气流基本上向上导引"的功能。而被诉产品并无空气导向肋，仅有截头锥形向上收缩的结构，但仅凭该结构尚不足以实现将"将空气流基本上向上导引"的功能和效果。而且，飞利浦公司在上诉状中也提到，"被诉产品技术方案中，气体在一个相对封闭的空间内由风扇驱动，形成的气流必然会按风扇的旋转方向进行回旋运动"，可见飞利浦公司也认可被诉侵权产品对应技术在食品制备室内部实现的是"气流螺旋式上升"，而非"基本上垂直向上弯曲"。在涉案专利克服背景技术空气回旋缺陷、实现"使气流的径向分量基本上垂直向上弯曲"功能从而获得专利权的情况下，不能又将其摒弃的技术方案纳入其权利保护范围。故被诉产品并不具备涉案专利权利要求1中所述的"空气导向构件"，不落入涉案专利保护范围。飞利浦公司上诉称，被诉产品其他技术特征与涉案专利其他特征相同，且结构与实施例1附图一致，应当认定落入涉案专利保护范围。二审法院认为，"空气导向构件"是一个相对独立的技术单元，不能因为被诉产品其他技术特征与涉案专利相同，就推定被诉侵权产品也具有"空气导向构件"；在被诉产品相应技术不能实现涉案专利所述的"将空气流基本上向上导引"的功能的情况下，不能仅因其结构与某一图示相近似就认定采用了相同或等同的功能性技术特征。故飞利浦公司的上诉主张不能成立，二审法院不予支持。基于权利要求5系权利要求1的从属权利要求，被诉产品在并未落入涉案专利权利要求1的保护范围的情况下，也不落入涉案专利权利要求5的保护范围。综上，被诉产品并未落入涉案专利权利要求1、5的保护范围，不构成侵权。

综上所述，一审法院虽在认定"空气导向构件"技术特征内容问题上存在瑕疵，但裁判结果正确，应予维持。飞利浦公司的上诉请求不能成立，应予驳回。故判决：驳回上诉，维持原判。二审案件受理费13800元，由飞利浦公司负担。

案例解析

该案是一个涉外发明权利侵权案件，这类案件争议的焦点主要在被诉侵权技术方案有无落入涉案专利权的保护范围，具体而言，就是被诉侵权技术方案的技术特征是否与涉案专利权利要求的技术特征相同或者等同。相应地，审理这类案件的重点集中在两个方面：一是涉案发明专利的技术特征如何确定，这涉及权利要求的解释问题；二是被诉侵权技术方案的技术特征是否与涉案专利权利要求的技术特征相同或者等同，这涉及技术特征的对比问题。

该案中，被诉侵权技术方案具备了涉案专利权利要求1的其他技术特征已经没有争议，现争议的问题在于：被诉侵权技术方案中，有无涉案专利权利要求1中"空气导向构件"这一技术特征？而要对此作出准确的判断，首先要对该技术特征的具体内容作出准确的理解。由于涉案专利权利要求1中"空气导向构件"系"用于将空气流基本上向上导引"，显然，这是从功能而非结构的角度来描述该技术特征，即该技术特征应为功能性特征，故该案实际上主要涉及功能性技术特征的确定和对比问题。

一、关于功能性技术特征的解释和确定

一般情况下，产品权利要求应当采用反映该产品结构或者组成的技术特

征来限定要求保护的产品；方法权利要求应当采用反映该方法步骤或者组成的技术特征来限定要求保护的方法。如果在产品权利要求中不采用反映结构或者组成的技术特征来限定该产品，在方法专利要求中不采用反映步骤或者操作方式的技术特征来限定该方法，而采用产品的结构或者方法的步骤在技术方案中所起的功能或者所产生的效果来限定其发明创造，则称为功能性限定特征。❶ 功能性限定特征，也称功能性特征，是指对于结构、组分、步骤、条件或其之间的关系等，通过其在发明创造中所起的功能或者效果进行限定的技术特征，但本领域普通技术人员仅通过阅读权利要求即可直接、明确地确定实现上述功能或者效果的具体实施方式的除外。❷

在司法实践中，对于权利要求中的功能性技术特征，应当结合说明书和附图描述的该功能或者效果的具体实施方式及其等同的实施方式，确定该技术特征的内容。❸ 在该案中，从一审、二审的判决来看，虽然两级法院的结论一致，均认为被诉侵权产品没有落入涉外专利的保护范围，但两者在对待如何解释涉案专利权利要求1中的"空气导向构件"这一技术特征时，观点并不相同。一审法院认为，可以根据实施例1来确定"空气导向构件"这一技术特征的具体内容，但二审法院则认为，不能根据实施例1而应当根据实施例2、3、4来确定"空气导向构件"这一技术内容的具体内容。至于具体理由，二审法院从四个方面进行了全面的论述，理由是十分充分的。

二、关于功能性特征的对比

专利侵权的判定，遵循全面覆盖原则。将被诉侵权技术方案与专利侵权要求相比，如果被诉侵权技术方案包含与权利要求记载的全部技术特征相同或者等同的技术特征的，就认定其落入专利权的保护范围；如果被诉侵权技术方案的技术特征与权利要求记载的全部技术特征相比，缺少权利要求记载

---

❶ 尹新天. 中国专利法详解 [M]. 2版. 北京：知识产权出版社，2012：456.
❷ 参见《最高人民法院关于审理侵犯专利权纠纷案件应用法律若干问题的解释（二）》（法释〔2016〕1号）第八条第一款。
❸ 参见《最高人民法院关于审理侵犯专利权纠纷案件应用法律若干问题的解释》（法释〔2009〕21号）第四条。

的一个以上的技术特征，或者有一个以上技术特征不相同也不等同的，则认定其没有落入专利权的保护范围。

不论是结构特征还是功能性特征，两者在相同认定方面的标准是相同的，但在等同认定方面则存在一定的差异。关于功能性特征等同的认定标准，《最高人民法院关于审理侵犯专利权纠纷案件应用法律若干问题的解释（二）》（法释〔2016〕1号）第八条第二款规定："与说明书及附图记载的实现该条第一款所称功能或者效果不可缺少的技术特征相比，被诉侵权技术方案的相应技术特征是以基本相同的手段，实现相同的功能，达到相同的效果，且本领域普通技术人员在被诉侵权行为发生时无须经过创造性劳动就能够联想到的，人民法院应当认定该相应技术特征与功能性特征相同或者等同。"据此，功能性特征与结构特征的等同认定有两点不同：一是对比基础不同。前者是说明书及附图记载的实现所述功能或效果不可缺少的结构特征，而后者是权利要求记载的特征本身。二是认定标准不同。前者要求功能、效果相同，而后者要求功能、效果基本相同。之所以如此规定，主要是考虑功能性特征本身是以功能或者效果表述的技术特征，其字面含义较为宽泛，加之大量的实用新型专利授权未经实质审查，如果对于功能、效果适用基本相同，则会不适当地扩张了专利权的保护范围。[1]

该案中，虽然被诉产品其他技术特征与涉案专利其他特征相同，且结构与实施例1附图一致，但不能就此认定落入涉案专利保护范围。正如二审法院所言，"空气导向构件"是一个相对独立的技术单元，不能因为被诉产品其他技术特征与涉案专利相同，就推定被诉侵权产品也具有"空气导向构件"。如前所述，涉案专利的"空气导向构件"是通过设置空气导向肋这一基本手段，来实现"将空气流基本上向上导引"的功能。而被诉产品并无空气导向肋，仅有截头锥形向上收缩的结构，但仅凭该结构尚不足以实现将"将空气流基本上向上导引"的功能和效果。可见，两者既非使用基本相同的手段，

---

[1] 宋晓明，王闯，李剑.《关于审理侵犯专利权纠纷案件应用法律若干问题的解释（二）》的理解与适用[J]. 人民司法（应用），2016（10）.

更不能实现相同的功能、达到相同的效果,故两者并不构成等同,即被诉侵权产品并未落入涉案专利权的保护范围。因而,一、二审判决驳回飞利浦公司的诉讼请求是正确的。

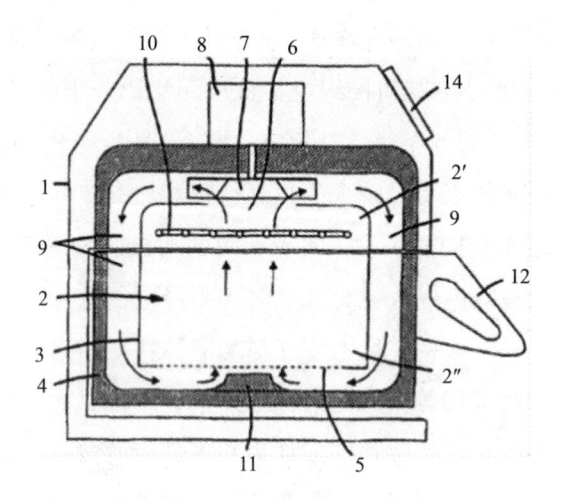

附图一　专利授权公告示图

附图二　被诉侵权产品图片

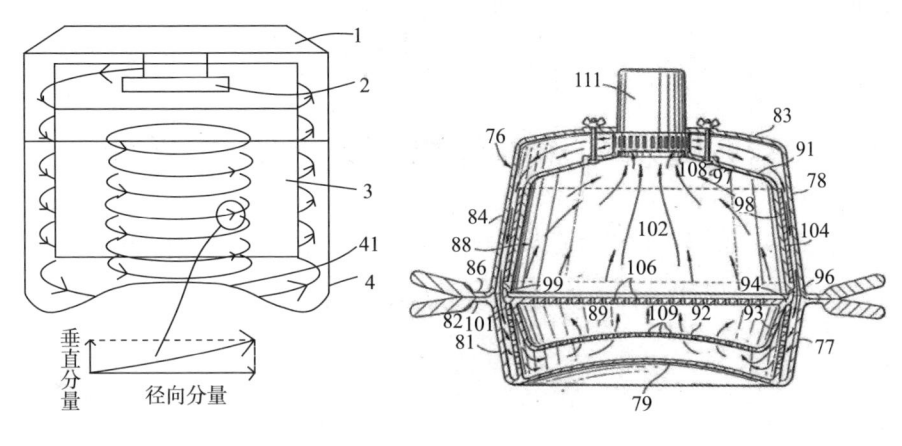

附图三　巨天公司主张的
　　　　被诉产品技术

附图四　对比文件2的图7

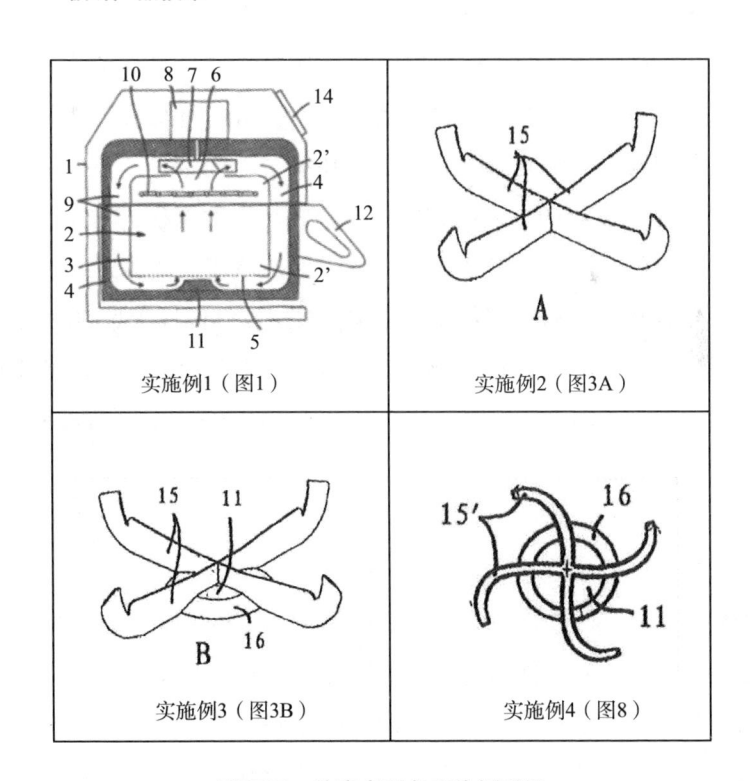

附图五　涉案专利各实施例附图

实施例1（图1）

实施例2（图3A）

实施例3（图3B）

实施例4（图8）

案例2　专利间接侵权的构成要件

——莫列斯公司诉乔讯电子（东莞）有限公司
侵害实用新型专利权纠纷案

【裁判要旨】

虽然被告制造、销售的被诉侵权产品（连接器）自身并未落入原告涉案专利权的保护范围，但该被诉侵权产品与其他产品（电路板）相组合，就具备了涉案专利权利要求的全部技术特征，在符合下列条件的情况下，被告的行为虽未直接侵犯原告的专利权，但构成教唆、帮助侵权：首先，被告明知无权实施涉案专利的用户购得被诉产品后将根据该产品规格书的指示将其与其他产品（电路板）进行连接使用。其次，根据被诉侵权产品的特性和用途，用户购买该产品的目的是将其用于自己的电路板上，以满足自己的生产经营需要。最后，被告未能举证证明其被诉侵权产品具有其他实质性非侵权用途。

【入选理由】

随着科技、经济的发展以及知识产权保护力度的不断加强，知识产权侵权出现了由集中化、专业化和直接化向分散化、业余化和间接化转变。例如，有的经营者为了规避专利侵权的"全面覆盖原则"而只实施涉案专利权利要求中的部分关键技术特征，提供专门用于实施专利技术的原材料或设备，这种行为并不会直接侵害涉案专利权，但如果对这种行为不纳入侵权行为的范畴，而要求权利人只能追究直接侵权者的责任，这不仅费时费力而且也无法从根本上消除现存的或者潜在的侵权行为。为强化对知识产权的保护，必须将这些不直接侵犯知识产权但为直接侵权行为提供帮助的行为纳入侵权行为的范畴。

该案的典型意义在于，其将知识产权的间接侵权理论运用于专利侵权纠纷案件，并对专利间接侵权的构成要件进行了较为充分的阐述，该案对于强化知识产权保护的力度，具有很好的示范意义。

案例索引

一审案号：广州知识产权法院（2015）粤知法专民初字第975号

基本案情

原告：莫列斯公司，住所地：美国伊利诺伊州

被告：乔讯电子（东莞）有限公司

一审诉请

原告请求：（1）判决被告立即停止侵权行为，销毁库存侵权产品和专用生产模具；（2）判决被告赔偿原告经济损失人民币100万元；（3）判决被告承担原告制止侵权支出的调查费和律师费共人民币320509元；（4）判决被告承担本案诉讼费。

一审判决

广州知识产权法院认为：原告是涉案"板对板连接器"实用新型的专利权人，其专利权应受法律保护。他人未经原告许可，不得为生产经营目的生产、销售、许诺销售其专利产品。

关于被告有无实施生产、销售、许诺销售被诉产品的问题。原告认为，被告是乔讯电子工业股份有限公司在中国大陆开办的工厂，被诉产品由被告

生产销售。为证明其主张，原告提交了 www.chyaoshiunn.com.tw 网站相关内容、原告调查人员刘忠与被告业务人员邓建华往来电子邮件、原告以"邓建华乔讯"为关键词得到百度查询结果、原告通过万网对邓建华邮箱后缀 csdgcn.com 的域名查询结果，以及原告购得的被诉产品实物。法院认为，这些证据均为公证取得，真实合法，且证据内容之间相互印证。另外，根据东莞市知识产权局对被告的现场勘验笔录，被告也确认乔讯电子工业股份有限公司是其台湾总公司。被告工商登记的经营范围包括被诉产品的生产销售。综上，足以认定被告与乔讯电子工业股份有限公司是关联公司，被告直接实施了生产、销售并通过乔讯电子工业股份有限公司实施了许诺销售被诉产品的行为。被告仅以勘验笔录记载东莞市知识产权局工作人员没有看到被诉产品的生产为由否定原告指控的事实，依据不足，不予支持。

实用新型专利权的保护范围以其权利要求内容为准，说明书及附图可以用于解释权利要求的内容。人民法院判定被诉侵权技术方案是否落入专利权的保护范围，应当审查权利人主张的权利要求所记载的全部技术特征。被诉侵权技术方案如果包含与权利要求记载的全部技术特征相同或者等同的技术特征的，应当认定其落入专利权的保护范围；如果缺少权利要求记载的一个以上的技术特征，或者有一个以上技术特征不相同也不等同的，应当认定其没有落入专利权的保护范围。该案中，原告明确表示以权利要求1~16确定其专利权保护范围。将被诉产品实物与涉案专利权利要求1进行比对，被告认为前者没有第一板和第二板，故前者缺少后者"第一连接器被构造为表面安装在第一板的顶面上且使其配合面沿着与第一板的顶面相交的方向延伸"以及"第二连接器被构造为表面安装在第二板的顶面上以与第一连接器接合且使其配合面沿着与第二板的顶面相交的方向延伸"这两个技术特征，两者不构成相同或等同。原告认可被诉产品实物没有第一板和第二板，但认为该实物唯一作用系将第一板和第二板相互连接，且该产品规格书对具体连接方式已有明确指示，故被告向用户提供该实物的行为仍然构成侵权。法院认为，根据《侵权责任法》第九条，教唆、帮助他人实施侵权行为的，应当与行为人承担连带责任。在该案中，被诉产品规格书清晰显示该产品可将两块电路板进行连接，该两块电路板相当于涉案专利权利要求1中的第一板和第二板，且连接器与电路板的连接方式与涉案专利权利要求1记载的连接方式相同，即被诉产品的第一连接器被构造为表面安装在第一板的顶面上且使其配合面沿着与第一板的顶面相交的方向延伸，第二连接器被构造为表面安装在第二板的顶面上以与第一连接器接合且使其配合面沿着与第二板的顶面相交的方向延伸。虽然被告仅向用户销售连接器，并未提供电路板，但可以合理预见，无权实施涉案专利的用户购得被诉产品后将根据该产品规格书的指示将其与电路板进行连接使用，从而构成专利侵权。被告对此显然是明知的。另外，根据连接器的特性和用途，用户购买连接器的目的是将其用于自己的电路板上，以满足自己的生产经营需要，故一般不可能出现被告在提供连接器时一并提供电路板的情形。再者，被告也未举证证明其被诉连接器产品具有其他实质性非侵权用途。综上，被告生产、销售、许诺销售被诉产品的行为构成教唆侵权。

被告应承担停止侵权、赔偿损失等民事责任。原告诉请被告立即停止相应侵权行为、销毁库存侵权产品和专用模具，于法有据，法院予以支持。关于原告主张被告赔偿经济损失100万元及维权合理开支共320509元的问题。由于原告的实际损失、被告的侵权获利均难以确定，也没有涉案专利使用费可以参照，法院综合考虑涉案专利的类型，被告侵权行为的性质和情节，被告的经营规模，以及被告关联公司在网站上对其生产销售情况的介绍（连接器是主营产品，全自动生产，产品遍销世界各国等）等因素，酌定为40万元。关于合理维权开支，原告仅提供账单，未提供委托代理合同、银行转账凭证及发票等证据佐证，其真实性法院难以确认。另外，对于所主张的320509元开支的合理性，原告亦未说明充分理由。故法院对原告主张的数额不予全额支持，但考虑到原告确实进行了调查取证及委托律师应诉等因素，法院酌定合理维权费用为10万元。

综上所述，依照《侵权责任法》第十五条第一款第（一）项、第（六）项、第二款，《专利法》第十一条第一款、第六十五条的规定，于2016年2月17日判决如下：

1. 被告乔讯电子（东莞）有限公司于本判决生效之日起立即停止生产、销售、许诺销售侵犯原告莫列斯公司涉案"板对板连接器"实用新型专利权的产品，并销毁库存的侵权产品及生产该产品的专用模具；

2. 被告乔讯电子（东莞）有限公司于本判决生效之日起10日内赔偿原告莫列斯公司经济损失人民币40万元；

3. 被告乔讯电子（东莞）有限公司于本判决生效之日起10日内赔偿原告莫列斯公司合理维权费用人民币10万元；

4. 驳回原告莫列斯公司的其他诉讼请求。

如未按本判决指定的期间履行给付金钱义务的，应当依据《民事诉讼法》第二百五十三条的规定，加倍支付迟延履行期间的债务利息。

案件受理费人民币16684.58元，由原告莫列斯公司负担5000元，被告乔讯电子（东莞）有限公司负担11684.58元。

该案宣判后，双方当事人均未提起上诉，该判决已发生法律效力。

案例解析

该案是一起专利侵权纠纷案件，具体而言，是一起实用新型专利侵权纠纷案件。通常来说，在专利侵权纠纷案件中，当事人争议的焦点和法院审理的重点主要包括以下几个方面：一是被告有无实施被诉的侵权行为，即被告有无实施制造、销售、许诺销售被诉的侵权产品等行为；二是被诉产品实施的技术或设计方案有无落入原告专利权的保护范围；三是在前两点都得到肯定结论的情况下，被告是否存在不视为侵权或者其他免责抗辩事由；四是在前两点都得到肯定结论，而第三点得到否定结论的情况下，被告应当如何承担民事责任。但该案的情况有所不同，在该案中，法院经审理认为，被告制造、销售、许诺销售的被诉侵权产品所实施的技术方案实际上并不具备原告实用新型专利权利要求1的全部技术特征。在这种情况下，按照传统的知识产权侵权理论，被告的行为似乎并不构成侵权。但在该案中，法院却依据《侵权责任法》第九条的规定，认定被告的行为构成侵权，这正是这一案件具有典型意义的关键所在。现结合知识产权"间接侵权"理论和我国法律、司法解释的相关规定，对此案作简要的解析。

一、知识产权间接侵权与直接侵权的比较

知识产权是一系列专有权利的集合。任何人未经许可实施受到专有权利控制的行为，在没有法律上的免责事由的情况下，就构成知识产权侵权，即所谓的知识产权直接侵权。知识产权间接侵权是与知识产权直接侵权相对应的概念，是指没有实施受知识产权"专有权利"控制的行为（即没有实施知识产权"直接侵权"），但故意引诱他人实施"直接侵权"，或在明知或应知他人即将或正在实施"直接侵权"时为其提供实质性的帮助，以及特定情况下"直接侵权"的准备和扩大其侵权后果的行为。❶

从构成要件的角度来看，"间接侵权"与"直接侵权"之间存在密切的联系，即间接侵权以直接侵权的存在或即将实施为前提，但两者也存在明显的差别。

1. 构成直接侵权的行为受专有权利的控制，而构成"间接侵权"的行为则均不受"专有权利"的控制。知识产权法是以规定"专有权利"为核心的。例如，《专利法》为发明和实用新型专利的专利权人规定了制造、销售、许诺销售、使用和进口等5项"专有权利"。未经许可，他人不得实施上述行为，否则很可能构成专利直接侵权。但专利间接侵权则不同，以该案为例，被告实际上并未实施原告的实用新型专利权，即被告的行为实际上并不受原告专利权的控制。

2. 主观过错并不是直接侵权的构成要件，但间接侵权则需以主观过错为构成要件。以专利直接侵权为例，我国《专利法》第十一条规定："发明和实用新型专利权被授予后，除本法另有规定的以外，任何单位或者个人未经专利权人许可，都不得实施其专利，即不得为生产经营目的制造、使用、许诺销售、销售、进口其专利产品，或者使用其专利方法以及使用、许诺销售、

---

❶ 王迁，王凌红. 知识产权间接侵权研究 [M]. 北京：中国人民大学出版社，2008：3.

销售、进口依照该专利方法直接获得的产品。外观设计专利权被授予后,任何单位或者个人未经专利权人许可,都不得实施其专利,即不得为生产经营目的制造、许诺销售、销售、进口其外观设计专利产品。"据此,除非存在法律另有规定的情形,只要未经许可而实施权利人的专利就构成专利侵权。至于行为人是否存在主观的过错,并不需要考虑。但间接侵权则有所不同,其必须以行为人主观上存在过错为要件。例如,我国《商标法》第五十七条第(六)项规定,故意为侵犯他人商标专用权行为提供便利条件,帮助他人实施侵犯商标专用权行为的构成侵权。这是一种典型的商标间接行为,对于这种间接侵权,就以行为人明知为构成要件。

通过上述比较可知,知识产权间接侵权与直接侵权均为知识产权侵权制度重要组成部分,两者缺一不可,否则将无法对知识产权提供全面、充分的保护。

二、专利间接侵权的法律适用

专利侵权实行所谓的"全面覆盖原则",法院在判定被诉侵权技术方案是否落入专利权的保护范围,应当审查权利人主张的权利要求所记载的全部技术特征。被诉侵权技术方案如果包含与权利要求记载的全部技术特征相同或者等同的技术特征的,应当认定其落入专利权的保护范围;如果缺少权利要求记载的一个以上的技术特征,或者有一个以上技术特征不相同也不等同的,应当认定其没有落入专利权的保护范围。根据"全面覆盖原则",那些只实施涉案专利权利要求中的部分关键技术特征,提供专门用于实施专利技术的原材料或设备的行为并不构成侵权。但如果对这种行为一概听之任之,则将让那些有意通过此种方法规避专利侵权责任的经营者大获其利,而对专利权人造成重大的损失。为加强对专利权的保护,有必要通过间接侵权理论,对这类行为进行规制。关于专利间接侵权问题,我国《专利法》并没有作出明确规定,故司法实践只能以《侵权责任法》第九条作为裁判的依据。该案中,法院就是根据《侵权责任法》第九条和相关法理,认定被告构成间接侵权的。

需要特别指出的是,该案判决后不久,《最高人民法院关于审理侵犯专利权纠纷案件应用法律若干问题的解释（二）》（法释〔2016〕1号）就颁布施行了，该司法解释第二十一条规定："明知有关产品系专门用于实施专利的材料、设备、零部件、中间物等，未经专利权人许可，为生产经营目的将该产品提供给他人实施了侵犯专利权的行为，权利人主张该提供者的行为属于侵权责任法第九条规定的帮助他人实施侵权行为的，人民法院应予支持。"据此，对于类似于该案的专利间接侵权纠纷案件，法院认定专利间接侵权成立的构成要件有三：（1）被诉侵权产品相比于涉案专利权利要求缺少一项或几项技术特征，即被诉侵权技术方案并未落入涉案专利权的保护范围，不能对行为人追究直接侵权责任；（2）被诉侵权产品系专门用于实施专利的材料、设备、零部件、中间物等；（3）被诉侵权人对于被诉侵权产品的用途是明知的，其本意就是要通过这种方式，规避专利直接侵权责任。该案中，法院实际上就是从上述三个方面展开论述，认定被告构成间接侵权的。

案例3　知识产权诉前行为保全的适用要件

——克里斯提·鲁布托与广州问叹贸易有限公司等侵害外观设计专利权诉前行为保全案

> **裁判要旨**

专利权利人可依法申请法院采取诉前行为保全措施，请求法院裁定被申请人停止实施相应的被诉侵权行为。法院在审查申请人的诉前行为保全申请应否支持，应从下列六方面判断：第一，申请人涉案专利是否稳定有效；第二，被申请人正在实施的行为是否存在侵犯专利权的可能性；第三，不采取有关措施，是否会给申请人的合法权益造成难以弥补的损害；第四，采取行为保全措施给被申请人带来的损失是否小于或相当于不采取行为保全措施给申请人带来的损失；第五，责令被申请人停止有关行为是否会损害社会公共利益；第六，申请人是否提供了有效、适当的担保。

我国专利法现行规定在授予外观设计专利权时仅经初步审查程序，未进行实质性审查，致使其稳定性不高，故申请人除了提交相应的专利授权证书和文件外，还应当提供其外观设计专利权评价报告、外观设计专利权经专利复审委员会无效宣告审查程序被维持有效、生效民事判决认定针对其外观设计专利权侵权的指控能够成立或者其他类似的证据，以证明其外观设计专利权的稳定性。

入选理由

知识产权是一种垄断性、禁止性的权利。对于许多权利人而言，制止侵权人的侵权行为比获得经济上的赔偿更为重要。因为，如果不能及时制止侵权人的侵权行为，很可能导致最终权利人虽然胜诉却失去了市场的不利后果。制止侵权人的侵权行为，权利人可以采取两种法律途径：一是提起诉讼，即诉请由法院判决行为人停止相应的侵权行为；二是申请保全，即在起诉前或者诉讼中提起行为保全申请，由法院裁定行为人暂时停止相应的"侵权行为"。相比较而言，由于诉讼程序耗时较长，前一种救济方式在许多情况下无法满足权利人希望尽快禁止行为人的侵权行为的诉求。而行为保全，特别是诉前行为保全措施的实施，可以尽早地制止侵权人的侵权行为，从而最大限度地维护权利人的合法权益。但是，由于各方面因素的限制，法院在知识产权纠纷案件中，很少会准许权利人的行为保全，特别是诉前行为保全申请。

该案的典型意义在于，法院对权利人基于外观设计专利侵权纠纷而提出的诉前行为保全申请依法予以准许，及时制止了相应的侵权行为，最大限度地维护了权利人的合法权益；全面论述了法院在审查当事人的诉前行为保全申请时考虑的具体因素，详尽阐述了法院允许申请人申请的具体理由，具有一定的指导意义。

案例索引

一审案号：广州知识产权法院（2016）粤73行保1、2、3号

基本案情

申请人：克里斯提·鲁布托，住所地：×××
被申请人：广州问叹贸易有限公司

被申请人：广州贝玲妃化妆品有限公司

被申请人：广州欧慕生物科技有限公司

一审诉请

申请人克里斯提·鲁布托因称被申请人广州问叹贸易有限公司（以下简称"问叹公司"）、广州贝玲妃化妆品有限公司（以下简称"贝玲妃公司"）、广州欧慕生物科技有限公司（以下简称"欧慕公司"）侵害其外观设计专利权（专利号：ZL201430483611.7、ZL201430484500.8、ZL201430484638.8），向广州知识产权法院提出3份诉前禁令申请，请求责令被申请人立即停止侵犯申请人专利号为 ZL201430483611.7、ZL201430484500.8、ZL201430484638.8 的外观设计专利权的行为，具体包括：责令被申请人立即停止制造、销售、许诺销售侵犯申请人涉案专利的口红产品。

案件事实

2014年11月28日，申请人克里斯提·鲁布托向中华人民共和国国家知识产权局申请名称为"化妆品的盖子"的外观设计专利，2015年6月10日获得公告授权，专利号为 ZL201430483611.7，该专利权至今有效。国家知识产权局于2016年4月15日出具外观设计专利权评价报告，初步结论是该专利全部外观设计未发现存在不符合授予专利权条件的缺陷。

2014年11月28日，申请人克里斯提·鲁布托向中华人民共和国国家知识产权局申请名称为"化妆品的容器"的外观设计专利，2015年5月27日获得公告授权，专利号为 ZL201430484500.8，该专利权至今有效。国家知识产权局于2016年4月18日出具外观设计专利权评价报告，初步结论是该专利全部外观设计未发现存在不符合授予专利权条件的缺陷。

2014年11月28日，申请人克里斯提·鲁布托向中华人民共和国国家知识产权局申请名称为"化妆品的容器"的外观设计专利，2015年7月1日获得公告授权，专利号为 ZL201430484638.8，该专利权至今有效。国家知识产权局于2016年4月14日出具外观设计专利权评价报告，初步结论是该专利全部外观设计未发现存在不符合授予专利权条件的缺陷。

申请人就与涉案专利相同的外观设计向印度、韩国等国家申请了外观设计专利。

2016年2月18日，申请人经公证购买了被诉侵权产品VT1、VT2、VT3、VT5型号口红各一支，被诉侵权产品的外包装上印有"监制公司：广州问叹贸易有限公司""制造分装：广州贝玲妃化妆品有限公司"等字样。2016年3月16日，申请人经公证在被申请人欧慕公司处取得被诉侵权产品口红样品3支。被诉侵权产品销售单价约为人民币270元，涉案专利产品的海外销售单价约合人民币600元。

被申请人问叹公司的法定代表人盛玉泽也就被诉侵权产品向国家知识产权局提交了4件外观设计专利申请，其中3件专利申请日是2015年12月18日，另一件专利申请日是2016年1月29日。

在听证过程中，申请人克里斯提·鲁布托明确其主张：被申请人问叹公司制造、销售、许诺销售了VT1、VT2、VT3、VT4、VT5、VT6、VT7、VT8、VT99款被诉侵权产品口红，被申请人贝玲妃公司、欧慕公司制造了上述9款被诉侵权产品口红，没有主张被申请人贝玲妃公司、欧慕公司销售、许诺销售了上述9款被诉侵权产品口红。

被申请人问叹公司承认制造、销售、许诺销售了VT1、VT2、VT3、VT4、VT5、VT6、VT7、VT8、VT99款被诉侵权产品口红。被申请人贝玲妃公司否认制造了被诉侵权产品口红的容器唇膏管，仅承认其为问叹公司加工歌剧粉、优雅粉等涉案口红制品的原料，并进行灌装。被申请人欧慕公司也否认制造了被诉侵权产品口红的容器唇膏管，仅承认其代为加工歌剧粉、优雅粉等涉案口红制品的原料，并进行灌装。

经技术比对，该案VT1、VT2、VT3、VT4、VT5、VT6、VT7、VT8、VT99款被诉侵权产品口红的盖子与ZL201430483611.7外观设计专利的相应设计相同；就瓶体及盖子与瓶体的组合而言，除被诉侵权产品VT7型号产品外，其余产品与ZL201430484500.8外观设计专利和ZL201430484638.8外观设计专利的相应设计相同，而VT7型号产品仅主体表面花纹与对应设计有细微差别，与 ZL201430484500.8 外观设计专利和 ZL201430484638.8 外观设计专利近似（详见附件被诉侵权产品与涉案专利比对表）。

在听证过程中，经组织双方当事人就担保金额进行协商，被申请人当庭表示，不要求申请人提供担保。申请人克里斯提·鲁布托根据法院要求，就3份禁令申请共提交了人民币100万元的现金担保。

法院裁判

广州知识产权法院认为，根据《专利法》第66条的规定，专利权人或者利害关系人有证据证明他人正在实施或者即将实施侵犯专利权的行为，如不及时制止将会使其合法权益受到难以弥补的损害的，可以在起诉前向人民法院申请采取责令停止有关行为的措施。申请人提出申请时，应当提供担保；不提供担保的，驳回申请。根据《民事诉讼法》第101条的规定，利害关系人因情况紧急，不立即申请保全将会使其合法权益受到难以弥补的损害的，可以在提起诉讼或者申请仲裁前向被保全财产所在地、被申请人住所地或者对案件有管辖权的人民法院申请采取保全措施。申请人应当提供担保，不提供担保的，裁定驳回申请。根据《最高人民法院关于对诉前停止侵犯专利权行为适用法律问题的若干规定》（法释〔2001〕20号）第四条的规定，专利权人提出申请时，应当提交证明其专利权真实有效的文件，包括专利证书、权利要求书、说明书、专利年费交纳凭证。根据该司法解释第十一条的规定，人民法院对当事人提出的复议申请应当从以下方面进行审查：（一）被申请人正在实施或即将实施的行为是否构成侵犯专利权；（二）不采取有关措施，是否会给申请人的合法权益造成难以弥补的损害；（三）申请人提供担保的情况；（四）责令被申请人停止有关行为是否损害社会公共利益。根据以上法律规定，法院认为应当从以下六个方面对本案诉前禁令申请进行审查，以决定是否颁发诉前禁令：❶

---

❶ 禁令（injunction）实际上是英美法系的概念，在我国现行法上，其被称为行为保全。笔者认为，在现行法对某一概念已有明确规定的情况下，法院的法律文书中应当以法律上的表述为准，而不宜使用其他表述。因此，即便当事人提出所谓的"禁令"申请，法院也不应采取该种表述，而应当使用行为保全的概念。

第一，申请人涉案专利是否稳定有效。

申请人涉案专利稳定有效是请求颁发禁令的基础。根据《最高人民法院关于对诉前停止侵犯专利权行为适用法律问题的若干规定》（法释〔2001〕20号）第四条的规定，专利权人提出申请时，应当提交证明其专利权真实有效的文件，包括专利证书、权利要求书、说明书、专利年费交纳凭证。我国专利法现行规定在授予外观设计专利权时仅经初步审查程序，未进行实质性审查，致使其稳定性不高，故申请人除了提交上述授权证书和相应文件外，还应当提供其外观设计专利权评价报告、外观设计专利权经专利复审委员会无效宣告审查程序被维持有效、生效民事判决认定针对其外观设计专利权侵权的指控能够成立或者其他类似的证据，以证明其外观设计专利权的稳定性。该案申请人提交了涉案外观设计专利授权公告文件、专利登记簿副本及外观设计专利权评价报告，证明了申请人为涉案专利的专利权人，有权提起诉前禁令申请，涉案专利目前有效，且未发现存在不符合授予专利权条件的缺陷；申请人还提交了其与涉案专利相同的外观设计向印度、韩国等国家申请了外观设计专利的证据。此外，被申请人问叹公司的法定代表人盛玉泽虽就被诉侵权产品申请了外观设计专利，但其申请日不但晚于申请人涉案专利的申请日，而且晚于申请人涉案专利的授权公告日，故不会损害申请人涉案专利的稳定性。同时，涉案专利从获得授权至今，包括该案被申请人在内，未有人向国家知识产权局申请宣告其无效。因此，涉案专利目前有效，其稳定性也较高。

第二，被申请人正在实施的行为是否存在侵犯专利权的可能性。

在处理诉前禁令申请时，法院只有判定被诉侵权行为存在侵权可能性时，才有权要求被申请人停止被诉侵权行为。因此，法院在诉前禁令的审查时必须判断被诉侵权行为是否存在侵权的可能性。需要指出的是，在审查被申请人正在实施或即将实施的被诉侵权行为时，法院只要能认定其存在侵权的可能即可。经技术比对，该案被诉侵权产品与涉案专利产品均为化妆品的盖子、化妆品的容器，是相同种类产品，两者的相应外观设计构成相同或者近似，9款被诉侵权产品均落入涉案专利权的保护范围。根据《专利法》第十一条第二款的规定，外观设计专利权被授予后，任何单位或者个人未经专利权人许可，都不得实施其专利，即不得为生产经营目的制造、许诺销售、销售、进口其外观设计专利产品。在听证过程中，申请人克里斯提·鲁布托明确其主张：被申请人问叹公司制造、销售、许诺销售了被诉侵权产品，被申请人贝玲妃公司、欧慕公司制造了被诉侵权产品，没有主张被申请人贝玲妃公司、欧慕公司销售、许诺销售了被诉侵权产品。该案被诉侵权产品上仅标明问叹公司、贝玲妃公司制造，未有证据表明欧慕公司制造了被诉侵权产品口红的盖子、容器。根据现有证据，被申请人问叹公司未经专利权人许可，为生产经营目的制造、许诺销售、销售落入涉案专利权的保护范围的产品，构成专利侵权的可能性很高；贝玲妃公司未经专利权人许可，为生产经营目的制造落入涉案专利权的保护范围的产品，构成专利侵权的可能性也很高。综上，被申请人问叹公司、贝玲妃公司的上述行为均存在侵权的可能性。

第三，不采取有关措施，是否会给申请人的合法权益造成难以弥补的损害。

诉前禁令作为一种严厉的、提前介入的救济措施，若权利人的声誉没有被侵害，或者损害赔偿可被准确计算，且被申请人有足够的能力支付赔偿，因权利人所遭受的侵权损失可待判决生效后按判赔数额进行赔偿，也就没有颁发的必要。在专利侵权诉讼中，若出现如下情形之一，如不颁发禁令，将会给申请人的合法权益造成难以弥补的损害：一是权利人声誉被损害；二是侵权人没有足够的经济能力支付赔偿；三是损害赔偿无法计算。其中，存在如下情形之一，损害赔偿将无法计算：（1）产品价格被侵蚀和市场份额的丧失所共同造成的损失难以计算；（2）若市场上有数名侵权者，则难以准确计算出每名侵权者应承担的赔偿数额；（3）权利人将难以再把因为要与侵权者竞争而降下来的产品价格重新提升到原来的水平。就该案而言，首先，一般来讲，权利人胜诉以后，其合法权益会得到法律保障，但实际上由于侵权人没有足够的赔偿能力或者居无定所等原因，权利人的经济损失也许根本得不到物质上的足额赔偿。如果放任侵权人的行为继续下去，将使本可避免的损害成为必然。侵权人执行判决的能力越差，越有可能受到禁令的限制。该案被申请人问叹公司、贝玲妃公司未提交证据，表明其财产状况及盈利能力，对申请人所遭受的损失能进行充足的赔偿。其次，专利权人通常会在产品价格中收回研究与开发费用，因此专利权人通常会以较高价格销售其产品，侵权人通常会以较低价格销售其产品（不包含研究与开发费用），专利权人将会因此而丧失其应有的市场份额。该案被诉侵权产品销售单价约为人民币270元，而专利产品的海外销售单价约合人民币600元。被申请人问叹公司、贝玲妃公司以不到专利产品售价的一半来销售与申请人专利产品具有竞争关系的被诉侵权产品，无疑会抢占部分市场份额，如不颁发禁令，计划将专利产品推广到中国市场的申请人将会因此而丧失其应有的市场份额。稳固的市场一旦确定，竞争对手要想分一杯羹将要付出巨大的代价。为了与侵权者竞争，夺回被抢占的市场份额，申请人将不得不降价销售，其将难以再把因为要与侵权者竞争而降下来的产品价格重新提升到原来的水平，其市场份额将会永久性地被破坏，上述产品价格被侵蚀和市场份额的丧失所共同造成的损失难以计算。而且，涉案专利产品属于化妆品的外观设计，具有新颖性、流行性的特点，一旦被诉侵权产品在市场上大量出售将会降低相关公众的购买欲望，缩短专利产品的生命周期，因此，制止可能的侵权行为具有紧迫性。需要指出的是，被申请人问叹公司在听证过程中，虽表示愿意停止被诉侵权行为，但并没有向该院表明其如何具体有效地停止被诉侵权行为，其上述承诺不足以阻却禁令的颁发。综上，如不颁发禁令，将会给申请人的合法权益造成难以弥补的损害。

第四，颁发禁令给被申请人带来的损失是否小于或相当于不颁发禁令给申请人带来的损失。

诉前禁令作为责令被申请人诉前停止被诉侵权行为的一种救济措施，必然会影响申请人和被申请人双方的重大经济利益。在决定是否颁发禁令前，不但需要考虑不发出诉前禁令对申请人的影响，还需要考虑发出诉前禁令对被申请人的影响，即需要对双方因禁令的颁发与否所影响的利益进行衡量，以避免禁令救济因为保护一方较小利益，而造成更大损失，浪费巨大的社会成本。如果只考虑不发出诉前禁令对申请人的影响，而不考虑发出诉前禁令对被申请人的影响，将难以实现社会利益的最大化，诉前禁令也往往给被申请人的经营活动带来不虞之灾。保障申请人的利益虽正当，但是如其实际损失比起被申请人的损失微不足道，在这样的情形下颁发禁令，将有悖于禁令制度的立法宗旨，故应将"颁发禁令给被申请人带来的损失应小于或相当于不颁发禁令给申请人带来的损失"作为衡量是否颁发禁令的标准之一。如果颁发诉前禁令给被申请人带来的损失，将小于不颁发诉前禁令给申请人带来的损失，应支持申请人的禁令申请；相反，如果颁发诉前禁令给被申请人带来的损失，将大于不颁发诉前禁令给申请人带来的损失，应不支持申请人的禁令申请；当然，如果颁发诉前禁令给被申请人带来的损失与不颁发诉前禁令给申请人带来的损失相当，应优先保护申请人的权利，支持申请人的禁令申请。就该案而言，颁发禁令，被申请人问叹公司、贝玲妃公司将会损失开发模具费、宣传费、已制造出来的被诉侵权产品的其他生产成本，以及禁令期间不能制造、销售被诉侵权产品的盈利；而不颁发禁令，申请人不但会损失显而易见的开发设计费、宣传费，还会为竞争而降低产品价格，减少市场份额，失去竞争优势，这些损失显然要比被申请人所遭受的损失要大得多。因此，不颁发禁令给申请人带来的损失将明显大于颁发禁令给被申请人带来的损失。

第五，责令被申请人停止有关行为是否会损害社会公共利益。

社会公共利益是公民利益的集中体现，维护社会公共利益也是司法机构的重要职责。无论法院作出任何决定，都不能有违社会公共利益，禁令制度亦是如此。如果涉案专利对社会公众的生命、健康、安全、环保以及其他重大社会公共利益有着不容忽视的影响，那么此时社会公共利益将会直接影响到禁令的发布与否。就该案而言，一方面，涉案专利产品和被诉侵权产品均属于化妆品类，颁发禁令仅涉及被申请人的经济利益，不会损害社会公共利益；另一方面，涉案外观设计专利的新颖性具备一定的识别功能，颁发禁令将有助于避免市场混淆，不仅不会损害公共利益，反而会因维护了市场秩序而保障公共利益。

第六，申请人是否提供了有效、适当的担保。

根据《专利法》第六十六条的规定，专利权人在起诉前向人民法院申请采取责令停止有关行为的措施时，应当提供担保，不提供担保的，驳回申请。诉前禁令的作用是迅速制止侵权行为，具有很强的时效性，所以法院对此审查往往时间短。法院根据申请人的申请采取的禁令措施既可能与判决结果相符，也可能与判决结果相悖。正是由于法律充分地考虑到了这一风险，所以要求申请人在申请诉前禁令的同时也要提供相应的财产担保。要求申请人提供合理的、适当的担保，对申请人来讲，一方面促使其在申请时必须考虑其胜诉的把握，谨慎提出禁令申请，避免申请人滥用诉前禁令的申请权；另一方面，在禁令申请有错误的情况下，该担保财产可用来赔偿被申请人因停止有关行为所遭受的损失。申请人提供的担保应该属于有效担保，担保金额应该合理、适当，以足以弥补因申请错误造成被申请人损失和支付相关费用为限。为此，应根据错误下达禁令可能给被申请人造成的实际损失来确定担保金额。同时，在加强知识产权司法保护的大局下，要求降低维权门槛、维权成本，降低担保也是降低维权门槛、维权成本的一种方式。就该案而言，法院在初步确定担保数额时，考虑了以下因素：（1）在听证过程中，经组织双方当事人就担保金额进行协商，被申请人当庭表示，不要求申请人提供担保；（2）该案申请人胜诉的可能性高，禁令颁发错误的可能性较低；（3）涉案3项专利仅涉及同一种产品。综上，法院初步确定申请人需提供人民币100万元作为3份禁令申请的担保，申请人已按法院要求，提供了人民币100万元的现金担保，该担保有效、目前适当。在执行该裁定的过程中，如有证据证明被申请人问叹公司、贝玲妃公司因停止被诉侵权行为造成更大损失，法院将依据《最高人民法院关于对诉前停止侵犯专利权行为适用法律问题的若干规定》第七条的规定，责令申请人追加相应的担保。申请人不追加担保的，将解除有关停止措施。

综上，申请人对被申请人问叹公司、贝玲妃公司的诉前禁令申请，符合法律规定，法院予以支持。申请人对被申请人欧慕公司的诉前禁令申请，由于申请人目前没有证据证明被申请人欧慕公司存在制造被诉侵权产品的行为，故申请人对被申请人欧慕公司的诉前禁令申请依据不足，不予支持。法院于

2016年6月22日裁定如下：（1）被申请人问叹公司于收到该裁定之日起立即停止制造、销售、许诺销售VT1、VT2、VT3、VT4、VT5、VT6、VT7、VT8、VT99款口红产品；（2）被申请人贝玲妃公司于收到该裁定之日起立即停止制造VT1、VT2、VT3、VT4、VT5、VT6、VT7、VT8、VT99款口红产品；（3）驳回申请人克里斯提·鲁布托的其他禁令申请。该裁定的法律效力维持到3案终审法律文书生效时止。申请人克里斯提·鲁布托应当在该裁定书送达之日起30日内依法提起诉讼。逾期不起诉的，法院将依法解除禁令。

案例解析

在知识产权纠纷案件中，对于某些权利人而言，被告停止相应的侵权行为往往比承担赔偿责任更有意义。例如，在该案中，申请人在准备将其相应的专利产品打入中国市场时，发现被申请人已经开始制造、销售和许诺销售被诉侵权产品，如果不及时采取措施制止被申请人的这些行为，其将无法获得基于实施涉案专利设计方案而带来的竞争优势，其相应的专利产品难以在市场上获得成功。

一、知识产权诉前行为保全的价值

制止行为人的侵权行为，权利人可以采取两种法律途径：一是提起诉讼，即诉请由法院判决行为人停止相应的侵权行为。显然，由于诉讼程序耗时较长，这种救济方式在许多情况下无法满足权利人希望尽快禁止行为人的侵权行为的诉求。二是申请保全，即在起诉前或者诉讼中提起行为保全申请，由法院裁定行为人暂时停止相应的"侵权行为"。这种方式可以尽快制止行为人的相应"侵权行为"，可以最大限度地维护权利人的权利。但是，这种救济的门槛也是较高的，法律对其设定了较为严格的条件，而且申请人也面临因错误保全而承担赔偿责任的法律风险。

该案是一个非常典型的保全案件。所谓保全，是指人民法院对于可能因当事人一方的行为或者其他原因，使判决难以执行或者造成当事人其他损害的案件，根据对方当事人的申请或依职权，裁定对其财产进行保全、责令其作出一定行为或者禁止其作出一定行为的制度。根据我国《民事诉讼法》的相关规定，根据不同标准，保全有不同的分类：（1）财产保全和行为保全。前者的对象是财产，而后者针对的则是行为，既包括作为，也包括不作为。（2）诉前保全和诉讼（中）保全。前者是申请人在起诉之前向人民法院提出的保全；而后者则是当事人在诉讼过程中，向法院提出的保全。在该案中，专利权人在起诉前申请法院裁定被申请停止实施相应的行为，该种保全应属于诉前的行为保全。

二、该案知识产权诉前行为保全的法律适用

我国《民事诉讼法》原本仅规定了财产保全制度，行为保全制度是2012年第二次修订时才进入《民事诉讼法》的。但基于该项制度在知识产权侵权纠纷中的重要意义，《专利法》和《商标法》分别于2000年、2001年修订时就规定了该项制度，2000年修订后的《专利法》第六十一条规定："专利权人或者利害关系人有证据证明他人正在实施或者即将实施侵犯其专利权的行为，如不及时制止将会使其合法权益受到难以弥补的损害的，可以在起诉前向人民法院申请采取责令停止有关行为和财产保全的措施。人民法院处理前款申请，适用《民事诉讼法》第九十三条至第九十六条和第九十九条的规定。"2001年修订后的《商标法》第五十七条规定："商标注册人或者利害关系人有证据证明他人正在实施或者即将实施侵犯其注册商标专用权的行为，如不及时制止，将会使其合法权益受到难以弥补的损害的，可以在起诉前向人民法院申请采取责令停止有关行为和财产保全的措施。人民法院处理前款申请，适用《民事诉讼法》第九十三条至第九十六条和第九十九条的规定。"相应的，最高人民法院分别于2001年和2002年颁布施行了《最高人民法院关于对诉前停止侵犯专利权行为适用法律问题的若干规定》（法释〔2001〕20号）、《最高人民法院关于诉前停止侵犯注册商标专用权行为和保全证据适用法律问题的解释》（法释〔2002〕2号），对专利侵权和商标侵权纠纷案件中诉前行为保全的相应申请条件和程序等问题作出了规定。

关于专利侵权的诉前行为保全的条件，《最高人民法院关于对诉前停止侵犯专利权行为适用法律问题的若干规定》（法释〔2001〕20号）实际上从两个角度作出规定：其一，该司法解释第四条规定："申请人提出申请时，应当提交下列证据：（一）专利权人应当提交证明其专利权真实有效的文件，包括专利证书、权利要求书、说明书、专利年费交纳凭证。提出的申请涉及实用新型专利的，申请人应当提交国务院专利行政部门出具的检索报告。（二）利害关系人应当提供有关专利实施许可合同及其在国务院专利行政部门备案的证明材料，未经备案的应当提交专利权人的证明，或者证明其享有权利的其他证据。排他实施许可合同的被许可人单独提出申请的，应当提交专利权人放弃申请的证明材料。专利财产权利的继承人应当提交已经继承或者正在继承的证据材料。（三）提交证明被申请人正在实施或者即将实施侵犯其专利权的行为的证据，包括被控侵权产品以及专利技术与被控侵权产品技术特征对比材料等。"其二，该司法解释第十一条规定："人民法院对当事人提出的复议申请应当从以下方面进行审查：（一）被申请人正在实施或即将实施的行为是否构成侵犯专利权；（二）不采取有关措施，是否会给申请人合法权益造成难以弥补的损害；（三）申请人提供担保的情况；（四）责令被申请人停止有关行为是否损害社会公共利益。"

根据上述规定，在专利侵权纠纷案件中，法院在审查申请人的诉前行为保全申请是否成立，应从下列五方面进行判断：第一，申请人涉案专利是否稳定有效；第二，被申请人正在实施的行为是否存在侵犯专利权的可能性；第三，不采取有关措施，是否会给申请人的合法权益造成难以弥补的损害；第四，责令被申请人停止有关行为是否会损害社会公共利益；第五，申请人是否提供了有效、适当的担保。

该案在法律适用角度的意义主要表现在两个方面：一是其在上述司法解释规定的基础上，把"采取行为保全措施给被申请人带来的损失是否小于或相当于不采取行为保全措施给申请人带来的损失"作为审查申请人的诉前行为保全申请是否成立的考量因素之一；二是对于上述各个要件或者考量因素的具体判断方法，在裁定书中作了充分的阐述。

三、最新司法解释视角下的知识产权诉前行为保全制度

为总结审判经验,解决审判实践中出现的新情况和新问题,进一步完善行为保全制度在知识产权与竞争纠纷领域的实施,根据2012年修改后的《民事诉讼法》关于行为保全的规定,最高人民法院在2013年初决定立项,决定制定统一的关于知识产权纠纷行为保全案件适用法律问题的司法解释。2018年11月26日,最高人民法院审判委员会第1755次全体会议讨论通过了《最高人民法院关于审查知识产权纠纷行为保全案件适用法律若干问题的规定》(法释〔2018〕21号,以下简称《行为保全规定》)。根据该《行为保全规定》,知识产权行为保全的审查要点如下:

1. 行为保全应当考虑的因素。根据《行为保全规定》第七条的规定,人民法院审查行为保全申请,应当综合考量下列因素:(一)申请人的请求是否具有事实基础和法律依据,包括请求保护的知识产权效力是否稳定;(二)不采取行为保全措施是否会使申请人的合法权益受到难以弥补的损害或者造成案件裁决难以执行等损害;(三)不采取行为保全措施对申请人造成的损害是否超过采取行为保全措施对被申请人造成的损害;(四)采取行为保全措施是否损害社会公共利益;(五)其他应当考量的因素。

2. 权利效力稳定性的判断标准。根据《行为保全规定》第八条的规定,人民法院审查判断申请人请求保护的知识产权效力是否稳定,应当综合考量下列因素:(一)所涉权利的类型或者属性;(二)所涉权利是否经过实质审查;(三)所涉权利是否处于宣告无效或者撤销程序中以及被宣告无效或者撤销的可能性;(四)所涉权利是否存在权属争议;(五)其他可能导致所涉权利效力不稳定的因素。

由于我国对实用新型和外观设计专利申请并不实行实质审查,故其效力的稳定性较差。因此,《行为保全规定》第九条特别规定,申请人以实用新型或者外观设计专利权为依据申请行为保全的,应当提交由国务院专利行政部门作出的检索报告、专利权评价报告或者专利复审委员会维持该专利权有效的决定。申请人无正当理由拒不提交的,人民法院应当裁定驳回其申请。

3. 难以弥补的损害的认定。根据《行为保全规定》第十条的规定，在知识产权与不正当竞争纠纷行为保全案件中，有下列情形之一的，应当认定属于民事诉讼法第一百零一条规定的"难以弥补的损害"：（一）被申请人的行为将会侵害申请人享有的商誉或者发表权、隐私权等人身性质的权利且造成无法挽回的损害；（二）被申请人的行为将会导致侵权行为难以控制且显著增加申请人损害；（三）被申请人的侵害行为将会导致申请人的相关市场份额明显减少；（四）对申请人造成其他难以弥补的损害。

4. 担保数额的确定。根据《行为保全规定》第十一条的规定，申请人申请行为保全的，应当依法提供担保。申请人提供的担保数额，应当相当于被申请人可能因执行行为保全措施所遭受的损失，包括责令停止侵权行为所涉产品的销售收益、保管费用等合理损失。在执行行为保全措施过程中，被申请人可能因此遭受的损失超过申请人担保数额的，人民法院可以责令申请人追加相应的担保。申请人拒不追加的，可以裁定解除或者部分解除保全措施。

第二部分　涉外著作权纠纷

案例4　网络游戏画面的要素式著作权保护

——暴雪娱乐有限公司等诉上海网之易网络科技
发展有限公司等侵害美术作品著作权纠纷案

裁判要旨

美术作品除了满足独创性和可复制性外，还是以线条、色彩或其他方式构成并具有审美意义的造型。对于多人在线角色扮演类游戏，当事人选择以游戏画面中的独立元素作为美术作品主张权利，符合独创性要件的，可以作为美术作品予以著作权保护。

由于存在两个相同或近似的作品由不同主体独立创作完成的可能，故侵权诉讼中复制行为的证明并不容易。为此，以下两种情况推定复制行为的存在：第一，由于两个完全相同的作品由不同主体独立创作完成的可能性极小，根据民事诉讼证据高度盖然性证明标准，此时即可推定复制行为存在。第二，如果被诉作品与权利人作品构成实质性近似且被诉侵权人有接触权利人作品之可能，根据民事诉讼证据高度盖然性证明标准，此时也可推定复制行为存在。

入选理由

随着全球互联网的发展以及计算机、智能手机、平板电脑等电子设备的更新换代，网络游戏载体、类型不断丰富，游戏品质不断提高，全球游戏市场迅速崛起，市场规模逐步扩大，网络游戏产业已经力压电影、电视剧等其他传统娱乐产业。相应地，网络游戏的抄袭侵权问题日益突出，如何对网络游戏提供知识产权保护成为业界和司法界、理论界共同关注的话题。

该案的典型意义在于，将涉案游戏的人物形象、装备图案和副本地图等依法认定为美术作品而予以著作权法上的保护，依法维护了游戏开发商和合法运营商的合法权益。此外，该案主要依据被诉游戏第三方销售平台客观数据，在认定被告构成举证妨碍的情况下，综合考虑各种因素后确定400万元高额赔偿，较好地体现了知识产权的市场价值。

案例索引

一审案号：广州知识产权法院（2015）粤知法著民初字第2号

二审案号：广东省高级人民法院（2016）粤民终1719号

基本案情

上诉人（一审被告）：北京分播时代网络科技有限公司（以下简称"分播公司"）

上诉人（一审被告）：广州市动景计算机科技有限公司（以下简称"动景公司"）

被上诉人（一审原告）：暴雪娱乐有限公司（以下简称"暴雪公司"），住所地美国

被上诉人（一审原告）：上海网之易网络科技发展有限公司（以下简称"网之易公司"）

一审被告：成都七游科技有限公司（以下简称"七游公司"）

一审诉请

暴雪公司、网之易公司向一审法院起诉请求判令：（1）分播公司、动景

公司、七游公司立即停止侵犯暴雪公司、网之易公司的著作权,包括七游公司立即停止向公众测试、发布、出版或以任何其他方式向公众提供《全民魔兽》游戏;分播公司立即停止代理、运营《全民魔兽》游戏;动景公司立即停止传播《全民魔兽》游戏;分播公司、动景公司、七游公司立即删除侵权宣传资料。(2)七游公司、分播公司连带赔偿暴雪公司、网之易公司含维权合理开支在内的经济损失共500万元,动景公司对其中的25万元负连带赔偿责任。(3)分播公司在被诉游戏官网及腾讯游戏网上刊登由法院审核的道歉声明,消除不利影响。

一审判决

广州知识产权法院认为,该案主要涉及以下问题:暴雪公司、网之易公司主张的人物形象、装备图案和副本地图是否构成作品;如果构成,暴雪公司、网之易公司是否享有著作权;被诉侵权人的行为是否侵犯了暴雪公司、网之易公司的著作权;暴雪公司、网之易公司的诉讼请求能否成立。

一、暴雪公司、网之易公司主张的人物形象、装备图案和副本地图是否构成作品

根据《著作权法实施条例》(以下简称"条例")第二条,作品是指文学、艺术和科学领域内具备独创性并能以某种有形形式复制的智力成果。据此,作品的要件可归纳为:(1)文学、艺术和科学领域内的智力成果;(2)独创性;(3)可复制性。根据条例第四条,美术作品是指绘画、书法、雕塑等以线条、色彩或者其他方式构成的有审美意义的平面或者立体的造型艺术作品。由此可知,美术作品除了满足独创性和可复制性外,还是以线条、色彩或其他方式构成,并具有审美意义的造型。

该案中,暴雪公司、网之易公司主张《魔兽世界:德拉诺之王》游戏中的18个英雄形象、7个怪兽形象、20个装备图案以及5个副本地图构成美术作品。

首先,关于独创性。暴雪公司、网之易公司提交的大量图书出版物、第三方网站和暴雪公司、网之易公司中文官网中关于《魔兽世界》以及涉案人物的介绍以及暴雪公司与网之易公司庭审中关于涉案人物形象创作过程的陈述等内容相互印证，足以证明《魔兽世界》系列游戏具有独特和完整的故事背景，涉案人物形象是根据魔兽世界的故事而创作。由于魔兽世界故事对相关人物描述非常具体，不少形象特征体现了该人物的种族、身份、独特的际遇甚至所使用的武器的来源，故涉案人物形象具备较高的独创性。如萨尔这个人物，魔兽世界故事关于萨尔的描述是：性别男，种族兽人，身份是大地之环领袖、部落大酋长（前任）、霜狼氏族族长（前任）。萨尔的武器是由前任部落大酋长奥格瑞姆·毁灭之锤传给他的毁灭之锤。霜狼的图案之后被印刻在这把战锤上，用来纪念萨尔与霜狼氏族的血缘关系。在奥格瑞姆死后，萨尔继承了他的黑色铠甲，同时继承了部落大酋长的职位。在萨尔卸下了自己部落大酋长的身份成为一名萨满之后，萨尔换下了自己的战衣，并换上了更符合自己身份的萨满法袍。与这些文字描述对应的萨尔形象特征包括：为体现兽人种族特征，萨尔有突出下獠牙；为体现与霜狼氏族的血缘关系，萨尔手持一把印有狼图案的大锤；为体现萨满身份，萨尔身披法袍。再如伊利丹·怒风这个人物，魔兽世界故事对他的描述是：性别男，种族恶魔，身份是背叛者、外域之主。作为对伊利丹的赏赐，萨格拉斯用恶魔的火焰取代了他那稀有的琥珀色眼睛，给予了他恶魔的视界，而伊利丹也因此获得了更强大的恶魔力量，能看到任何形式的魔法。除了能看到全新的视觉景象，萨格拉斯还赐予了伊利丹神秘的纹身，覆盖在他的双肩上，将自己的黑暗魔法渗透进这个暗夜精灵的体内。伊利丹所使的埃辛诺斯战刃，是他在一万多年前的上古之战中，击杀了燃烧军团的恶魔军官末日守卫埃辛诺斯后夺取的。埃辛诺斯战刃可以合并在一起形成一把极具杀伤力的武器，也可以拆分成双刃在战场上挥舞。与这些文字描述对应的伊利丹形象特征包括：为体现恶魔特征，其头上长角，背上生翅；为体现双眼被恶魔火焰取代，其眼睛冒出绿色火焰；为体现身体被魔法渗透，其双肩有绿色纹身；手执一对形状怪异的刀，即埃辛诺斯战刃。涉案装备图案和副本地图同样基于魔兽世界基本故事情节创作，在对方未能提交相反证明的情况下，一审法院确认其满足作品的最低独创性要求。

其次，关于可复制性。《魔兽世界：德拉诺之王》游戏也是一款计算机软件作品，暴雪公司、网之易公司所主张的人物形象、装备图案和副本地图，实质是体现在该软件作品用户界面中的人物形象、装备图案和副本地图。对于计算机软件作品用户界面能否复制，已经无须论述，且当事人也无异议，故涉案人物形象、装备图案和副本地图满足可复制性要件。

最后，涉案人物形象、装备图案及副本地图，均是以线条、色彩构成，并具有一定的审美意义，故构成美术作品。

二、暴雪公司、网之易公司对涉案作品是否享有著作权

根据《最高人民法院关于审理著作权民事纠纷案件适用法律若干问题的解释》（法释〔2002〕31号）第七条的规定，当事人提供的涉及著作权的底稿、原件、合法出版物、著作权登记证书、认证机构出具的证明、取得权利的合同等，可以作为证据。在作品或者制品上署名的自然人、法人或者其他组织视为著作权或与著作权有关权益的权利人，但有相反证明的除外。该案中，暴雪公司、网之易公司为证明其享有涉案作品著作权，提交了《魔兽世界》系列游戏软件作品在美国版权局的登记证明、数本关于《魔兽世界》故事和人物介绍的合法出版物、第三方网站及暴雪公司、网之易公司中文官网关于《魔兽世界》游戏和相关人物的介绍。一审法院认为，这些证据结合暴雪公司、网之易公司的陈述，足以证明暴雪公司是涉案作品著作权人。网之易公司经暴雪公司授权，有权使用涉案作品。

关于分播公司以在中国版权保护中心网站的查询结果，主张暴雪公司、网之易公司不是涉案作品著作权人的问题。一审法院认为，根据《作品自愿登记试行办法》第二条，作品实行自愿登记，作品不论是否登记，作者或其他著作权人依法取得的著作权不受影响。这表明，作品登记并非著作权的当然证明。以"魔兽"命名的游戏软件并非全部登记在暴雪公司名下，既不足以否定暴雪公司对《魔兽世界》系列游戏享有著作权，也不能证明暴雪公司不是涉案作品著作权人。

三、分播公司、动景公司、七游公司的行为是否侵犯了暴雪公司、网之易公司的著作权

根据《著作权法》第十条，复制权是指以印刷、复印、拓印、录音、录像、翻录、翻拍等方式将作品制作一份或者多份的权利。但是，由于存在两个相同或近似的作品由不同主体独立创作完成的可能，故侵权诉讼中复制行为的证明并不容易。为此，以下两种情况可推定复制行为的存在：（1）由于两个完全相同的作品由不同主体独立创作完成的可能性极小，根据民事诉讼证据高度盖然性证明标准，此时即可推定复制行为存在。（2）如果被诉作品与权利人作品构成实质性近似且被诉侵权人有接触权利人作品之可能，根据民事诉讼证据高度盖然性证明标准，此时也可推定复制行为存在。

关于实质性近似。根据人物形象对比图，可以清晰反映出被诉游戏与《魔兽世界：德拉诺之王》游戏中的人物形象特征相同。虽然两者在一些细节方面存在差异，但足以认定两者构成实质性近似。比如《魔兽世界：德拉诺之王》游戏中萨尔的形象特征包括：面部下獠牙突出嘴巴，脖子上戴有巨大的珠串，手持一把印有狼图案的大锤，身披法袍。被诉游戏中萨尔同样具备上述特征。又如《魔兽世界：德拉诺之王》游戏中的加尔鲁什·地狱咆哮与被诉游戏中的地狱咆哮都具有以下形象特征：面部下獠牙突出嘴巴，身披獠牙铸成的肩甲，手执一把巨大的斧头。《魔兽世界：德拉诺之王》游戏中的伊利丹与被诉游戏中的伊利丹都具有以下形象特征：头上长角，尖耳朵，眼睛冒出绿色的火焰，背上长有一双翅膀，双肩有绿色纹身，双手执一对形状怪异的刀。《魔兽世界：德拉诺之王》游戏中的瓦里安·乌瑞恩与被诉游戏中的国王都具有以下形象特征：身穿狮身鹰首图案的盔甲，手执一把宝剑。再如，《魔兽世界：德拉诺之王》游戏中的玛法里奥·怒风与被诉游戏中的玛法里奥都具有以下形象特征：头长硕大的鹿角，尖耳朵，具有老鹰的翅膀和豹子的爪子。两个游戏中的维伦都具有以下形象特征：头顶圣光，雪白的长胡须，身披法袍。《魔兽世界：德拉诺之王》游戏中的希尔瓦娜斯·风行者与被诉游戏中的女王都具有以下形象特征：拥有血红的眼睛，长发披肩，身穿铠甲，

手执弓箭。关于涉案装备图案,根据装备对比图,亦不难判断两者装备图案构成实质性近似。关于涉案副本地图。根据副本地图对比图,两者奥达曼和剃刀高地的图案形状基本无差异,构成实质性近似。被诉游戏的踢刀沼泽图案是《魔兽世界:德拉诺之王》游戏剃刀沼泽图案的镜像,也构成实质性近似。但两者的祖尔法拉克和死亡矿井图案,存在明显差异,不构成实质性近似。

关于接触之可能。暴雪公司、网之易公司于该案提交的《魔兽世界》系列游戏软件作品登记证明、数本中外合法出版物、第三方网站和暴雪公司、网之易公司中文官网对《魔兽世界》系列游戏的介绍等证据,已经形成完整证据链,足以证明《魔兽世界:德拉诺之王》是《魔兽世界》系列游戏的最新版本,与该系列游戏之前版本相比,虽在故事情节上有所发展,但拥有相同的故事背景、共同的重要人物以及其他核心游戏要素。暴雪公司、网之易公司称涉案人物形象、装备图案及副本地图在之前版本亦有体现,具有充分的依据,一审法院予以确认。虽然《魔兽世界:德拉诺之王》在中国正式上线时间晚于被诉游戏,但被诉游戏的上线时间显然晚于《魔兽世界》游戏之前版本的公开发行时间,故一审法院认定该案亦满足接触之可能的要件。

关于七游公司和分播公司行为的侵权认定。根据《著作权法》第十条,署名权是指表明作者身份,在作品上署名的权利。发行权是指以出售或者赠与方式向公众提供作品的原件或者复制件的权利。信息网络传播权是指以有线或者无线方式向公众提供作品,使公众可以在其个人选定的时间和地点获得作品的权利。被诉游戏由七游公司开发,其未经暴雪公司、网之易公司许可复制了涉案作品且未署暴雪公司名称,故侵犯了暴雪公司涉案作品的复制权和署名权。被诉游戏由分播公司独家运营,其通过网络向公众提供被诉游戏的下载,故侵犯了暴雪公司、网之易公司涉案作品信息网络传播权。发行权并不能控制网络环境的传播行为,且没有证据证明以其他方式向公众提供涉案作品,故暴雪公司、网之易公司主张侵犯其发行权,依据不足,不能成立。分播公司是七游公司的股东,分播公司、七游公司对侵权游戏的开发、运营主观上有共同意思联络,客观上以分工协助方式实施侵权,构成共同侵权。

关于动景公司行为的侵权认定。根据《最高人民法院关于审理侵害信息网络传播权民事纠纷案件适用法律若干问题的规定》第四条和第七条，网络服务提供者能够证明其仅提供自动接入、自动传输、信息存储空间、搜索、链接、文件分享技术等网络服务，主张其不构成共同侵权行为的，人民法院应予支持。网络服务提供者在提供网络服务时教唆或者帮助网络用户实施侵害信息网络传播权行为的，人民法院应当判令其承担侵权责任。该案中，动景公司为证明其是网络服务提供者从而不构成侵权，提交了《九游开发平台合作协议》。根据该协议内容，动景公司不仅提供合作游戏的上传、存储、下载服务，还提供用户系统和支付系统服务，并收取服务费，且有权授权第三方为游戏提供信息服务、广告服务、推广服务，有权对游戏软件提出技术建议，负责协助游戏的客户服务，客服人员在游戏发布的公告内容也须经动景公司认可。显然，动景公司不是仅提供自动接入、自动传输、信息存储空间、搜索、链接、文件分享的网络服务提供者。由于《魔兽世界》系列游戏具有很高的知名度，动景公司作为专业的游戏发布平台，在提供上述服务时应当知道被诉游戏涉嫌侵权，因而有要求分播公司提供涉案作品合法授权的义务。但动景公司未尽合理注意义务，主观上存在过错，客观上为分播公司侵权提供帮助，构成帮助侵权。

四、暴雪公司、网之易公司的诉讼请求能否成立

分播公司、动景公司、七游公司的行为侵犯了暴雪公司、网之易公司涉案作品著作权，应依法承担停止侵权的民事责任。然而，暴雪公司、网之易公司就停止侵权所提出的具体诉讼请求，实际要求被诉游戏的整体下线。一审法院认为，英雄打怪闯关是常见的游戏规则，被许多网络游戏所采纳。在采用相同或基本相同游戏规则的游戏中，打怪的英雄和守关的怪兽形象设计成为每一款游戏吸引游戏玩家的重要手段，故英雄和怪兽形象构成这些游戏的重要内容。被诉游戏也是一款英雄打怪闯关的游戏。被诉游戏使用《魔兽世界》游戏相关英雄和怪兽形象，就是为了利用《魔兽世界》的知名度，吸引游戏玩家。如果将被诉游戏的英雄和怪兽形象进行彻底改变，对于玩家而言就是两款不同的游戏。在此情况下,结合考虑一审法院在商字第2号案中对不正当竞争行为的认定,暴雪公司、网之易公司要求被诉游戏整体下线,符合法律规定。据此,一审法院支持暴雪公司、网之易公司要求七游公司立即停止向公众提供被诉游戏,分播公司立即停止代理、运营被诉游戏,动景公司立即停止传播被诉游戏的诉请。由于被诉游戏的整体下线必然包括游戏宣传资料的撤除,故无必要再判决删除侵权宣传资料。关于赔礼道歉,一审法院认为,署名权属于人身权利,侵害人身权的责任承担方式包括赔礼道歉。七游公司和分播公司共同侵害了涉案作品的署名权,应承担赔礼道歉的民事责任。由于暴雪公司、网之易公司在该案中主张的美术作品数量多,而且这些作品具有较高知名度,侵犯涉案作品署名权的情节较为严重,故暴雪公司、网之易公司诉请分播公司在被诉游戏官网及腾讯游戏网刊登道歉声明,依据充分,一审法院予以支持。

关于暴雪公司、网之易公司诉请赔偿经济损失500万元的问题。七游公司和分播公司共同侵犯了涉案作品的署名权、复制权和信息网络传播权,依法应承担连带赔偿责任。

根据《著作权法》第四十九条,侵犯著作权或者与著作权有关的权利的,侵权人应当按照权利人的实际损失给予赔偿;实际损失难以计算的,可以按照侵权人的违法所得给予赔偿。赔偿数额还应当包括权利人为制止侵权行为所支付的合理开支。权利人的实际损失或者侵权人的违法所得不能确定的,由人民法院根据侵权行为的情节,判决给予50万元以下的赔偿。根据解释第二十五条、第二十六条,权利人的实际损失或者侵权人的违法所得无法确定的,人民法院根据当事人的请求或依职权确定赔偿数额。人民法院在确定赔偿数额时,应当考虑作品类型、合理使用费、侵权行为性质、后果等情节综合确定。制止侵权行为所支付的合理开支,包括权利人或者委托代理人对侵权行为进行调查、取证的合理费用。由此可知,法律规定的赔偿计算方式依次包括,权利人的实际损失、侵权人的违法所得、50万元以下的法定赔偿。需要说明的是,根据全面赔偿原则,对于难以证明权利人损失或侵权人获利的具体数额,但有证据证明损失或获利的数额明显超过50万元,法院也可以在法定赔偿最高限额以上合理确定赔偿数额。

该案中,暴雪公司、网之易公司并未主张以其实际损失计算赔偿数额。暴雪公司、网之易公司虽然提出了被诉游戏在安卓和苹果平台销售收入的计算方式,但这并非是对侵权人侵权获利的直接计算。故在此情况下,法院应当综合考虑案件相关因素酌情确定赔偿数额。一审法院认为,需要考虑的相关因素包括:(1)《魔兽世界》系列游戏具有很高知名度,涉案作品具有较高知名度和独创性;(2)侵权作品包括25个人物形象、20个装备及3个地图,数量较大;(3)七游公司和分播公司的侵权故意明显;(4)分播公司关于被诉游戏在苹果平台销售收入5381665元的陈述,客观真实。

关于分播公司主张该数据是为达成调解而妥协认可事实的问题。根据《最高人民法院关于民事诉讼证据的若干规定》第六十七条,当事人为达成调解协议或者和解的目的作出妥协所涉及的对案件事实的认可,不得在其后的诉讼中作为对其不利的证据。一审法院认为,为达成调解而妥协认可的事实,应指一方当事人为达成调解目的,对另一方当事人提出的对其不利的事实,在未经充分举证质证情况下,妥协确认的事实。由于未经充分举证质证,该事实可能缺乏足够证据证明,甚至存在与客观事实相反的情形。如果法院在其后诉讼中以当事人自认为由对该事实直接认定,免除另一方当事人的举证责任,就违背了程序公平和以事实为根据的基本原则。然而,被诉游戏在苹果平台销售收入高达5381665元的事实,并不属于上述规定中妥协认可的事实,理由如下:第一,该数据并非暴雪公司、网之易公司主张或提出,分播公司认可,而是由分播公司主动提交。第二,该数据已由分播公司自行证明。分播公司为证明该数据的真实性,在一审法院见证下登录其苹果商店账户操作查询过程,并将查询结果界面出示给暴雪公司、网之易公司审核。第三,一审法院注意到,分播公司还提出该数据包括同时运营的其他游戏销售收入的主张。虽然该主张与其在调解中的陈述和其向一审法院展示的事实不符,为尽可能还原客观事实,一审法院指定期限要求分播公司进行合理解释并提交相关证据证明。但其称被法院禁令后其无法登录平台账户,无法提供准确数据。该说法显然不能成立,因为调解正是发生在该案禁令之后,当时分播公司能够自如登录其苹果商店账户进行查询。综上，5381665元销售收入不是分播公司为达成调解而妥协认可的数据，其客观真实，应被采纳。由于该数据已经扣除苹果商店30%的分成，故被诉游戏在苹果平台总的销售收入为7688093元。（5）被诉游戏在安卓平台的销售收入。一审法院在指定期限要求分播公司提交苹果平台相关数据时，亦要求其提交安卓平台相关数据。分播公司以相同理由未能提交，如前所述其理由不能成立。由于苹果平台与安卓平台是被诉游戏运营的两大平台，具有基本相当的市场份额，一审法院推定安卓平台销售收入与苹果平台的销售收入基本相当。（6）参考手游行业一般利润率。根据该案及商字第2号案的情况，被诉游戏抄袭《魔兽世界》游戏诸多重要元素，且利用《魔兽世界》游戏知名度营销，故开发宣传成本较低，其利润率应高于行业一般利润率。（7）侵权作品对被诉游戏实现利润的作用。侵权作品是吸引玩家的重要手段，构成被诉游戏的重要内容，故对被诉游戏实现利润发挥了重要作用。（8）暴雪公司、网之易公司为制止侵权所支付的合理费用。暴雪公司、网之易公司主张的公证费、打印费、交通费及住宿费均为合理费用，一审法院予以支持。（9）该案与商字第2号案的关联关系在确定赔偿数额时的体现。

综上，由于被诉游戏在安卓和苹果两大平台总的销售收入超过1500万元，分播公司无正当理由拒绝提供被诉游戏相关财务账册资料，一审法院着重考虑这两点，并考虑以上其他因素和参考手机游戏行业一般利润率，酌定七游公司和分播公司连带赔偿暴雪公司、网之易公司400万元。

动景公司帮助分播公司侵权，应就其帮助部分的侵权承担连带赔偿责任。考虑到九游网的侵权在全案侵权事实中所起作用，一审法院酌定动景公司对400万元赔偿额中的20万元承担连带赔偿责任。

综上所述，一审法院判决：（1）七游公司于判决发生法律效力之日起立即停止向公众提供《全民魔兽：决战德拉诺》（原名《酋长萨尔：魔兽远征》）游戏；（2）分播公司于判决发生法律效力之日起立即停止代理、运营《全民魔兽：决战德拉诺》（原名《酋长萨尔：魔兽远征》）游戏；（3）动景公司于判决发生法律效力之日起立即停止传播《全民魔兽：决战德拉诺》（原名《酋长萨尔：魔兽远征》）游戏；（4）七游公司、分播公司于判决发生法律效力之日起10日内连带赔偿暴雪公司、网之易公司人民币400万元；（5）动景公司对上述第四项判决金额中的20万元承担连带赔偿责任；（6）分播公司于判决发生法律效力之日起30日内在《全民魔兽：决战德拉诺》（原名《酋长萨尔：魔兽远征》）官网（http://lmvsbl.rekoo.com/）和腾讯游戏网（http://games.qq.com/）刊登声明，向暴雪公司、网之易公司道歉（内容须经法院审定）；（7）驳回暴雪公司、网之易公司其他诉讼请求。

一审案件受理费46800元，由暴雪公司、网之易公司共同负担4680元，七游公司、分播公司共同负担42120元。

二审判决

广东省高级人民法院认为，该案系侵害美术作品著作权纠纷。包括《魔兽世界：德拉诺之王》在内的《魔兽世界》系列游戏由暴雪公司开发制作，该案主张美术作品著作权的18个英雄、7个怪兽、20个装备、5个副本地图包含于该系列游戏中。暴雪公司在美国独立创作了涉案美术作品，并将《魔兽世界》系列游戏的计算机软件和视听作品在美国版权局进行了版权登记。我国和美国同属《伯尔尼公约》成员国，公约第五条之一规定"就享受本公约保护的作品而论，作者在作品起源国以外的本同盟成员国中享受各该国法律现在给予和今后可能给予其国民的权利，以及本公约特别授予的权利"。《著作权法》第二条第二款规定，"外国人、无国籍人的作品根据其作者所属国或者经常居住地国同中国签订的协议或者共同参加的国际条约享有的著作权，受本法保护"，据此，暴雪公司主张的涉案美术作品受到我国著作权法保护。网之易公司基于其与暴雪公司签订的授权合同，享有暴雪公司授权范围内的相关著作权，亦依法受到保护。

根据上诉请求和理由、答辩意见，相关事实和证据，该案二审焦点为：一审判决认定被诉游戏侵犯著作权是否有事实和法律依据；分播公司是否构成共同侵权；动景公司的行为是否构成侵权；一审判决确定的民事责任承担方式、赔偿数额的计算依据是否正确，数额是否合理。

一、一审判决认定被诉游戏侵犯著作权是否有事实和法律依据

分播公司上诉认为被诉游戏不侵权，主要理由是不存在接触《魔兽世界：德拉诺之王》的可能性，以及被诉游戏经程序编写创作完成，不会侵犯美术作品的著作权。对此，二审法院认为，一审判决依照《著作权法》相关规定认定《魔兽世界：德拉诺之王》中涉案角色、装备和地图构成美术作品，各方当事人对此并无异议。美术作品侵权判定遵循"实质近似"加"接触可能"并排除"合理使用"的基本方法，即被诉侵权对象与作品实质相似，被诉侵权人具有接触作品的可能性，且被诉侵权人不符合合理使用的条件。就分播公司上诉理由而言，首先，该案《全民魔兽：决战德拉诺》系一款以计算机软件为基础运行于服务器及移动终端的游戏，游戏虽然经计算机软件编写而成，但游戏包含与涉案美术作品对应的角色、装备、地图等美术形象元素，这些游戏元素通过计算机指令调取并以线条、色彩等方式呈现。游戏是否经编程完成与是否使用了美术作品并无直接关联关系。其次，暴雪公司、网之易公司主张的作品不仅存在于《魔兽世界：德拉诺之王》中，还存在于该版本之前的《魔兽世界》系列游戏中，该系列游戏发布时间早于《全民魔兽：决战德拉诺》且知名度高，分播公司存在接触涉案作品的客观条件和可能性。综上所述，分播公司关于被诉游戏不侵犯涉案美术作品的理据不足，一审法院认定于法有据，二审法院予以维持。

二、分播公司是否构成共同侵权

《侵权责任法》第八条规定"二人以上共同实施侵权行为，造成他人损害的，应当承担连带责任"。该案被诉游戏由七游公司开发，分播公司独家运营。分播公司的运营行为包括向公众提供被诉游戏的下载，授权其他游戏渠道商、平台商向公众提供被诉游戏的下载，宣传推广游戏，以及被诉游戏的运行、收益等。可见，分播公司对游戏运营及获利具有完全控制力。此外，分播公司作为股东之一于2013年发起成立了七游公司。从以上情况分析，分播公司和七游公司在被诉游戏整个开发运营过程中，具有密切的分工和合作

关系，分播公司主观上知道且积极参与游戏的开发运营，就被诉侵犯署名权、复制权、信息网络传播权的行为而言，分播公司和七游公司构成共同侵权，应当承担连带责任。

三、动景公司的行为是否构成侵权

《民事诉讼法》第六十九条规定，"经过法定程序公证证明的法律事实和文书，人民法院应当作为认定事实的根据，但有相反证据足以推翻公证证明的除外。"暴雪公司、网之易公司主张动景公司侵权并提供了（2014）沪东证经字第 15991 号、第 15992 号公证书（证据 15、16）等证据，动景公司上诉质疑公证过程的真实性并据此认为证据 15、16 不应作为认定事实的依据。对此，二审法院认为，上述两份证据系经过法定程序公证证明的文书，公证书明确记载了证据保全过程，未发现违反公证法定程序的情形，在没有相反证据足以推翻公证证明时该公证书依法应作为认定事实的依据。动景公司对公证保全过程中部分细节真实性的怀疑缺乏充分理由和足够的反证，不能否定公证书的真实性、合法性、关联性。

《最高人民法院关于审理侵害信息网络传播权民事纠纷案件适用法律若干问题的规定》第三条规定，"网络用户、网络服务提供者未经许可，通过信息网络提供权利人享有信息网络传播权的作品、表演、录音录像制品，除法律、行政法规另有规定外，人民法院应当认定其构成侵害信息网络传播权行为。通过上传到网络服务器、设置共享文件或者利用文件分享软件等方式，将作品、表演、录音录像制品置于信息网络中，使公众能够在个人选定的时间和地点以下载、浏览或者其他方式获得的，人民法院应当认定其实施了前款规定的提供行为。"根据该案查明事实，动景公司经营的九游网向公众提供了被诉游戏苹果版本和安卓版本的下载，此外，动景公司和分播公司签订《九游开发平台合作协议》，约定合作中九游网提供游戏的上传、存储、下载等。前述向公众提供被诉游戏下载的行为属于内容提供行为，而非仅提供自动接入、自动传输、信息存储空间、搜索、链接、文件分享技术等网络服务行为。动景公司作为九游网的经营者，向公众提供了被诉侵权游戏，在未经权利人许可的情况下实施的该行为，属直接侵权行为，即直接实施了侵犯暴雪公司、网之易公司信息网络传播权的行为，并且九游网提供被诉游戏系由分播公司与动景公司共同合作完成的，动景公司对此应当承担共同侵权的民事侵权责任。一审判决对动景公司行为性质的认定有误，二审法院予以纠正。动景公司并非帮助侵权，其以尽到合理注意义务为由抗辩不构成帮助侵权，理据不足。此外，分播公司与动景公司就被诉游戏在九游网上的运营存在合作关系，动景公司与分播公司之间即便签订知识产权免责条款，该约定的效力也仅限于合同相对方，不能对抗合同方以外的权利人，况且基于《魔兽世界》享有极高知名度，被诉游戏中存在大量与《魔兽世界》实质近似的内容以及被诉游戏宣传介绍的实际情况，作为专门从事游戏行业的动景公司，主观上也未尽到合理的注意义务。综上所述，动景公司以其仅提供网络服务并尽到合理注意义务为由抗辩不侵权，缺乏事实和法律依据，二审法院不予支持。

四、民事责任承担

针对一审判决确定的各项民事责任，分播公司、动景公司上诉主要为两方面，一是认为判令停止提供、运营、传播整个被诉游戏超出诉讼范围，二是认为判赔于法无据且数额过高。

就停止侵害民事责任的范围问题，二审法院认为：首先，在该案中暴雪公司、网之易公司起诉的第一项请求内容为要求停止提供、代理运营、传播《全民魔兽：决战德拉诺》游戏，一审判决针对整个被诉游戏作出的判项内容并未超出诉讼请求范围。其次，一审判决确定的停止侵害具体责任承担方式具有合理性。暴雪公司、网之易公司的权利基础为构成美术作品的涉案游戏元素的著作权，对应的侵权内容为被诉游戏《全民魔兽：决战德拉诺》中相应的游戏元素，由于后者分布并贯穿融合于整个被诉游戏中，有赖于被诉游戏整体运行而使用或呈现，因此只有制止整个游戏的提供、运营等才能有效履行停止侵害民事责任。

关于民事赔偿责任问题。《著作权法》第四十九条规定，"侵犯著作权或者与著作权有关的权利的，侵权人应当按照权利人的实际损失给予赔偿；实际损失难以计算的，可以按照侵权人的违法所得给予赔偿。赔偿数额还应当包括权利人为制止侵权行为所支付的合理开支。权利人的实际损失或者侵权人的违法所得不能确定的，由人民法院根据侵权行为的情节，判决给予五十万元以下的赔偿"。首先，关于因侵权遭受的实际损失，暴雪公司、网之易公司并未主张也未就具体数额如何计算提交相应的证据证明，且侵权行为与遭受的实际损失应以具有因果关系为限，鉴于《魔兽世界》系列游戏商业运营广泛，游戏市场动态变化快，盈利情况比较复杂，论证因侵权遭受的实际损失确有困难，故该案无法以实际损失作为确定赔偿数额的依据。其次，关于侵权获利问题。现有证据表明，被诉游戏采用免费下载、付费购买虚拟游戏币的模式盈利。一审法院组织调解时，分播公司登录其苹果商店账户展示了被诉游戏自上线至2015年2月期间的销售收入金额。分播公司上诉认为该数额不能采信作为判决依据，对此，二审法院认为，根据《民事诉讼法》规定，在诉讼中当事人为达成调解协议或者和解协议作出妥协而认可的事实，不得在后续的诉讼中作为对其不利的根据，而该案中分播公司当场登录苹果商店账户查询的事实系客观事实，并非作出妥协而认可的事实，不属于前述法律规定的情形。苹果商店账户的收入额系反映获利情况最直接关联和重要的证据，而且该账户只处于分播公司的掌握之中，他人难以获知，基于尊重客观事实和倡导诚信诉讼的考虑，该事实可作为认定案件事实的依据。经双方当事人确认的一审笔录记载，分播公司在其代理人和财务人员在场的情况下登录苹果商店账户查询的销售额为5381665元，分播公司随后主张该数额不准确且不唯一对应被诉游戏，对此一审法院要求分播公司予以解释并提供相应证据，分播公司无正当理由未提供合理说明和相应证据，上诉期间亦未对其主张举证，分播公司应自行承担相应后果。分播公司通过苹果系统运营被诉游戏的销售收入显然超过《著作权法》规定的法定赔偿最高限额50万元，此外，根据暴雪公司、网之易公司提供的来自分播公司的相关宣传报道，被诉游戏短期内安卓版和苹果版的下载安装量巨大，再结合苹果商店游戏货币最低充值单价、付费玩家在所有玩家中的合理占比、移动终端中苹果系统和安卓系统的行业市场份额等情况考虑，可以进一步印证被诉游戏的获利确已超过法定赔偿最高限额 50 万元。在认定侵权获利时，还应注意被诉游戏整体与侵权作品之间的关系，考虑到侵权作品数量较多，且系被诉游戏主要并密不可分的组成部分，根据诉讼请求并综合考虑全案证据，该案应在法定最高限额以上合理确定赔偿额。最后，在确定具体赔偿数额时，一审判决从被诉游戏在苹果商店的收入实际情况出发，综合考虑了权利类型、作品知名度，手游在苹果平台和安卓平台的行业情况，手游一般利润率，以及该案侵权情节、合理维权开支等因素，并考虑了相关不正当竞争纠纷案件的民事责任认定情况。二审法院认为一审判决具体考虑的各个因素具有合理性，其综合考虑方法也体现了客观、公正和全面的要求。在此基础上，一审判决酌定七游公司和分播公司连带赔偿 400 万元，该数额体现了涉案知识产权价值，故二审法院予以维持。至于动景公司就其中 20 万元承担连带责任的问题，二审法院认为动景公司侵害信息网络传播权的行为系直接侵权行为，但其侵权范围限于九游网而非分播公司运营的所有渠道，一审判决确定 20 万元的赔偿数额与其侵权情节和程度基本相符，二审法院对赔偿数额予以维持。

综上所述，广东省高级人民法院于 2017 年 12 月 27 日判决驳回上诉，维持原判。二审案件受理费人民币 38800 元，由分播公司负担人民币 34500 元，由动景公司负担人民币 4300 元。

案例解析

该案是一个网络游戏著作权侵权纠纷案件。在该案中，双方当事人争议的焦点主要有两个：一是被告有无侵犯暴雪公司、网之易公司的网络游戏——《魔兽世界：德拉诺之王》中相关人物形象、装备图案和副本地图的相应著作权；二是如果构成侵权，被告方应当承担的损害赔偿数额是多少。

一、网络游戏的著作权保护

（一）网络游戏的著作权保护模式

网络游戏的著作权保护，实际上可以采取两种模式：一是整体保护，即将网络游戏整体作为一个作品，谋求著作权法的保护。在上海壮游信息科技有限公司诉广州硕星信息科技有限公司等著作权侵权及不正当竞争纠纷案❶中，原告就主张其网络游戏——《奇迹MU》从整体上（连续画面）构成类电作品，并获得法院的支持。二是要素式保护，即将网络游戏中的某些构成元素作为作品，谋求著作权法的保护。网络游戏的核心内容包括游戏引擎和游戏资源库，其中，游戏引擎是由指令序列组成的计算机程序，属于著作权法规定的计算机软件；游戏资源库是指游戏软件中各种素材片段组成的资源库，包括音频、视频、图片、文字等，可分别构成受著作权法保护的音乐、类电、美术、文字等作品。因此，网络游戏的权利人也可以他人侵犯了其上述游戏要素的著作权为由，提起著作权侵权之诉。当然，在具体的网络游戏著作权侵权纠纷案件中，原告方采取哪种模式保护其游戏，这当然由当事人根据具体情况来自行决定，法院不能越俎代庖，违背当事人的主张而作出选择。

在该案中，原告就主张其涉案网络游戏——《魔兽世界：德拉诺之王》中的人物形象、装备图案和副本地图构成美术作品，被告在其网络游戏中抄袭了上述美术作品，要求被告方依法承担民事责任。显然，其采取的是要素式的保护方式。

（二）美术作品的构成要件

不论是采取哪种保护模式，原告方可以获得著作权法保护的前提是其请求保护的对象构成著作权法意义上的作品。在该案中，原告请求保护的是其网络游戏——《魔兽世界：德拉诺之王》中的人物形象、装备图案和副本地图。显然，这些网络游戏的要素如果构成作品，应当属于美术作品。因此，该案首先应当对美术作品的构成要件以及上述网络游戏要素是否构成美术作品作出判断。

根据《著作权法实施条例》第二条的规定，作品是指文学、艺术和科学领域内具有独创性并能以某种有形形式复制的智力成果。据此，一般认为，

---

❶ 参见上海知识产权法院（2016）沪73民终190号民事判决书。

作品的构成要件有三：(1) 文学、艺术和科学领域内的智力成果；(2) 独创性；(3) 可复制性。但是，不同类型的作品的表现形式不同，对独创性的要求也不尽相同。根据《著作权法实施条例》第二条的规定，美术作品是指绘画、书法、雕塑等以线条、色彩或者其他方式构成的有审美意义的平面或者立体的造型艺术作品。据此，美术作品还需以线条、色彩或其他方式构成，且具有审美意义。在该案中，一审法院正是从上述四个方面出发展开论证，认定《魔兽世界：德拉诺之王》中的人物形象、装备图案和副本地图构成美术作品。

（三）著作权复制侵权的判断标准

如前所述，独创性是著作权法意义上作品的构成要件之一。独创性中的"独"，是指"独立创作、源于本人"，或者说是指劳动成果源于劳动者本人，即劳动成果是由劳动者独立完成的，而非抄袭的结果。❶

但是，正如一审判决理由中所指出的，由于存在两个相同或近似的作品由不同主体独立创作完成的可能，故侵权诉讼中复制行为（抄袭行为）的证明并不容易。因此，对于复制行为（抄袭行为）的证明，实际上主要是通过推定规定来实现的。一般认为，以下两种情况可推定复制行为（即抄袭行为）的存在：第一，由于两个完全相同的作品由不同主体独立创作完成的可能性极小，根据民事诉讼证据高度盖然性证明标准，此时即可推定复制行为存在。第二，如果被诉作品与权利人作品构成实质性近似且被诉侵权人有接触权利人作品之可能，根据民事诉讼证据高度盖然性证明标准，此时也可推定复制行为存在。这就是所谓的"实质性相似+接触"的侵权判定方法。在该案中，法院就是按照"实质性相似+接触"的侵权判定方法，判定被告侵犯了原告涉案美术作品的复制权。

二、网络游戏著作权侵权损害赔偿数额的确定

在知识产权侵权诉讼中，损害赔偿数额确定难是世界各国、各地区司法

---

❶ 王迁. 著作权法 [M]. 北京：中国人民大学出版社, 2015：20.

实践中普遍存在的难题。为解决这一难题，法律上一般提供了多种确定赔偿数额的方法。我国《著作权法》第四十九条规定："侵犯著作权或者与著作权有关的权利的，侵权人应当按照权利人的实际损失给予赔偿；实际损失难以计算的，可以按照侵权人的违法所得给予赔偿。赔偿数额还应当包括权利人为制止侵权行为所支付的合理开支。权利人的实际损失或者侵权人的违法所得不能确定的，由人民法院根据侵权行为的情节，判决给予五十万元以下的赔偿。"据此，著作权侵权损害赔偿数额的确定有三种方法：权利人的实际损失、侵权人的违法所得（即获利）以及法定赔偿，而且三种方法的适用应遵循先后顺序。❶

对于网络游戏著作权侵权纠纷案件而言，权利人欲证明其因侵权行为遭受的实际损失是十分困难的。因此，权利人往往会主张以侵权人的违法所得来确定赔偿数额，或者直接主张法定赔偿。在确定侵权人的违法所得时应当注意的是，并非侵权人所有的经营收入都属于应当赔偿的范畴，应当仅限于侵权人基于侵权而获得的收益。因此，一般情况下违法所得的计算公式应为：侵权人的营业利润×侵权行为对获利的贡献率，其中营业利润的计算公式应为：营业收入×行业利润率。❷

在该案中，暴雪公司、网之易公司并未主张以其实际损失计算赔偿数额，而是提出以被诉游戏在安卓和苹果平台销售收入的计算方式，即主张以侵权人的违法所得（获利）来确定赔偿数额。虽然法院认为暴雪公司、网之易公司的主张"并非是对侵权人侵权获利的直接计算"，但从结果上来看，其并未采取法定赔偿的方法，即在 50 万元以下酌情确定赔偿数额，而是采用了所谓的"裁量性赔偿方法"，即在无法直接通过权利人的实际损失和侵权人的侵权

---

❶ 例如，北京市高级人民法院制定颁布的《侵害著作权案件审理指南》第 8.4 条规定："确定损害赔偿数额应当遵循权利人的实际损失、侵权人的违法所得、法定赔偿的顺序。无法精确计算权利人的实际损失或者侵权人的违法所得时，可以根据在案证据裁量确定赔偿数额，该数额可以高于法定赔偿最高额。无法精确计算权利人的实际损失或者侵权人的违法所得，也无法以合理方法裁量确定赔偿数额的，应适用法定赔偿确定数额。"

❷ 例如，根据北京市高级人民法院制定颁布的《侵害著作权案件审理指南》第 8.6 条的规定，通常依据侵权人因侵权行为获得的利润计算"侵权人的违法所得"。若在案证据证明侵权人存在明显侵权恶意、侵权后果严重的，可以直接依据因侵权行为所获得的营业收入计算其违法所得。

所得确定赔偿数额的情况下,现有证据又足以证实权利人的损失或者侵权人的获利确实高于法定赔偿最高限额的,法院依据现有证据在法定赔偿限额之上酌情确定赔偿数额。需要注意的是,"这种赔偿不是法定赔偿,也不是一种独立的赔偿方式,裁量只不过是确定实际损失的一种途径,仍属于按照实际损失赔偿的范畴,应引用赔偿实际损失的法条。"[1] 在该案中,法院实际上主要考虑侵权人七游公司和分播公司的营业收入以及行业利润率等情况,酌定其连带赔偿暴雪公司、网之易公司 400 万元,这实际上仍然是以侵权人的违法所得(获利)来确定赔偿数额的。

---

[1] 最高人民法院民事审判第三庭. 知识产权审判指导(第 23 辑)[M]//孔祥俊. 在全国法院知识产权审判工作座谈会上的总结讲话,北京:人民法院出版社,2014:36.

案例5 证明妨碍原理在知识产权诉讼中的适用

——达索系统公司诉中山市鑫海精密制造科技有限公司侵害计算机软件著作权纠纷案

【裁判要旨】

法院依法采取证据保全措施过程中，在已经发现被告经营场所内的计算机确实安装有被诉侵权软件的情况下，被告恶意阻挠，使得法院无法对被告经营场所内计算机上安装使用的被诉侵权计算机软件及软件信息予以逐一登记的，属于《最高人民法院关于民事诉讼证据的若干规定》（法释〔2001〕33号）第七十五条规定的"一方当事人持有证据无正当理由拒不提供"，构成证明妨碍，可依法推定原告主张的事实成立。

软件最终用户侵犯计算机软件著作权，软件著作权人的损失一般可以按照相当于其正常许可或者销售该软件的市场价格计算。但计算机软件的市场销售价格随着市场的变化而变化，随着版本的不断升级价格逐渐降低并最终退出市场，且不同版本软件的销售价格不同，同一客户购买软件的数量不同，计算机软件的单套销售价格亦存在巨大差异，故不能简单地根据原告提供的正版软件市场销售价格来确定其实际损失。

【入选理由】

根据证明责任分配的一般原理，原告对被告实施了被诉侵权行为的事实，应当承担证明责任，如果不能提供充分的证据予以证实，将要承担相应的不利后果。在计算机软件著作权侵权纠纷案件中，如果原告主张被告未经允许，安装使用了其计算机软件，侵犯了其享有的计算机软件著作权，则原告应当对被告在其计算机上安装了涉案计算机软件这一要件事实承担证明责任。但由于使用涉案软件的计算机均由被告方控制，原告欲证明被告的计算机上安装了涉案软件，常常需要申请法院采取证据保全或者调查取证的方式，到现场查明被告在其计算机上有无安装涉案软件。但是，即便是法院工作人员到被告处进行证据保全或者调查取证，同样需要被告的配合。如果被告不配合，法院的证据保全或者调查取证工作也很难开展。

该案的典型意义在于，其通过法律解释的方法，将被告恶意阻挠法院采取证据保全措施的行为，认定为《最高人民法院关于民事诉讼证据的若干规定》（法释〔2001〕33号）第七十五条规定的"一方当事人持有证据无正当理由拒不提供"的情形，进而结合该案的其他事实，适用证据法上的证明妨碍原理，推定原告主张的相应事实成立，即认定被告的计算机中全部安装了涉案计算机软件。该案对于破解计算机软件著作权侵权纠纷中的原告举证难问题和解决被告拒不配合法院证据保全、调查取证工作难题，提供一个好的参考案例。

案例索引

一审案号：广州知识产权法院（2015）粤知法著民初字第4号

二审案号：广东省高级人民法院（2016）粤民终870号

基本案情

上诉人（一审被告）：中山市鑫海精密制造科技有限公司（以下简称"鑫海公司"）

被上诉人（一审原告）：达索系统公司（Dassault Systemes SolidWorks Corporation，以下简称"达索公司"）。住所地：美国马萨诸塞州沃尔瑟姆市

一审诉请

达索公司请求判令鑫海公司：（1）立即停止复制、安装及使用侵害达索公司享有著作权的 SolidWorks 系列计算机软件的行为，并删除或销毁鑫海公司持有或控制的全部侵权复制件和/或含有侵权复制件的载体；（2）赔偿达索公司经济损失及达索公司为制止侵权行为所支付的调查费、律师费、国外公证认证费、翻译费等合理费用合计暂计 200 万元；（3）在《人民日报》中缝之外的版面上书面向达索公司赔礼道歉；（4）承担该案全部诉讼费。庭审时，达索公司当庭申请变更诉讼请求第 2 项为判令鑫海公司赔偿达索公司经济损失人民币 6242600 元，赔偿达索公司为制止侵权行为所支付的调查费、律师费等合理费用人民币 100458 元。

一审判决

广州知识产权法院认为，达索公司是在美国成立的公司，就该案纠纷，达索公司已签署授权委托书，授权受托方欧特克软件（中国）有限公司高级法律顾问魏萍有权以达索公司的名义处理涉及侵犯达索公司软件著作权的事宜，并明确受托方在上述委托事项范围内有转委托权，达索公司的主体资格及有关授权文件业经美国马萨诸塞州公证和我国驻纽约总领事馆认证，为合法有效的文件。经达索公司委托方魏萍转委托，北京市立方（广州）律师事务所指派的邓尧、吴让军律师作为达索公司与鑫海公司之间计算机软件著作权侵权纠纷案件的特别授权代理人，上述授权符合达索公司授权委托书的授权权限，亦未违反法律规定。故达索公司的诉讼主体适格，委托代理资格合法。

根据原告、鑫海公司的诉辩意见，法院对该案争议焦点分析如下：

一、关于达索公司是否享有涉案 SolidWorks 2012 计算机软件的著作权的问题

根据《著作权法》第十一条、《最高人民法院关于审理著作权民事纠纷案

件适用法律若干问题的解释》（法释〔2002〕31 号）第七条及《计算机软件保护条例》第九条的规定，软件著作权属于软件开发者，如无相反证明，在软件上署名的自然人、法人或者其他组织为开发者。当事人提供的涉及著作权的底稿、原件、合法出版物等，可以作为证据。在作品或者制品上署名的自然人、法人或者其他组织视为著作权或与著作权有关权益的权利人，但有相反的证据除外。达索公司提供的美国版权局出具的著作权登记证书及美国版权局网站的查询信息证明达索公司为涉案 SolidWorks 2012 计算机软件的开发者，享有该软件的著作权，鑫海公司虽质疑达索公司的权利及其状态，但其并未提出相反证明，根据上述法律及司法解释的规定，达索公司提供的证据足以证实其为涉案 SolidWorks 2012 计算机软件的著作权人。

《著作权法》第二条第二款规定："外国人、无国籍人的作品根据其作者所属国或者经常居住地国同中国签订的协议或者共同参加的国际条约享有的著作权，受本法保护。"《计算机软件保护条例》第五条第三款规定："外国人、无国籍人的软件依照其开发者所属国或者经常居住地国同中国签订的协议或者依照中国参加的国际条约享有的著作权，受本条例保护。"《伯尔尼公约》第五条之一规定："就享有本公约保护的作品而论，作者在作品起源国以外的本同盟成员国中享有各该国法律现在给予和今后可能给予其国民的权利，以及本公约特别授予的权利。"达索公司是美国企业法人，中国与美国均为《伯尔尼公约》的成员国，故根据上述规定，达索公司作为涉案 SolidWorks 2012 计算机软件的著作权人，其著作权应当受到中国法律的保护。

二、关于鑫海公司是否存在侵害达索公司对涉案 SolidWorks 2012 计算机软件享有的复制权的问题

根据《计算机软件保护条例》第八条第一款第（四）项的规定，软件著作权人享有复制权，即将软件制作一份或者多份的权利。庭审时，达索公司明确指控鑫海公司侵害其对 SolidWorks 2012 计算机软件享有的复制权。根据《计算机软件保护条例》第二十四条第（一）项的规定，未经软件著作权人许可，复制或者部分复制著作权人的软件的，构成侵权。《最高人民法院关于审理著作权民事纠纷案件适用法律若干问题的解释》（法释〔2002〕31号）第二十一条规定：计算机软件用户未经许可或者超过许可范围商业使用计算机软件的，依据《著作权法》第四十七条第（一）项、《计算机软件保护条例》第二十四条第（一）项的规定承担民事责任。

第一，在该案中，达索公司向法院提出证据保全申请，法院审查后依法作出（2015）粤知法著民初字第4号民事裁定，准许达索公司的证据保全申请，故该证据保全裁定执行过程中所取得的证据，应作为该案证据予以采信。第二，关于鑫海公司是否存在侵权行为的问题。《最高人民法院关于民事诉讼证据的若干规定》（法释〔2001〕33号）第七十五条规定，若一方当事人持有证据无正当理由拒不提供，而对方当事人主张该证据的内容不利于证据持有人的，可以推定该主张成立。法院执行证据保全措施时的现场取证笔录及照片等证据显示，鑫海公司经营场所内的计算机确实安装有SolidWorks 2008、SolidWorks 2012等软件，但由于受到鑫海公司的恶意阻挠，法院无法对鑫海公司经营场所内计算机上安装使用的SolidWorks 2012系列计算机软件及软件信息予以逐一登记，应视为鑫海公司持有不利于自己的证据但拒绝提供，已构成证据妨碍。结合鑫海公司在不同网站发布招聘信息均要求应聘人员熟练掌握SolidWorks软件，鑫海公司工作人员在接听达索公司的代理人电话询问时也称工作中需要使用上述软件，而鑫海公司又未提供证据证明上述软件系合法取得或得到达索公司的授权、许可，根据上述事实足以推定鑫海公司未经达索公司许可在其计算机上复制了涉案SolidWorks 2012计算机软件。第三，关于鑫海公司复制涉案SolidWorks 2012计算机软件的行为是否属于商业使用计算机软件的问题。首先，鑫海公司是一家专业从事电梯零部件、精密钣金设计、生产和加工的企业，而涉案SolidWorks 2012计算机软件是一款三维机械设计软件，其用途与鑫海公司地大公司的经营业务密切相关；其次，证据保全资料显示，安装有涉案SolidWorks 2012计算机软件的计算机处于鑫海公司产品设计部门，且上述涉及产品设计部门的计算机多达65台，上述计算机软件处于可使用状态。据此可以认定鑫海公司经营场所内计算机上安装涉案SolidWorks 2012计算机软件，是为了其设计、加工等生产经营活动的需要，属于商业性使用。

鑫海公司未经达索公司许可商业使用涉案 SolidWorks 2012 计算机软件的行为，侵害了达索公司对该软件享有的复制权，构成侵权。

三、关于该案侵权责任的承担问题

《最高人民法院关于审理著作权民事纠纷案件适用法律若干问题的解释》（法释〔2002〕31 号）第二十一条规定，计算机软件用户未经许可或者超过许可范围商业使用计算机软件的，依据《著作权法》第四十七条第（一）项、《计算机软件保护条例》第二十四条第（一）项的规定承担民事责任。《计算机软件保护条例》第二十四条规定，未经著作权人许可，复制或者部分复制著作权人软件的，应当根据情况，承担停止侵害、消除影响、赔礼道歉、赔偿损失等民事责任。根据上述法律规定，鑫海公司应当承担停止侵害、赔偿损失的民事责任。

关于该案赔偿数额。首先，关于该案侵权产品数量的确定，鑫海公司经营场所涉及产品设计的计算机共有 65 台，在鑫海公司强行断电前抽查完成的两台计算机上均检测到涉案 SolidWorks 2012 计算机软件，故该院推定鑫海公司安装使用涉案计算机软件的数量是 65 台。其次，软件最终用户侵犯计算机软件著作权，软件著作权人的损失一般可以按照相当于其正常许可或者销售该软件的市场价格计算。但计算机软件的市场销售价格随着市场的变化而变化，并且随着版本的不断升级，价格逐渐降低并最终退出市场。就该案而言，涉案 SolidWorks 系列计算机软件存在标准版、专业版、白金版，不同版本软件的销售价格不同，并且鑫海公司提供的证据显示同一客户购买软件的数量不同，涉案软件单套销售价格亦存在巨大差异。因达索公司提交的正版软件市场销售价格并不能准确反映其实际损失，对达索公司要求按照 SolidWorks 2015 计算机软件白金版的销售价格计算该案赔偿数额的主张，法院不予支持。最后，虽然鑫海公司提交的证据仅为涉案软件的报价并非实际销售价格，但考虑到提出报价的智诚科技有限公司是涉案 SolidWorks 系列计算机软件的合法代理商，法院认为，该案参考 SolidWorks 系列计算机软件 10 套以上标准版的销售单价38000元计算该案赔偿数额较为适宜。据此计算，人民币38000元每套软件乘以65台，共计人民币247万元。故鑫海公司应赔偿达索公司经济损失人民币247万元。

关于合理开支。根据《著作权法》第四十九条第一款的规定，对于达索公司为制止侵权行为所支付的合理开支，鑫海公司依法也应予以赔偿。在该案中，达索公司主张其为该案维权而支出了10万元的律师费、公证费458元，均提交了发票予以证实，结合该案具有涉外因素，达索公司在该案中确已提交了大量域外形成的证据并对证据进行认证公证及翻译公证等情况，一审法院认为上述维权支出属合理范围，应予以支持。故鑫海公司应赔偿达索公司为制止侵权行为所支出的合理开支费用共计人民币100458元。

关于达索公司要求鑫海公司赔礼道歉的主张。根据《著作权法》第四十七条、第四十八条的规定，侵害著作权的民事责任包括赔礼道歉。由于赔礼道歉的主要功能在于使受害人的精神得到安抚，故其仅适用于权利人人身权利或精神权利受到侵害的情形，不适用于财产权利受到侵害的情形。在该案中，达索公司仅指控鑫海公司侵害其对涉案SolidWorks 2012计算机软件享有的复制权，并未指控鑫海公司侵害其对上述软件享有的精神权利，现有证据亦未显示鑫海公司的侵权行为侵害了达索公司对上述软件享有的精神权利，故达索公司要求鑫海公司赔礼道歉缺乏依据，一审法院不予支持。

综上所述，广州知识产权法院于2016年1月20日判决如下：（1）鑫海公司于该判决生效之日起停止对达索公司SolidWorks 2012计算机软件著作权的侵权行为，并将该软件从计算机系统中卸载删除；（2）鑫海公司于该判决生效之日起10日内赔偿达索公司经济损失共计人民币247万元；（3）鑫海公司于该判决生效之日起10日内赔偿达索公司为该案维权而支出的合理费用共计人民币100458元；（4）驳回达索公司的其他诉讼请求。案件受理费56201元，由鑫海公司负担22480元，达索公司负担33721元。

二审判决

广东省高级人民法院认为，该案系侵害计算机软件著作权纠纷。根据双方当事人的诉辩意见,该案争议焦点为:(1)原审证据保全程序是否合法;(2)一审法院适用举证妨碍规则推断鑫海公司的计算机均安装涉案软件是否符合法律规定;(3)一审法院判赔数额是否合理。

一、关于一审证据保全程序是否合法的问题

根据原审法院证据保全笔录的记载,一审法院工作人员在到达鑫海公司进行证据保全时,已当场向其送达保全裁定书,并对证据保全工作进行详细解释和说明。鑫海公司无正当理由拒绝在保全笔录上签字且拒不退回送达回证,一审法院已经在保全笔录中记载相关过程,二审法院对此予以认定。因此,鑫海公司该主张与事实不符,不能成立。

二、关于一审法院适用举证妨碍规则推断鑫海公司的计算机均安装涉案软件是否符合法律规定的问题

根据保全工作笔录、现场录音录像材料以及一审庭审笔录的记载,鑫海公司在一审法院进行证据保全时进行恶意阻挠,导致一审法院无法对鑫海公司经营场所内计算机上安装被诉侵权软件的情况进行登记。结合鑫海公司停电前检查完成的两台计算机上均检测到涉案软件的事实,一审法院依照《最高人民法院关于民事诉讼证据的若干规定》(法释〔2001〕33号)第七十五条规定,推定达索公司主张成立,即鑫海公司经营场所内涉及产品设计的计算机上均安装有涉案软件,该认定于法有据,二审法院予以维持。

三、关于原审判赔数额是否合理的问题

如前所述,在该案中,由于鑫海公司恶意阻挠一审法院进行证据保全过程,一审法院依据相关法律规定推定其经营场所内涉及产品设计的计算机上均安装涉案软件,上述计算机共65台。至于涉案软件单价的确定问题,由于涉案软件分为不同版本且对不同采购数量的客户价格浮动较大,在达索公司未能提供相应证据的情况下,一审法院参考达索公司合法代理商的涉案软件最低版本即标准版10套以上销售报价,计算该案赔偿数额为人民币247万

元,并无不当,二审法院予以维持。

综上,广东省高级人民法院于 2016 年 12 月 5 日判决驳回上诉,维持原判。二审案件受理费 27363.66 元,由鑫海公司负担。

案例解析

该案是一个典型的因未经授权而使用他人计算机软件而引发的著作权侵权纠纷案件。从实体法上来看,该案争议的主张焦点有如下四点:一是达索公司是否为实体权利人,即其是否为涉案计算机软件的著作权人;二是被告有无安装使用涉案计算机软件,即未经授权而使用达索公司享有著作权的计算机软件;三是被告的这种使用行为是否构成侵权;四是如果被告的行为构成侵权,则应当如何确定被告的赔偿金额?对于上述焦点问题,合议庭已经在该案判决理由中作了较为详尽且充分的论述,现结合该案,对其中反映的理论和实践问题,再作简要的分析。

一、著作权人认定中的推定规则

所谓推定,是根据法律规定或经验法则,从已知的前提事实推断出未知的结果存在,并允许对方当事人举证推翻的一种证明规则。❶ 根据推定规则是否为法律上的明确规定,推定分为法律上的推定和事实上的推定两种,前者是法律明确规定的推定,后者则是根据已知的事实和日常生活经验法则所进行的推定。❷ 在著作权侵权纠纷案件中,达索公司方首先应当证明其为著作权

---

❶ 江伟. 民事证据法学 [M]. 北京:中国人民大学出版社,2011:137-138.

❷ 我国司法解释一般将推定作为免证事实予以规定。《最高人民法院关于适用〈中华人民共和国民事诉讼法〉的解释》(法释〔2015〕5 号)第九十三条规定:"下列事实,当事人无须举证证明:(一)自然规律以及定理、定律;(二)众所周知的事实;(三)根据法律规定推定的事实;(四)根据已知的事实和日常生活经验法则推定出的另一事实;(五)已为人民法院发生法律效力的裁判所确认的事实;(六)已为仲裁机构生效裁决所确认的事实;(七)已为有效公证文书所证明的事实。前款第二项至第四项规定的事实,当事人有相反证据足以反驳的除外;第五项至第七项规定的事实,当事人有相反证据足以推翻的除外。"该规定第一款第(三)项规定的即为法律上的规定,第(四)项规定的则为事实上的推定。

或与著作权有关权益的权利人。关于著作权的归属以及著作权人的确定，《著作权法》第十一条规定："著作权属于作者，本法另有规定的除外。创作作品的公民是作者。由法人或者其他组织主持，代表法人或者其他组织意志创作，并由法人或者其他组织承担责任的作品，法人或者其他组织视为作者。如无相反证明，在作品上署名的公民、法人或者其他组织为作者。"《计算机软件保护条例》第九条亦规定："软件著作权属于软件开发者，本条例另有规定的除外。如无相反证明，在软件上署名的自然人、法人或者其他组织为开发者。"由上述规定可知，著作权人的确定，法律上实际适用了推定规则，即在作品上署名的公民、法人或者其他组织，应推定为作者，即如果对方不能提供充分的证据予以推翻的，就可对署名者为著作权人这一事实予以认定。在这一推定中，在作品上署名的事实为"基本事实"，而署名者即为作者，则为"推定事实"。《最高人民法院关于审理著作权民事纠纷案件适用法律若干问题的解释》（法释〔2002〕31号）第七条进一步明确规定："当事人提供的涉及著作权的底稿、原件、合法出版物、著作权登记证书、认证机构出具的证明、取得权利的合同等，可以作为证据。在作品或者制品上署名的自然人、法人或者其他组织视为著作权、与著作权有关权益的权利人，但有相反证明的除外。"据此，邻接权人的确定，也同样适用推定规则。❶

在该案中，达索公司提供的美国版权局出具的著作权登记证书及美国版权局网站的查询信息证明达索公司为涉案 SolidWorks 2012 计算机软件的开发者，据此，可依法推定其为涉案软件的开发者，享有该软件的著作权。被告如果要推翻这一推定事实，就必须提供充分的反证予以推翻。由于被告未能提供证据充分的反证推翻上述推定，法院自然不会支持其相应的主张。

二、关于证明妨碍的构成要件及法律后果

所谓证明妨碍，也称为证明妨害，是指不负证明责任的一方当事人通过

---

❶ 不过，该司法解释适用了"视为"的表述，实际上是混淆了法律拟制和法律推定的概念。"视为"作为法律拟制经常使用的一个术语，其是不可推翻的，其与法律推定有着明显的区别。参见江伟. 民事证据法学［M］. 北京：中国人民大学出版社，2011：139.

作为或不作为阻碍负有证明责任的一方当事人对其事实主张的证明。❶ 妨碍证明的行为违反了民事诉讼诚实信用原则，依法应当承担相应的法律责任。对于证明妨碍制度，我国《民事诉讼法》虽然并无规定，但最高人民法院通过司法解释对该制度作出了规定。《最高人民法院关于民事诉讼证据的若干规定》（法释〔2001〕33号）第七十五条规定："有证据证明一方当事人持有证据无正当理由拒不提供，如果对方当事人主张该证据的内容不利于证据持有人，可以推定该主张成立。"《最高人民法院关于适用〈中华人民共和国民事诉讼法〉的解释》（法释〔2015〕5号）第一百一十二条规定："书证在对方当事人控制之下的，承担举证证明责任的当事人可以在举证期限届满前书面申请人民法院责令对方当事人提交。申请理由成立的，人民法院应当责令对方当事人提交，因提交书证所产生的费用，由申请人负担。对方当事人无正当理由拒不提交的，人民法院可以认定申请人所主张的书证内容为真实。"该解释第一百一十三条规定："持有书证的当事人以妨碍对方当事人使用为目的，毁灭有关书证或者实施其他致使书证不能使用行为的，人民法院可以依照民事诉讼法第一百一十一条规定，对其处以罚款、拘留。"根据上述规定，我国的证明妨碍制度主要内容如下：

1. 证明妨碍的构成要件。（1）负有证明责任的一方当事人实施了妨碍证明的行为，即持有证据而拒不提供的行为；（2）该证据不利于证据持有人；（3）持有人不提供证据没有正当理由，即其主观上存在过错。

2. 证明妨碍的法律后果。具体包括两个方面：一是可以作出不利于实施证明妨碍行为一方的事实认定，即虽然没有直接证据证明，但亦对对方主张的相应事实予以认定。二是可以对实施证据妨碍行为一方进行制裁，即依照《民事诉讼法》第一百一十一条规定，对其予以罚款、拘留。

在该案中，法院在被告的经营场所内实施证据保全措施过程中，被告依法负有积极配合法院进行证据的调查、勘验和查封的义务，但被告不仅不积极配合，而且恶意阻挠，使得法院无法对被告经营场所内计算机上安装使用

---

❶ 张卫平. 民事诉讼法［M］. 4版. 北京：法律出版社，2016：247.

的 SolidWorks 2012 系列计算机软件及软件信息予以逐一登记，被告的这种行为亦应属于"持有不利于自己的证据但拒绝提供"的情形，构成证据妨碍，故法院适用证明妨碍原理，结合该案的其他情况，对达索公司主张的事实予以认定，无疑是正确的。

三、关于计算机软件商业性使用的认定

对计算机软件最终用户使用未经许可的软件（盗版软件）是否应当承担法律责任、承担何种法律责任的问题，我国理论和实务界曾存在较大的争议。有一种观点认为，我国《计算机软件保护条例》并未规定最终用户的法律责任，因而要求最终用户使用盗版软件承担责任超过了国际条约和国内法保护标准。而另一种观点认为，我国软件盗版活动之所以猖獗，就在于最终用户使用计算机软件的法律责任不清，缺乏对使用盗版软件者给予法律制裁。由于《著作权法》和《计算机软件保护条例》并没有最终用户和使用软件的概念，对最终用户使用盗版软件适用何种法律规定，审判实践中也莫衷一是。[1] 为统一裁判标准，最高人民法院通过司法解释对该问题作出了规定。

《最高人民法院关于审理著作权民事纠纷案件适用法律若干问题的解释》（法释〔2002〕31号）第二十一条规定："计算机软件用户未经许可或者超过许可范围商业使用计算机软件的，依据著作权法第四十七条第（一）项、《计算机软件保护条例》第二十四条第（一）项的规定承担民事责任。"据此，是否为商业性使用软件，构成了计算机软件用户是否侵犯他人软件著作权的标准。所谓商业性使用软件，是指软件最终用户使用软件是以营利性为目的，希冀通过软件的使用、帮助获取商业利益。因此，任何以营利为目的使用软件的行为都构成商业使用软件。[2]

从证明责任分配的角度而言，非商业性使用作为被告方的抗辩，被告方

---

[1] 蒋志培. 如何理解和适用《关于审理著作权民事纠纷案件适用法律若干问题的解释》[J]. 人民司法，2002（12）.

[2] 陈锦川. 著作权审判原理解读与实务指导[M]. 北京：法律出版社，2014：116.

应当对其安装使用涉案软件为非商业性使用承担证明责任。至于具体的使用到底属于商业性使用还是非商业性使用的判断，恐怕没有统一的标准，而应当根据使用者的主体性质（个人还是法人或其他组织）、软件的功能、使用的目的等作出综合性的判断。在该案中，法院综合考虑涉案软件的用途以及被告公司的经营业务等方面的因素，认定被告使用涉案软件属于商业性使用，无疑是正确的。

四、关于使用软件侵权时损害赔偿额的确定

《著作权法》第四十九条规定："侵犯著作权或者与著作权有关的权利的，侵权人应当按照权利人的实际损失给予赔偿；实际损失难以计算的，可以按照侵权人的违法所得给予赔偿。赔偿数额还应当包括权利人为制止侵权行为所支付的合理开支。权利人的实际损失或者侵权人的违法所得不能确定的，由人民法院根据侵权行为的情节，判决给予五十万元以下的赔偿。"据此，在用户使用软件而侵害他人计算机软件著作权时，首先可根据权利人的实际损失确定赔偿数额，其次是侵权人的违法所得，再次则适用法定赔偿。那么，具体如何确定权利人的实际损失呢？对此，《最高人民法院关于审理著作权民事纠纷案件适用法律若干问题的解释》（法释〔2002〕31号）第二十四条规定："权利人的实际损失，可以根据权利人因侵权所造成复制品发行减少量或者侵权复制品销售量与权利人发行该复制品单位利润乘积计算。发行减少量难以确定的，按照侵权复制品市场销售量确定。"根据该规定，在司法实践中，对于最终用户的损害赔偿数额，可以根据达索公司正版软件的合理价格乘以被告使用侵权复制品的数量为基础，参考其他因素确定。在该案中，法院即以此标准来确定被告应当承担的赔偿数额。

案例6 隐蔽性侵权诉讼中侵权网站主体的举证和认定规则

——美国石油学会诉陈庆冲等侵害作品信息网络传播权纠纷案

裁判要旨

涉案4个网站上没有明确的经营主体信息，网站的whois信息也未直接反映网站的经营主体信息，无法直接根据网站中显示的主体信息或注册信息判断网站的实际控制人是何人，所涉嫌的侵权行为具有较高的隐蔽性。在此情况下，应根据网站的相关注册信息以及网站的具体内容进行综合判断，在权利人证明了网站的注册信息、网站的内容指向被诉侵权人时，如被诉侵权人辩称其非网站实际经营者，应当承担相应举证证明责任。

入选理由

随着网络技术的发展，通过网络侵犯他人著作权不断增多，而且手段日趋隐蔽。许多时候，侵权人不会在涉案侵权网站上留下明确的经营主体信息，网站的whois信息也未直接反映网站的经营主体信息，无法直接根据网站中显示的主体信息或注册信息判断网站的实际控制人是何人。在此情况下，如何根据已知信息和事实，依法、妥善运用证据和证明规则，对何为侵权人作出判定，对于依法维护权利人的合法权益，打击知识产权侵权行为，营造良好的知识产权保护环境，具有重要意义。

该案的典型意义在于，针对行为人的隐蔽侵权行为，法院根据网站的相关注册信息以及网站的具体内容进行综合判断，运用相关的证据和证明规则，对侵权网站的实际经营者作出认定，使侵权人依法承担了相应的侵权责任。

案例索引

一审案号：广东省佛山市顺德区人民法院（2014）佛顺法知民初字第281号

二审案号：广东省佛山市中级人民法院（2015）佛中法知民终第27号

基本案情

上诉人（原审原告）：美国石油学会，住所地：美国

上诉人（原审被告）：陈庆冲

上诉人（原审被告）：吴国贤

被上诉人（原审被告）：吴必茂

一审被告：佛山市顺德区艾狄尔网络工程服务有限公司（以下简称"顺德艾狄尔公司"）

一审诉请

2014年8月12日，美国石油学会向一审法院提起诉讼，请求：（1）判令陈庆冲、吴国贤、顺德艾狄尔公司、吴必茂立即停止侵犯美国石油学会著作权行为，删除网站 www.toolsbooks.com、www.standardsbox.com、www.codeoffer.com 和 www.standardsebooks.com 上侵犯美国石油学会著作权的 api；（2）判令陈庆冲、吴国贤、吴必茂、顺德艾狄尔公司共同赔偿美国石油学会50万元；（3）判令陈庆冲、吴国贤、吴必茂、顺德艾狄尔公司在网站 www.toolsbooks.com、www.standardsbox.com、www.codeoffer.com 和 www.standardsebooks.com 首页

上分别发布为期 3 个月的声明,向美国石油学会公开赔礼道歉,消除影响;(4) 判令陈庆冲、吴国贤、吴必茂、顺德艾狄尔公司承担该案全部诉讼费用。

一审判决

佛山市顺德区人民法院认为:

一、关于美国石油学会对涉案作品是否享有著作权及该作品是否受我国著作权法律保护的问题

该案中美国石油学会为美国法人,其在该案诉讼中提供了美国版权办公室/美国国会图书馆的著作权登记证等证据,作品中还附有关于著作权权属的声明。该证据证实美国石油学会对涉案 31 件作品均享有著作权。

美国石油学会的 api 作品为文字作品,属于《伯尔尼公约》作品范围,而美国和中华人民共和国均属于《伯尔尼公约》成员国。《著作权法》第二条第二款规定:"外国人、无国籍人的作品根据其作者所属国或者经常居住地国同中国签订的协议或者共同参加的国际条约享有的著作权,受本法保护。"同时,根据我国《实施国际著作权条约的规定》第二条的规定,美国石油学会的上述作品受《著作权法》的保护。而且,根据上述登记证明,上列涉案作品首次发表至该案起诉之日均未超过 50 年,处于我国著作权法规定的保护期限内。

二、关于陈庆冲、吴国贤、吴必茂、顺德艾狄尔公司是否构成侵权的问题

(一) 被控侵权作品的来源网站指向相同的控制人。美国石油学会提供的证据可以证实 www.toolsbooks.com、www.standardsbox.com、www.codeoffer.com、www.standardsebooks.com(以下简称"涉案 4 个网站")均有展示、许诺销售被控侵权作品的内容。而且,该案被控侵权的 31 件 api 标准作品是美国石油学会代理人通过上述网站中实际公布的联系邮箱实际控制人购买,并且经庭审比对,上列被控侵权作品与美国石油学会享有著作权的作品相同。

经审查 4 个网站的信息,可以发现:(1) 涉案网站 www.toolsbooks.com 的

whois 域名信息显示：其 IP 地址为 31.222.201.127，域名注册人为 voguefeathers。根据该网站 IP 地址进行 ripe 查询得知，该涉案网站的 IP 地址段属于 31.222.201.0～31.222.201.255，由艾狄尔网络国际公司所有，网络名称为 idear4businessuk，域名注册人为 luckywu，地址为 31shorehamstreetsheffieldenglands24fa，投诉邮箱为 abuses@idear4business.net。通过对涉案网站访问，可发现多种涉案标准作品在该网站进行销售，联系邮箱为 toolsbooks.com@gmail.com。（2）涉案网站 www.standardsbox.com 的 whois 域名信息显示：其 IP 地址为 31.222.200.27，域名注册人为 voguefeathers。根据该网站 ip 地址进行 ripe 查询得知，该涉案网站的 IP 地址段属于 31.222.200.0～31.222.200.255，由艾狄尔网络国际公司所有，网络名称为 idear4businessuk，域名注册人为 luckywu，地址为 31shorehamstreetsheffieldenglands24fa，投诉邮箱为"abuses@idear4business.net。"通过对涉案网站访问，美国石油学会发现多达 325 本涉案标准在该网站进行销售，联系邮箱为 toolsbooks.com@gmail.com。（3）涉案网站 www.codeoffer.com 的 whois 信息显示其注册人为 voguefeathers。通过访问该网站，可发现其在销售 api 标准，网站首页展示了"toolsbooks.com"字样，网站内容与涉案网站 www.toolsbooks.com 几乎完全一致。（4）通过访问涉案网站 www.standardsebooks.com 上的历史网页，可发现其曾经在网站上销售 api 标准，网站内容与 www.standardsbox.com 几乎完全一致，联系邮箱为 toolsbooks.com@gmail.com 及 toolsbooks.com@hotmail.com。综上，涉案网站 www.toolsbooks.com、www.standardsbox.com 的 IP 地址段所有人、域名注册人、注册人地址及投诉邮箱一致；涉案网站 www.toolsbooks.com、www.standardsbox.com、www.codeoffer.com 的 whois 信息显示的注册人一致，均为 voguefeathers；涉案网站 www.toolsbooks.com、www.standardsbox.com 和 www.standardsebooks.com 显示的联系人邮箱一致，均包括 toolsbooks.com@gmail.com；涉案网站 www.toolsbooks.com 和 www.codeoffer.com 的内容几乎完全一致；涉案网站 www.standardsbox.com 和 www.standardsebooks.com 的内容几乎完全一致，而 4 个涉案网站都曾经或正在销售涉案标准。综上，可见涉案 4 个网站的经营者和管理人为同一主体或相关主体，指向相同的控制人。

（二）美国石油学会指控顺德艾狄尔公司是出售被控侵权作品网站的实际控制人，证据不足。在该案中，美国石油学会提出该主张的理由为：（1）对涉案 www.toolsbooks.com 和 www.standardsbox.com 网站的信息检索，显示其投诉邮箱为 abuses@idear4business.net，对网站 idear4business.net 于 whois 网站进行信息检索，显示其注册人为 luckywu，地址为 no.15xiangronglirongg-uishundeputiancanton，同时对该网站进行 ripe 信息检索，显示的注册人为 si-monchen，地址为 311shorehamstreets24fasheffieldgb，投诉邮箱亦为 abuses@idear4business.net；（2）对顺德艾狄尔公司原官方网站 www.idear4busines-s.com 于 whois 网站进行检索，显示其注册人为 luckywu，地址为 311shorehams-treetsheffield，对该网站进行 ripe 信息检索，显示其注册人为 simonchen，地址为 311shorehamstreets24fasheffieldgb，投诉邮箱为 abuses@idear4business.net；（3）分别对顺德艾狄尔公司和艾狄尔网络国际公司进行公司信息查询的结果显示，顺德艾狄尔公司的地址为佛山市顺德区某某路 103 号首层，该公司执行董事兼经理为陈庆冲，监事为吴国贤，艾狄尔网络国际公司的地址为 311shorehamstreets24fa，股东为 qingchongchen 和 guoxianwu。此外，（2011）顺法知民初字第 17-22 号民事判决书中也认定 simonchen 为陈庆冲的英文名。

对于美国石油学会提出的上述主张，一审法院认为，首先，通过对顺德艾狄尔公司的 idear4business.com 网站和 idear4business.net 网站于 whois 网站进行检索，以及进行 ripe 信息检索，两者显示的注册人、管理人、投诉邮箱等信息虽然存在诸多相同之处，艾狄尔网络国际公司的注册地址等与对顺德艾狄尔公司网站于 whois 网站进行检索的信息也存在某种相同之处，但并没有信息显示顺德艾狄尔公司与上述被控出售侵权作品网站和 idear4business.net 网站存在直接关系，上述事实仅仅表明顺德艾狄尔公司可能与艾狄尔网络国际公司等存在某种关联性（比如由相同控制人管理等），并不表明顺德艾狄尔公司是涉案 www.toolsbooks.com 和 www.standardsbox.com 网站的实际所有人和管理人；其次，上述事实也不能证实顺德艾狄尔公司与艾狄尔国际网络公司存在直接的投资、控股等关系；最后，美国石油学会提供的顺德艾狄尔公司的注册证据及陈庆冲、吴国贤等的陈述均表明，顺德艾狄尔公司自 2012 年

6月30日前仍未进行2011年年检，于2013年8月被佛山市顺德区市场安全监管局作出吊销营业执照的行政处罚，说明该公司并未开展正常的营业，亦无证据证实该公司参与实施被控侵权行为。因此，美国石油学会主张顺德艾狄尔公司是出售被控侵权作品的网站实际所有者和管理人，从而主张该公司存在侵权行为并承担侵权责任，证据不足，一审法院不予支持。

（三）美国石油学会主张陈庆冲、吴国贤是涉案www.toolsbooks.com和www.standardsbox.com等4个网站的实际控制人和管理人，涉嫌侵犯其作品著作权的理由充分。理由如下：

第一，陈庆冲、吴国贤是顺德艾狄尔公司的股东，而"idear4business.com"是顺德艾狄尔公司注册使用的官方网站，该网站注册信息显示的联系人"simonchen"是陈庆冲的英文名，联系邮箱是simomchen@hotmail.com。而且，顺德艾狄尔公司和陈庆冲在该案中亦再次确认，simomchen@hotmail.com是由陈庆冲持有的属于顺德艾狄尔公司的邮箱。

第二，两个涉案关联网站idear4business.com和hostingarmy.com的注册人信息中显示的"luckywu"指向吴国贤。因为：（1）吴国贤是顺德艾狄尔公司的股东之一，同时是该公司监事；（2）在whois网站中查询idear4bus－iness.com的注册信息显示，注册人为"luckywu"；（3）"hostingarmy.com"网站是陈庆冲、吴国贤和顺德艾狄尔公司控制的网站，而在whois网站中查询"hostingarmy.com"的注册信息为：所有者simonchen，邮箱simonchen@hotm－ail.com；登录"hostingarmy.com"网站的网页显示，该网站于2011年4月7日的"新闻动态"中刊登一份"公开致歉信以及职位调整"的文章，文章称……luckywu任职hostingarmy.com的CEO；（4）在百度中搜索"0757－286×××4"（即顺德艾狄尔公司的办公电话）显示的词条中有如下信息：①顺德材料黄页|企业信息网86－0757－286×××4邮编－联系人吴国贤先生……；②艾狄尔网络招聘信息……邮箱：lucklywu@gmail.comqq：94×××08电话：0757－286×××4地址广东省佛山市顺德区某路20座103号，联系人吴先生……；③艾狄尔网络招聘网络销售主管（两名），联系方式：电话0757－286×××4，邮箱lucky@idear4business.com，网站http://idear4business.

com。而在点击第①条信息显示"企业信息网"中的词条中,有"艾狄尔网络工程服务有限公司——地址:中国广东佛山市顺德区某路20座103号,联系电话0757-286×××4,联系人吴国贤先生"的字样。综上所述,陈庆冲在经营顺德艾狄尔公司的时候,在其网站、邮件以及网站注册信息等处使用的英文名字是"simonchen"(英文 simon 加其本人的姓氏的拼音 chen 组成);顺德艾狄尔公司网站 idear4business.com 的注册信息显示注册人为"luckywu",其关联网站"hostingarmy.com"(此网站显示 idear4business.com 为其销售商)中发布的公告中有"luckywu"任职的说明,利用顺德艾狄尔公司办公电话在互联网搜索的词条中显示顺德艾狄尔公司的招聘广告等处联系人指向吴国贤,同时其英文邮箱等出现"luckywu""lucky"等,结合吴国贤是顺德艾狄尔公司股东、监事等事实,可以认定上述出现的"luckywu"指向吴国贤,即"luckywu"是吴国贤的英文名字(英文 lucky 加上其姓氏的拼音 wu 组成)。

第三,涉案被控销售侵权作品的4个网站与陈庆冲、吴国贤存在关联。首先,如上所述,陈庆冲在注册控制的"idear4business.com"和"hostingarmy.com"网站等过程中使用的英文名字为"simonchen",吴国贤使用的英文名字为"luckywu",上列两个网站的注册人或管理者显示为"simonchen"或"luckywu"。其次,对网站 idear4business.net 进行 whois 信息检索显示其注册人为 luckywu,地址为 no.15xiangronglirongguishundeputiancanton;ripe 信息检索显示其注册人为 simonchen,地址为 311shorehamstreets24fasheffieldgb,投诉邮箱为 abuses@idear4business.net。对 www.idear4business.com 进行 whois 信息检索显示其注册人为 luckywu,地址为 311shorehamstreetsheffield;ripe 信息检索显示其注册人为 simonchen,地址为 311shorehamstreets24fasheffi-eldgb,投诉邮箱为 abuses@idear4business.net。可见 idear4business.com 与 idear4business.net 两网站注册人信息指向相同控制人 luckywu 和 simonchen,而且 idear4business.net 网站注册人地址也指向顺德容桂(即陈庆冲和吴国贤住所地)。再次,对顺德艾狄尔公司和艾狄尔网络国际公司进行公司信息查询,可见顺德艾狄尔公司的地址为佛山市顺德区某某路103号首层,该公司执行董事兼经理为陈庆冲，监事为吴国贤。而艾狄尔网络国际公司的地址为311shorehamstreets24fa，股东为 qingchongchen 和 guoxianwu，两名股东姓名是陈庆冲和吴国贤的拼音名字，同时，该公司登记的原公司董事陈庆冲（qing-cho－ngchen，地址中国广东省佛山市顺德区容某路134号），初始持股人陈庆冲（qingchongchen，地址中国广东省佛山市顺德区容某路134号，持股110000）、吴国贤（guxianwu，地址中国广东省佛山市顺德区容某路15号，持股90000）的姓名和地址与陈庆冲、吴国贤一致。在查询两公司对应的网站 idear4business.com 及 idear4business 的 whois 信息和 ripe 信息时，可见网站登记的注册人所在地相同，均指向311shorehamstreets24fasheffieldgb；一个管理员显示为 simonchen，另一个显示为 simon.schen；管理员所在地均指向顺德容桂即陈庆冲所在地，说明两公司及其网站的实际控制人指向陈庆冲和吴国贤。最后，www.toolsbooks.com、www.standardsbox.com 两个网站显示的投诉邮箱为 abuses@idear4business.net，与上述 idear4business.com 及 idear4business 两个网站公布的投诉邮箱相同；查询 www.toolsbooks.com 的 whois 信息和 ripe 信息时，可见其注册人出现 luckywu，地址为 311shorehamstreets24fa，与 idear4business.com、idear4business 和 idear4business.net 等网站的信息基本相同，指向共同的实际控制人。综上所述，从上述诸网站的注册人信息等来看，被控出售侵权作品的4个网站与 idear4business.com、idear4business 和 idear4business.net、hostingarmy.com 等网站均指向共同的实际控制人、管理人，即该案陈庆冲、吴国贤。

由于陈庆冲、吴国贤是被控出售侵权作品的实际控制人，故美国石油学会指控陈庆冲、吴国贤利用上述网站实施了销售被控侵权作品行为，证据充分。陈庆冲、吴国贤关于涉案被控出售侵权作品的网站与其无关的抗辩，一审法院不予采纳。

（四）吴必茂存在帮助他人实施侵犯美国石油学会著作权行为的事实。该案美国石油学会提供的证据虽然没有反映吴必茂直接与销售被控侵权作品的网站有关，但美国石油学会购买被控侵权作品时，根据销售被控侵权作品的网站控制人的指定，将货款付至吴必茂在中国银行深圳市振兴支行的62××× 33账号内。而对于该账号被利用于收取销售被控侵权作品的款项的问题，吴必茂称其本人身份证于深圳遗失，可能被他人拾取开立上述账号。一审法院认为，由于陈庆冲、吴国贤住所地位于广东省佛山市顺德区，销售被控侵权作品的方式是通过互联网进行，陈庆冲、吴国贤到深圳拾到吴必茂的身份证用于开立账号的可能性并不高，故吴必茂的上述抗辩，理由不充分，一审法院不予采纳。吴必茂的行为应属于明知他人实施侵犯著作权的行为而其提供账号等便利条件，即帮助他人实施被控侵权行为。

三、陈庆冲、吴国贤、吴必茂的民事责任

将被控侵权作品与美国石油学会享有著作权的作品进行比对，两者内容一致。而陈庆冲、吴国贤销售被控侵权作品并未取得美国石油学会的许可，侵犯了美国石油学会对作品享有的复制、发行权。根据《著作权法》第四十八条第（一）项之规定，侵犯他人对作品享有的发行、复制权的，应当根据情况，承担停止侵害、消除影响、赔礼道歉、赔偿损失等民事责任。因此，美国石油学会要求陈庆冲、吴国贤停止侵权，删除被控出售侵权作品网站上的作品，一审法院予以支持。美国石油学会主张赔偿损失50万元，因该案美国石油学会未举证证实其因被侵权造成的损失，亦未举证证实被告侵权所获利润，因此，一审法院依据《著作权法》第四十九条的规定酌定损害赔偿之数额。由于陈庆冲、吴国贤是顺德艾狄尔公司的股东，此前顺德艾狄尔公司在另案中曾经被判决确认侵犯美国石油学会api标准作品的著作权，两人在另案判决生效后，仍利用控制的其他网站实施相同的侵权行为，主观恶意较明显，结合涉案作品为工业类使用的标准作品，售价较高，涉案作品数量达到31件，以及美国石油学会为该案取证进行了大量的公证、调查，并委托代理人参与诉讼等因素，一审法院确定该案陈庆冲、吴国贤的赔偿额为300000元（含因该案维权的合理支出）。美国石油学会超过该数额部分的请求，一审法院不予支持。根据《侵权责任法》第九条第一款的规定，吴必茂帮助他人实施侵权行为，应当对陈庆冲、吴国贤的上述赔偿义务承担连带责任。关于美国石油学会要求被告公开赔礼道歉、消除影响的问题，鉴于陈庆冲、吴国贤、

吴必茂的侵权行为尚不足以造成对美国石油学会作品声誉产生损害，故美国石油学会的该项请求，一审法院不予支持。

综上所述，一审法院判决：（1）陈庆冲、吴国贤立即停止侵犯美国石油学会著作权的行为，删除 www.toolsbooks.com、www.standardsbox.com、www.codeoffer.com 和 www.standardsebooks.com 上被控侵权的 31 件 api 标准作品；（2）陈庆冲、吴国贤于判决发生法律效力之日起 10 日内，一次性赔偿美国石油学会损失 300000 元；（3）吴必茂对判决第二项的债务承担连带清偿责任；（4）驳回美国石油学会的其他诉讼请求。该案受理费 8800 元，财产保全费 3020 元，合计共 11820 元，由陈庆冲、吴国贤、吴必茂负担。

二审判决

佛山市中级人民法院认为：因美国石油学会在该案中主张陈庆冲等人未经许可通过网络向公众提供美国石油学会享有信息网络传播权作品的行为构成侵权，故该案为侵害作品信息网络传播权纠纷。涉案作品为文字作品，美国石油学会提交了其在美国对涉案作品享有著作权的证明，由于我国与美国均为《伯尔尼公约》的成员国，根据该公约的规定，美国石油学会的涉案作品受我国著作权法保护。该案在二审阶段争议的焦点一是陈庆冲、吴国贤是否是涉案 4 个网站的实际控制人，二是如果陈庆冲、吴国贤是涉案 4 个网站的实际控制人，一审法院判决的赔偿数额是否合理。

一、关于陈庆冲、吴国贤是否是涉案四个网站的实际控制人的问题

该案属于利用网站实施侵权行为的案件。涉案 4 个网站上没有明确的经营主体信息，网站的 whois 信息也未直接反映网站的经营主体信息，无法直接根据网站中显示的主体信息或注册信息判断网站的实际控制人是何人，所涉嫌的侵权行为具有较高的隐蔽性。在此情况下，应根据网站的相关注册信息以及网站的具体内容进行综合判断，在权利人证明了网站的注册信息、网站的内容指向被诉侵权人时，如被诉侵权人辩称其非网站实际经营者，应当承担相应举证证明责任。

案例 6
隐蔽性侵权诉讼中侵权网站主体的举证和认定规则

在评述陈庆冲、吴国贤是否是涉案网站的实际控制人之前，法院认定以下事实：

www.idear4business.com 是顺德艾狄尔公司的官网，但因顺德艾狄尔公司已于 2013 年 8 月被吊销营业执照，该案无证据表明该公司仍在正常经营。同时，由于 www.idear4business.com 的 whois 信息显示网站注册人为 luckywu，而顺德艾狄尔公司在网页上发布的相关信息中显示联系人吴国贤对应的电子邮箱名为 lucklyu@gmail.com、lucky@idear4business.com，故 luckywu 是吴国贤使用的英文名，www.idear4business.com 的 whois 信息显示网站注册人是吴国贤；www.idear4business.com 的注册邮箱是陈庆冲的邮箱；该网站的 ripe 信息显示注册人为陈庆冲；陈庆冲和吴国贤是顺德艾狄尔公司仅有的两位投资人，陈庆冲和吴国贤也曾是上述网站 ripe 信息所显示的 IP 地址段所有人艾狄尔网络国际公司的股东，故上述事实表明，陈庆冲、吴国贤是 www.idear4business.com 的注册人和管理人，并参与了 www.idear4business.com 的经营，在无证据表明顺德艾狄尔公司实际进行经营，且无证据表明 www.iear4business.com 的实际控制人是其他人的情况下，可认定陈庆冲、吴国贤是 www.idear4business.com 的实际控制人。由于 www.idear4business.com 是陈庆冲、吴国贤实际控制的网站，simonchen 是陈庆冲使用的英文名字，陈庆冲也曾确认其是该邮箱的控制人，陈庆冲现主张其已不是 www.idear4business.com 的 whois 信息中显示的邮箱 simonchen@hotmail.com 的实际控制人，但未提交证据予以证据，故该院对此上诉主张不予采信。

www.idear4business.net 与 www.idear4business.com 的域名的主体相同，二者的 whois 查询信息显示网站的注册人、管理员地址相同，这两个网站的 ripe 信息显示的注册人、网络名称、单位描述、组织机构、投诉邮箱等均相同，在无相反证据的情况下，上述事实表明 www.idear4business.net 与 www.idear4business.com 是由相同控制人控制的网站。由于陈庆冲、吴国贤是 www.idear4business.com 的实际控制人，故 www.idear4business.net 的实际控制人也应为陈庆冲和吴国贤。

关于陈庆冲、吴国贤是否是涉案网站的实际控制人，在认定上述事实的基础上，二审法院作如下评述：

www.toolsbooks.com、www.standardsbox.com 的 ripe 信息基本相同，whois 信息也均显示注册人为 voguefeathers，但 voguefeathers 具体为何人并不明确，上述两个网站的 whois 信息也未显示其他注册信息，故上述两个网站的 whois 信息不能直接反映上述网站的实际控制人是何人。虽然 www.toolsbooks.com、www.standardsbox.com 的 ripe 信息显示，该网站 IP 地址段的所有人为艾狄尔网络国际公司，由于 IP 地址段的所有人与在该 IP 地址段中某一 IP 的实际控制人并不必然相同，故不能仅根据 www.toolsbooks.com、www.standardsbox.com 所在 IP 地址段的所有人为艾狄尔网络国际公司而推定艾狄尔网络国际公司为 www.toolsbooks.com、www.standardsbox.com 的实际控制人，而应结合具体的证据判断上述二个网站的实际控制人。二审法院认为，根据上述分析所认定的事实以及美国石油学会所提交的数个网站的 whois 信息和 ripe 信息查询结果，陈庆冲和吴国贤是 www.toolsbooks.com、www.standardsbox.com 的实际控制人，理由如下：首先，投诉邮箱是负责接收外界对网站投诉信息的邮箱，投诉信息的接收和处理与网站的运营有着密切关系，故控制该邮箱的人一般是网站的实际控制人。由于 www.toolsbooks.com、www.standardsbox.comripe 信息显示的投诉邮箱 abuses@idear4business.net 所指向的是陈庆冲、吴国贤实际控制的 www.idear4business.net 的网站邮箱，表明 abuses@idear4business.net 的实际控制人是陈庆冲和吴国贤，陈庆冲与吴国贤负责 www.toolsbooks.com、www.standardsbox.com 所在 IP 地址段的相关管理工作。同时，www.toolsbooks.com、www.standardsbox.com 的 ripe 信息显示注册人为 luckywu，指向吴国贤，表明吴国贤负责 www.toolsbooks.com、www.standardsbox.com 所在 IP 地址段的注册工作。因此，上述事实表明，陈庆冲、吴国贤负责 www.toolsbooks.com、www.standardsbox.com 所在 IP 地址段的注册或管理工作。

其次，由于 www.toolsbooks.com、www.standardsbox.com 的 ripe 信息与陈庆冲、吴国贤所实际控制的 www.idear4business.net 和 www.idear4business.com 的 whois 信息和 ripe 信息存在多处相同之处：www.toolsbooks.com、www.standardsbox.com 的 ripe 信息显示的网络名称 idear4businessuk 与 www.idear4business.net 和

www. idear4business. com 的网络名称"idear4business"基本相同；www. toolsbooks. com、www. standardsbox. com 的 ripe 信息所显示的注册人与 www. idear4business. com、www. idear4business. net 的 whois 信息所显示的注册人相同；www. toolsbooks. com、www. standardsbox. com 的 ripe 信息显示的投诉邮箱 abuses@idear4business. net 指向的是 www. idear4business. net，故综合上述事实表明，www. toolsbooks. com、www. standardsbox. com 与 www. idear4business. net、www. idear4business. com 指向相同的控制人陈庆冲和吴国贤。

陈庆冲、吴国贤所控制的顺德艾狄尔公司在 www. idear4business. com 上曾宣称其所申请的 IP 属于无国籍 IP、高匿 IP，机房的位置无法查到，表明陈庆冲、吴国贤具有隐匿网站信息、躲避追查的主观故意和技术能力，其控制的网站具有较高的隐蔽性。吴国贤、陈庆冲负责 www. toolsbooks. com、www. standardsbox. com 所在 IP 地址段的注册、管理工作，若其认为 www. toolsbooks. com、www. standardsbox. com 并非其管理或控制，其应有能力举证证明 www. toolsbooks. com、www. standardsbox. com 的实际控制人是何者。在美国石油学会已提交的证据证明陈庆冲、吴国贤是 www. toolsbooks. com、www. standardsbox. com 的实际控制人情况下，陈庆冲、吴国贤应对 www. toolsbooks. com、www. standardsbox. com 不是由其控制的或 www. toolsbooks. com、www. standardsbox. com 的实际控制人是何人负举证证明责任。因陈庆冲、吴国贤未提交证据予以反驳，陈庆冲、吴国贤应承担举证不能的不利后果。故综合该案证据判断，二审法院认定陈庆冲、吴国贤是 www. toolsbooks. com、www. standardsbox. com 的实际控制人。

由于 www. codeoffer. com 与 www. toolsbooks. com、www. standardsebooks. com 与 www. standardsbox. com 的网站内容基本相同，www. toolsbooks. com、www. standardsbox. com、www. codeoffer. com 3 个网站的 whois 信息显示的注册人相同，www. toolsbooks. com、www. standardsbox. com、www. standardsebooks. com 3 个网站中的联系邮箱相同，故从上述涉案 4 个网站之间注册信息与网站内容的关系看，涉案 4 个网站具有相同的实际控制人。因陈庆冲、吴国贤是 www. toolsbooks. com、standardsbox. com 的实际控制人，故可认定陈庆冲、吴

国贤是涉案 4 个网站的实际控制人。一审法院对此认定正确，二审法院予以维持。

由于该案证据已表明陈庆冲、吴国贤是涉案 4 个网站的实际控制人，艾狄尔网络国际公司或顺德艾狄尔公司即使同时也是涉案 4 个网站的实际控制人，因其行为无论与陈庆冲、吴国贤是构成共同侵权还是帮助侵权，其与陈庆冲、吴国贤所应承担的是连带责任，美国石油学会有权选择对陈庆冲、吴国贤提出诉讼主张权利，故一审法院未追加艾狄尔网络国际公司作为该案第三人并无不当。陈庆冲、吴国贤关于一审法院未查明上述两家公司是直接侵权还是帮助侵权，以及一审法院未追加艾狄尔网络国际公司作为该本案第三人构成程序违法等上诉理由均不成立，二审法院不予采信。

二、关于一审法院判决的赔偿数额是否合理的问题

因陈庆冲、吴国贤在涉案 4 个网站销售被控侵权作品，在购买者付款后通过电子邮件向购买者发送被控侵权作品的下载链接，由购买者通过互联网在其选择的时间和地点下载被控侵权作品，其行为侵犯了美国石油学会对涉案作品享有的信息网络传播权，应承担停止侵权、赔偿损失的民事责任。一审法院认定陈庆冲、吴国贤的行为侵犯了美国石油学会对涉案作品享有发行权有误，二审法院予以纠正。由于美国石油学会因被侵权所受损失以及陈庆冲、吴国贤因侵权所获利益均无法确定，故一审法院依据《著作权法》第四十九条的规定对损害赔偿数额进行酌定并无不当。由于该案认定陈庆冲、吴国贤在涉案 4 个网站上向公众提供的被控侵权作品为 31 部，陈庆冲、吴国贤在涉案 4 个网站上向公众提供的其他作品是否构成侵权并不确定，故一审法院以销售 31 部被控侵权作品作为确定赔偿数额的参考因素并无不当。一审法院在确定赔偿数额时，综合考虑了涉案作品的价值、陈庆冲与吴国贤的侵权故意和情节，以及美国石油学会为制止侵权所支付的合理开支等因素，确定陈庆冲、吴国贤向美国石油学会赔偿 30 万元，并由吴必茂对此负连带责任正确，二审法院予以维持。吴必茂银行账户显示的进账金额并不必然均为侵权违法所得，故美国石油学会主张以吴必茂银行账户的进账金额作为确定损害赔偿数额的依据,理由不成立,二审法院不予采信。

综上所述,美国石油学会、陈庆冲、吴国贤的上诉请求均缺乏事实和法律依据,二审法院不予支持。一审判决认定事实清楚,适用法律有误,二审法院予以纠正。虽然一审判决适用法律有误,但一审判决裁判结果正确,二审法院对一审判决的裁判结果予以维持。依照《民事诉讼法》第一百七十条第一款第(一)项、《最高人民法院关于适用〈中华人民共和国民事诉讼法〉的解释》(法释〔2015〕5号)第三百三十四条的规定,判决如下:驳回上诉,维持原判。二审案件受理费14600元,由上诉人美国石油学会负担8800元,上诉人陈庆冲、吴国贤负担5800元。

案例解析

法院审理案件,要以事实为依据、以法律为准绳,因此,正确认定事实和适用法律是法院裁判的基础。而在事实和法律之间,事实的认定又是法律适用的前提,因此,事实的认定实际上是一个案件最为基础和核心的问题。在该案中,当事人争议的焦点问题在于谁是侵权人,具体而言,就是谁是被诉侵权网站的控制人,而这一事实的认定,既涉及当事人的举证问题,更涉及法院如何运用证据来认定事实的问题。现结合该案,就这两个方面的问题作简要的分析。

一、证据的运用及事实的认定

法院认定事实,必须依照证据,这就是所谓的"证据裁判主义"。在包括知识产权纠纷等各类民事诉讼中,证据的获得,遵循当事人提交为原则、法院调查取证为例外的原则,对此,我国《民事诉讼法》第六十四条第一、二款规定:"当事人对自己提出的主张,有责任提供证据。当事人及其诉讼代理人因客观原因不能自行收集的证据,或者人民法院认为审理案件需要的证据,人民法院应当调查收集。"当事人举证和法院调查取证的基础上,法院将依照一定的原则和方法对证据进行审查、核实和运用,进而对事实作出认定。对此,《民事诉讼法》第六十四条第三款规定:"人民法院应当按照法定程序,全面地、客观地审查核实证据。"此外,《最高人民法院关于适用〈中华人民共和国民事诉讼法〉的解释》(法释〔2015〕5号)第一百零五条进一步规定:"人民法院应当按照法定程序,全面、客观地审核证据,依照法律规定,运用逻辑推理和日常生活经验法则,对证据有无证明力和证明力大小进行判断,并公开判断的理由和结果。"

对于网站经营者的信息,一般可以通过 whois 来查询。whois 是用来查询域名的 IP 以及所有者等信息的传输协议,其可用来查询域名是否已经被注册,以及注册域名的详细信息的数据库(如域名所有人、域名注册商)。在该案中,涉案 4 个网站上没有明确的经营主体信息,网站的 whois 信息也未直接反映网站的经营主体信息,无法直接根据网站中显示的主体信息或注册信息判断网站的实际控制人是何人,所涉嫌的侵权行为具有较高的隐蔽性。在此情况下,就需要根据网站的相关注册信息以及网站的具体内容进行综合判断。对于具体分析和判断的方法和过程,一、二审判决中有较为详细的阐述,这里不再赘述。

经过对证据的综合判断和分析,法官最终对具体的要件事实的认定实际上可能存现两种情况:一是法官基于已有的证据,已经形成了具体的心证,换言之,法官认为案件事实已经查明了。当然,这实际上又可分为两种情形,既可能认为原告对该要件事实的主张是真实的,也可能认为被告对事实的主张是真实的。二是法官认为基于已有的证据还不能形成心证,即案件事实处于真伪不明的状态。在前一种情形中,法院当然要根据已经认定的事实,依法对案件作出裁判。在后一种情形中,案件事实虽然处于真伪不明状态,法院基于"法官不得拒绝裁判"的基本原则,依然要作出裁判。此时,应当证明责任裁判规范,判决由对该要件事实承担证明责任的一方承担不利的法律后果。这就涉及所谓的举证证明责任的问题。

二、举证证明责任的分配和承担

（一）举证证明责任的核心——结果意义上的举证责任（证明责任）

举证证明责任是《最高人民法院关于适用〈中华人民共和国民事诉讼法〉的解释》（法释〔2015〕5号）中使用的概念，在我国传统法理和司法实践中，其一般被称为举证责任。❶ 通说认为，举证责任包括行为意义上的举证责任和结果意义上的举证责任两种。行为意义上的举证责任又称主观上的举证责任或者提供证据责任等，是指在诉讼进行的各阶段，当事人为了避免败诉危险而承担的向法院提出证据的行为责任。结果意义上的举证责任又称客观上的举证责任、说服责任等，是指引起法律关系发生、变更或者消灭的构成要件事实处于真伪不明状态时，当事人因法院不适用以该事实存在为构成要件的法律而产生的不利于自己的法律后果的负担。❷ 简言之，结果意义上的举证责任就是经过当事人举证、法院的查证，案件事实仍处于真伪不明状态时，一方当事人应当承担不利的后果，这种责任也常常成为证明责任。

从学理上来看，行为意义上的举证责任与结果意义上的举证责任有明显的不同，具体包括但不限于以下几个方面：❸

第一，两者的价值不同。当事人承担行为意义上的举证责任的意义有两个：一方面，法院的裁判必须以一定的事实为依据，当事人只有提供相应的证据证实自己的主张以及抗辩，才更可能获得法院的支持；另一方面，民事诉讼所解决的是民事纠纷，如果完全依靠法院进行调查取证，既不可能，也不现实。为了更有效率地完成诉讼过程，当事人也有必要提供证据。而当事人承担结果意义上的举证责任的意义在于：在案件事实处于真伪不明情况的时候，法官同样可以作出判决。

---

❶ 例如，《最高人民法院关于民事诉讼证据的若干规定》（法释〔2001〕33号）第二条规定："当事人对自己提出的诉讼请求所依据的事实或者反驳对方诉讼请求所依据的事实有责任提供证据加以证明。没有证据或者证据不足以证明当事人的事实主张的，由负有举证责任的当事人承担不利后果。"

❷ 常怡. 民事诉讼法学[M]. 北京：中国政法大学出版社，1999：202.

❸ 李浩. 民事证明责任研究[M]. 北京：法律出版社，2003：23-32.

第二，两者适用的条件不同。在诉讼过程中，双方当事人会提供证据支持自己的主张和反驳对方的主张，一方提供的证据使法官形成了有利于该方的心证时，此处所说的形成心证，是指法官对于事实已经作出了初步认定，即当事人提供的证据已经初步达到了证明标准。至于法官形成心证的标准（证明标准）应采取客观真实标准、内心确信标准还是优势证据标准，笔者不作详述。对方则应当提供或者进一步提供证据，以避免不利后果的承担，这就是所谓的行为意义上的举证责任。可见，一方承担行为意义上的举证责任的前提是对方当事人提供的证据使法官形成了心证（即案件事实已经被初步证明）。经过双方当事人的举证和法院的查证，最终法官没有对案件的事实形成心证的，即案件事实最终真伪不明的，法官基于不得拒绝裁判的义务，应当判决承担结果意义举证责任的一方当事人（既可能是原告方也可能是被告方）承担败诉结果。可见，承担结果意义举证责任的前提是案件事实真伪不明，即案件事实最终没有被证明。

第三，两者的承担主体不同。对于同一事实构成要件，双方当事人均应当提供证据，即双方均要承担行为意义上的举证责任。例如，原告起诉被告要求其返还借款，原告应当提供证据证明双方之间存在借款合同，如果被告否认双方之间存在借款合同，则要提供证据证明双方不存在借款合同关系。即对于双方是否存在借款合同这一事实，双方均会承担提供证据的责任。然而，对于这一事实，只能由一方承担结果意义的举证责任，即经过双方的举证以及法院依法查证，法官最终仍然无法认定双方是否存在借款合同关系，即案件处于真伪不明的状态时，则应当由原告承担结果意义上的举证责任。可见，对于同一事实构成要件，仅有一方当事人承担结果意义上的举证责任。

第四，两者是否会发生转移不同。一般情况下，结果意义上的举证责任是不会发生转移的。而行为意义上的举证责任则是随着法官心证的变化而在双方当事人之间转换的。对某一待证的法律要件事实，首先应当由承担结果意义上举证责任的一方（本方）提供证据，如果该当事人提供的证据使法官形成了有利于他的心证（即待证事实已经被初步证明），则对方当事人（反方）应当提供相反的证据来推翻法官已经形成的心证，如若不然，其将承担不利的后果。反之，如果反方提供的证据使法官初步形成的心证发生动摇，甚或已经形成了有利于反方的心证，则行为意义上的举证责任就又落到了本方的肩上。可见，行为意义上的举证责任是可以不断在双方当事人之间转移的。而结果意义上的举证责任则不同，其原则上是由实体法以及举证责任的分配规则预先设定的，即当某一具体的待证事实最终处于真伪不明状态时，只能由一方承担不利的后果，而应该由谁来承担这一后果，实体法或者举证责任的分配规则在诉讼发生前就已经设定好了。

第五，能否预先在双方当事人之间进行分配不同。结果意义上的举证责任解决的是在案件处于真伪不明状态的时候由哪一方当事人承担不利后果的问题。该责任是绝对不能由法院来承担的，其事先已经在双方当事人之间分配好了；一旦出现真伪不明的情况，法院就可以根据分配规则判决承担结果意义上的举证责任的一方当事人承担不利后果。而行为意义上的举证责任则不同，其不存在事先分配的问题，其是随着法官的心证的变化而在双方当事人之间进行转移的。

（二）知识产权侵权诉讼中举证证明责任的分配

如前所述，行为意义上的举证证明责任实际上是双方当事人均要承担的，而且会随着法官心证的变化而转移，故其不存在事先分配的问题。而证明责任则是事先在双方当事人之间分配好了的，其一般不存在转移的问题。

关于证明责任的分配，理论上有许多学说，但通说为德国学者罗森贝克的法律要件分类说（规范说）。我国司法实践也采纳了这种观点，《最高人民法院关于适用〈中华人民共和国民事诉讼法〉的解释》（法释〔2015〕5号）第九十一条规定："人民法院应当依照下列原则确定举证证明责任的承担，但法律另有规定的除外：（一）主张法律关系存在的当事人，应当对产生该法律关系的基本事实承担举证证明责任；（二）主张法律关系变更、消灭或者权利受到妨害的当事人，应当对该法律关系变更、消灭或者权利受到妨害的基本事实承担举证证明责任。"根据该规定，在知识产权侵权诉讼中，如果原告主张被告侵犯了其知识产权，就应当对各侵权的构成要件对应的事实（即要件

事实）承担证明责任，当然，法律另有规定的除外。❶

在该案中，原告方主张被告方通过网络实施了侵犯其著作权的行为，其当然应当对被告方系涉案侵权网站的经营者的事实承担证明责任，如果其不能提供充分证据证实的，就要承担不利的法律后果。当然，虽然被告对该事实不承担证明责任，但其还是负有提供证据的责任，负有积极举证的义务，在原告方提供的证据可以证明被告方系涉案侵权网站经营者的情况下，如果被告不能提供相反的证据予以推翻，则法院将会支持原告方的主张。因此，法院在判决中指出："在权利人证明了网站的注册信息、网站的内容指向被诉侵权人时，如被诉侵权人辩称其非网站实际经营者，应当承担相应举证证明责任。"这里的举证证明责任，应当是行为意义上的举证责任而非证明责任。

---

❶ 我国《专利法》第六十一条第一款规定："专利侵权纠纷涉及新产品制造方法的发明专利的，制造同样产品的单位或者个人应当提供其产品制造方法不同于专利方法的证明。"据此，在新产品制造方法发明专利侵权诉讼中，被告应当对"其产品制造方法不同于专利方法"这一要件事实承担证明责任。

案例7　实用艺术作品的著作权保护

——菲维亚珠宝有限两合公司诉中山众华堂
工艺品有限公司等著作权侵权纠纷案

裁判要旨

具有独创性是构成作品、受著作权法保护的前提。独创性是作品的原创性，是作者在创作过程中投入了某种智力性的劳动，使创作出来的作品具有最低限度的创作性。具有独创性的饰品作为实用艺术作品，可以归属于美术作品范畴而受到著作权法的保护。

行为人基于同一违法行为，产生两种受不同法律规范调整的法律责任，构成法律责任的竞合，权利人应择一提出请求。行为人未经许可，擅自将权利人享有著作权的美术作品运用在珠宝首饰上并进行生产、销售的，权利人不能既主张行为人的行为侵犯其著作权而寻求著作权法的保护，又主张行为人的行为构成不正当竞争而寻求反不正当竞争法的保护。

入选理由

在符合法定条件的情况下，实用艺术品既可以作为美术作品获得著作权法保护，要求侵权人承担著作权侵权责任，也可以被告的行为构成不正当竞争为由，依据反不正当竞争法要求侵权人承担侵权责任。那么，权利人能否基于行为人的同一行为，同时主张行为人构成著作权侵权和不正当竞争，进而让其重复承担相应的侵权责任,这是理论和实务界争议较大的问题。

该案的典型意义在于,终审判决纠正了一审判决对于著作权侵权请求权和不正当竞争侵权请求权竞合问题的不当观点,认为行为人基于同一违法行为,产生两种受不同法律规范调整的法律责任,构成法律责任的竞合,权利人应择一提出请求。终审判决的这一观点,在依法维护权利人的合法权益的同时,避免侵权人重复承担民事责任,充分体现了法律的公平正义理念。

案例索引

一审案号:广东省中山市第一人民法院(2015)中一法知民初字第173号

二审案号:广东省中山市中级人民法院(2016)粤20民终1573号

基本案情

上诉人(一审被告):中山众华堂工艺品有限公司(以下简称"众华堂公司")

上诉人(一审被告):珠海众华堂珐琅首饰研发中心(以下简称"众华堂中心")

上诉人(一审原告):菲维亚珠宝有限两合公司(FREYWILLE GmbH & CO. KG,以下简称"菲维亚公司")

一审诉请

2015年7月30日,菲维亚公司向一审法院起诉请求:(1)众华堂公司、众华堂中心撤除在官方网站、阿里巴巴网店及淘宝网店上的侵犯涉案作品著作权及构成不正当竞争行为的侵权图片;(2)众华堂公司、众华堂中心在官方网站、阿里巴巴网店及淘宝网店上刊登道歉以及与菲维亚公司无任何关联的声明;(3)众华堂公司、众华堂中心立即停止生产、销售侵权产品；（4）向菲维亚公司支付赔偿款 72 万元；（5）众华堂公司、众华堂中心向菲维亚公司支付维权支出的合理费用 8 万元。

一审判决

中山市第一人民法院认为，该案为著作权侵权及不正当竞争纠纷。该案涉及两个案由，但从方便当事人诉讼和方便法院审理的角度出发，可以进行合并审理。根据双方的诉辩陈述，该案的争议焦点有三：一是涉案饰品是否具有独创性；二是被诉侵权饰品是否侵害了菲维亚公司涉案饰品的著作权；三是众华堂公司、众华堂中心的行为是否构成不正当竞争行为。

关于争议焦点一，涉案饰品是否具有独创性的问题。菲维亚公司的涉案饰品是实用艺术品，根据我国《著作权法》的相关规定，实用艺术作品归属于美术作品范畴而受到著作权法的保护。《著作权法实施条例》第二条规定："著作权法所称作品，是指文学、艺术和科学领域内具有独创性并能以某种有形形式复制的智力成果。"因此，具有独创性是构成作品、受著作权法保护的前提。独创性是作品的原创性，是作者在创作过程中投入了某种智力性的劳动，使创作出来的作品具有最低限度的创作性。涉案饰品的图案主要体现在饰片上，是用多条连续流畅的金色（黄色）弧线或曲线，将一个面交叉分割成多个抽象的、不规则的几何图形，其线条均延伸至图案的边界；每一个不规则的几何图形内均只填充一种颜色；填充的颜色有红色、橙色、黄色、绿色、蓝色、紫色、粉红色；条状饰片以深蓝色线条包边，再镶嵌在金色手镯正面的容纳腔内，从而形成一个金色粗线条边框，故其体现了设计师对线条、色彩和具体画面设计的个性化的智力选择和判断，具有一定智力创作性，应受到著作权法的保护。至于众华堂公司、众华堂中心称涉案饰品上的图案在古今中外均有使用，如欧洲教堂的彩色玻璃窗，故涉案饰品不具有独创性的问题。教堂玻璃彩色花窗的图案通常有两种：一种是具体的形象或场景，一般取材于圣经故事、圣经人物、圣徒神迹、地方保护神传说、文学与历史故事，等等；另一种是几何图案，但这种图案基于宗教的庄严和肃穆，其一般采用植物、宗教寓意的装饰纹样，或以玫瑰等特定宗教信物作为装饰元素，而且一般是按一定的规则对图形进行排列。这与涉案饰品用连续流畅的弧线或曲线交叉穿插形成抽象的、不规则的几何图案明显不同。此外，教堂玻璃彩色花窗的色彩选择一般是偏向安静、肃穆、祥和，而涉案饰品选择的色调偏向灵动、阳光、活泼。因此，虽然教堂玻璃彩色花窗与涉案作品都有给人色彩缤纷的感觉，但两者在颜色的选择，特别在线条运用和图案形态上有较大的不同。故菲维亚公司的涉案饰品具有独创性。

关于争议焦点二，被诉侵权饰品是否侵害了菲维亚公司著作权的问题。庭审中，众华堂公司、众华堂中心当庭确认公证购买的被诉侵权实物由其制造、销售，但否认菲维亚公司指控其在官方网店及淘宝店、阿里巴巴店上传载有被诉侵权图案的产品。经核查，上述3个网站的内容基本一致，均有众华堂公司、众华堂中心的名称、注册商标、简介及相关联系方式，还展示有多个系列的珐琅饰品（其中包括菲维亚公司公证购买的同款饰品），在众华堂公司、众华堂中心没有相反证据予以反驳的情况下，一审法院认定众华堂公司、众华堂中心存在在其官网、淘宝店、阿里巴巴店上传载有被诉侵权图案的产品。而对于被诉侵权饰品是否侵权，应从"接触＋实质性相似"的思路去加以判断：首先，能充分体现涉案手镯独创性的美术作品《向欢乐生命的礼敬〈天堂欢乐〉致敬（扣环手镯，JOY466/1M）》（著作权登记证号为：2009－F－018331）于2005年1月1日创作完成，于2005年4月1日在奥地利首次发表，并于2008年8月起在国内各相关杂志、网站进行了广泛的宣传报道。而众华堂中心成立于2012年7月25日，众华堂公司则成立于2012年10月29日，众华堂公司、众华堂中心提交的网页公证上显示的相关饰品销售时间及图片的形成时间，均晚于第2009－F－018331号美术作品的创作和发表时间，众华堂公司、众华堂中心还抗辩其作品创作手稿形成时间为2004年，早于《向欢乐生命的礼敬》系列作品的创作和发表时间，但由于该手稿为众华堂公司、众华堂中心单方制作形成的证据，菲维亚公司对其真实性不予确认，且没有其他证据予以佐证，不足以证明其创作时间早于涉案作品，故应认定《向欢乐生命的礼敬》系列作品的创作时间比众华堂公司、众华堂中心相关设计早。而且，众华堂公司、众华堂中心同为珐琅首饰的设计、制造和销售的单位,基于菲维亚品牌的知名度及其对涉案作品的广泛宣传报道,可以认定众华堂公司、众华堂中心与涉案作品曾有接触。其次,将被诉侵权饰品与涉案手镯进行比对,两者的相同点有:(1)饰品图案均是采用多条自然流畅的金色或黄色(众华堂公司、众华堂中心其中一款耳钉是深蓝色)弧线,将一个面交叉分割成抽象的、不规则的多个几何图形,其线条均延伸至图案的边界;(2)每一个不规则的几何图形内均只填充一种颜色,而填充的颜色均有红色、橙色、黄色、青色、蓝色、紫色;(3)图案均以深蓝色线条包边,再镶嵌在金色的容纳腔内,从而形成一个金色粗线条边框。两者的不同点有:(1)饰品的形状不同。涉案作品是环形卡扣式的手镯,被诉侵权饰品有环形手镯、圆形耳钉、环形戒指、曲形戒指、环形耳环、扇形吊坠等;(2)被诉侵权图案的线条只有弧线没有曲线,而且涉案作品图案的线条稍粗;(3)被诉侵权饰品图案没有粉红色,多了绿色。一审法院认为,被诉侵权饰品虽然涉及多种不同形状,但均是饰品设计行业中的惯常设计,不具有独创性,不是产品的最实质部分,且菲维亚公司也有形状相同或相似的对应产品。而被诉侵权饰品的图案在线条、颜色等设计却与菲维亚公司涉案饰品的相应设计相似,该相似部分恰恰正是菲维亚公司包括涉案手镯在内的涉案饰品中最具有独创性、最主要或者最实质性的部分,故被诉侵权饰品与涉案手镯构成了实质性相似。综上,众华堂公司、众华堂中心曾接触过菲维亚公司的涉案饰品,同时被诉侵权饰品又与涉案手镯存在内容上的实质性相似,故可以认定众华堂公司、众华堂中心的被诉侵权饰品侵害了菲维亚公司涉案手镯的著作权,亦即侵害了菲维亚公司《向欢乐生命的礼敬》系列作品和涉案饰品的著作权。至于众华堂公司、众华堂中心称被诉侵权饰品灵感来源于渔网在空中飞舞时的网状线条及满洲窗,不构成侵权的问题。由于被诉侵权饰品连续流畅线条组成的不规则图形组合图案与渔网的多条线段形成的菱形组合图案以及满洲窗的规则几何图形组合图案存在较大不同,故对该抗辩不予采纳。

关于争议焦点三,众华堂公司、众华堂中心的行为是否构成不正当竞争行为的问题。《反不正当竞争法》第五条第(二)项规定:"擅自使用知名商品特有的名称、包装、装潢,或者使用与知名商品近似的名称、包装、装潢、造成和他人的知名商品相混淆，使购买者误认为是该知名商品"的属不正当竞争行为。菲维亚公司系由维也纳著名的珐琅艺术家 MichaelaFrey 于 1951 年创建的奥地利公司，在全球拥有多家销售店；于 2009 年 7 月 6 日起相继在北京、天津等地注册了公司；在中国拥有第 10615793 号"FREYWILLE"、第 3474121 号"翡丽"、第 8527654 号"菲维亚"、第 9327649 号"FREEWILLE"、第 8527647 号"FREYWILLE+图"等多个相关的注册商标；2006 年至 2010 年期间，菲维亚公司每年在全球范围内的销售额分别为：3822349 欧元、4422406 欧元、4967883 欧元、579944 欧元、6381248 欧元，而在中国内地和香港每年的销售额均在 10 万欧元以上；2008 年至 2013 年期间，其品牌及涉案饰品在包括《中国工商报》在内的报刊上进行宣传，被包括中国经济网、《Marie Claire》《好管家》在内的多家网站及时尚杂志报道。涉案饰品在中国境内已具有一定的市场知名度，为相关公众所知悉，应当认定为知名商品。经前述比对，被诉侵权饰品的装潢与涉案饰品的装潢视觉上基本无差别，构成近似。众华堂公司、众华堂中心被诉侵权饰品中擅自使用与知名涉案饰品近似的装潢，使相关公众将被诉侵权饰品误认为是菲维亚公司的该知名商品或认为其与菲维亚公司有特定关联，已构成不正当竞争行为。

关于众华堂公司、众华堂中心应承担的责任问题。如上分析，众华堂公司、众华堂中心构成著作权侵权及不正当竞争行为，根据《著作权法》第四十七条第（七）项，第四十八条第（一）项以及《反不正当竞争法》第二十条第一款的规定，众华堂公司、众华堂中心应当承担停止侵权、赔偿损失等民事责任。至于菲维亚公司要求众华堂公司、众华堂中心在官方网站、阿里巴巴网店及淘宝网店上刊登道歉以及与菲维亚公司无任何关联的声明的诉讼请求，因众华堂公司、众华堂中心的侵权行为只侵害了菲维亚公司的著作财产权，不符合适用赔礼道歉民事责任的条件，故对于菲维亚公司要求众华堂公司、众华堂中心在官方网站、阿里巴巴网店及淘宝网店上刊登道歉以及与菲维亚公司无任何关联的声明的诉讼请求，不予支持。关于众华堂公司、众华堂中心应赔偿的数额问题。由于菲维亚公司未能提供证据证明其因众华堂公司、众华堂中心著作权侵权及不正当竞争行为而遭受的实际损失的情况以及众华堂公司、众华堂中心因此而获利的情况，综合考虑涉案饰品的独创性程度、众华堂公司、众华堂中心实施的侵权及不正当竞争行为的性质、情节、主观过错程度以及菲维亚公司因制止侵权行为所支付的合理开支等因素，酌定众华堂公司、众华堂中心应向菲维亚公司赔偿经济损失（含制止侵权的合理费用）8万元。

另外，众华堂公司、众华堂中心还称菲维亚公司于2013年初发现其存在侵权，而于2015年7月才提起诉讼，已超过诉讼时效的问题。因菲维亚公司于2015年1月15日仍能通过公证购买到被诉侵权饰品，可以证明众华堂公司、众华堂中心的侵权行为在2013年后仍在持续，根据《最高人民法院关于审理著作权民事纠纷案件适用法律若干问题的解释》（法释〔2002〕31号）第二十八条："侵犯著作权的诉讼时效为二年，自著作权人知道或者应当知道侵权行为之日起计算。权利人超过二年起诉的，如果侵权行为在起诉时仍在持续，在该著作权保护期内，人民法院应当判决被告停止侵权行为；侵权损害赔偿数额应当自权利人向人民法院起诉之日起向前推算二年计算"之规定，菲维亚公司并未丧失胜诉权。

综上，一审法院判决：（1）众华堂公司、众华堂中心于该判决发生法律效力之日起7日内，撤除在官方网站、阿里巴巴网店及淘宝网店上的侵害菲维亚公司《向欢乐生命的礼敬》系列作品（著作权登记号：2009-F-018331、2009-F-018332、2009-F-018334、2010-F-023707）的著作权及构成不正当竞争行为的侵权图片；（2）众华堂公司、众华堂中心于该判决发生法律效力之日起立即停止生产、销售侵害菲维亚公司《向欢乐生命的礼敬》系列作品（著作权登记号：2009-F-018331、2009-F-018332、2009-F-018334、2010-F-023707）著作权的产品；（3）众华堂公司、众华堂中心向菲维亚公司赔偿经济损失（含制止侵权的合理费用）8万元；（4）驳回菲维亚公司的其他诉讼请求。案件受理费11800元，由菲维亚公司负担3500元，由众华堂公司、众华堂中心负担8300元。

二审判决

中山市中级人民法院认为，该案的被诉侵权行为系众华堂公司、众华堂中心未经许可，擅自使用菲维亚公司享有著作权的美术作品运用在珠宝首饰上并进行生产、销售。菲维亚公司起诉认为该美术作品因其具有独创性应受著作权法的保护，又因该公司的长期推广使这一具有美感的美术作品在其首饰上的运用成为知名商品特有的装潢而受到反不正当竞争法的保护。故菲维亚公司认为被诉侵权行为既侵害了涉案著作权，同时，因擅自使用与知名商品特有的装潢相近似的装潢而构成了不正当竞争行为。即基于同一违法行为，产生两种受不同法律规范调整的法律责任，发生了法律责任竞合，此时，权利人应择一提出请求。经二审法院释明，菲维亚公司明确请求选择以侵害著作权为由来保护其权利，二审法院予以准许，故在此对双方上诉请求中关于不正当竞争的问题不再进行审查。一审法院没有就权利人主张所产生的法律责任竞合问题向当事人予以释明，要求其择一提出请求，且一并认定被诉侵权行为既构成侵害著作权又构成擅自使用与知名商品特有装潢相近似的装潢构成不正当竞争的双重评价，属于认定事实与适用法律错误，二审法院在此予以纠正，该案定性为著作权侵权纠纷。根据双方的上诉请求和答辩意见，该案的争议焦点一是涉案作品是否具有独创性；二是被诉侵权图案是否构成对涉案作品著作权的侵害；三是一审法院的判赔金额是否合理合法。

关于争议焦点一，即是涉案作品是否具有独创性的问题。在该案中，一审判决对菲维亚公司请求保护的图案的具体特征、是否具有独创性、是否构成作品已有分析，二审法院在此不再赘述。且根据《最高人民法院关于审理著作权民事纠纷案件适用法律若干问题的解释》（法释〔2002〕31号）第七条的规定，当事人提供的涉及著作权的著作权登记证书等，可以作为证据。在该案中，菲维亚公司提供的4份涉案著作权登记证书载明，其对涉案作品以职务作品著作权人身份依法享有著作权（署名权除外）。对众华堂公司、众华堂中心关于涉案作品的表达属于美术领域的公知知识以及欧洲早已出现过教堂里的彩色玻璃窗的形象而均使得涉案作品没有独创性的上诉意见，二审法院认为：首先，其在二审提交的图片的打印件从形成时间上或无从得知或是晚于作品的面世时间，从表达形式上尤其是在线条的排布以及构成的图案造型上与涉案作品具有明显不同；其次，涉案作品的表达使得其在颜色选择、线条运用和图案形态上与欧洲哥特式教堂彩色玻璃窗亦存在较大的不同。故其关于菲维亚公司请求保护的作品不具有独创性的上诉意见，二审法院不予采纳。

关于争议焦点二，即是被诉侵权图案是否构成对涉案作品著作权侵害的问题。著作权侵权认定应遵循"接触+实质性相似"的判断原则，即如果被诉侵权图案的创作者曾接触过涉案作品，同时该被诉侵权图案又与涉案作品存在内容上的实质性相似，则除非有合理使用等法定抗辩理由，否则即可认定其为侵权。对一审判决认定的"接触"，双方并无异议，二审法院在此不再赘述。对众华堂公司、众华堂中心关于二者另外存在的三点区别不构成实质性相似的上诉意见，二审法院认为，其上诉所述的区别点三，由于内槽是否为拼接或是一体成型，不属于涉案作品独创性的部分，无须纳入比对范围；而上诉所述的区别点一和二，即涉案作品的色块以不规则四边形和扇形为主，被诉侵权图案的色块以不规则三角形、多边形为主；被诉侵权图案色块颜色以粉红色、橙色和绿色为主，涉案作品以蓝、黄、红为主，且对色块进行分割的线条既有金色亦有黑色，上述差异虽然存在，但属于细微差异，不足以影响两者构成实质性相似的认定。故二审法院认为，被诉侵权图案与涉案作品构成实质性相似。同时，由于众华堂公司、众华堂中心并没有任何证据证明其属于合理使用，故二审法院认定被诉侵权图案构成了对涉案作品著作权的侵害。

至于众华堂公司、众华堂中心关于载有被诉侵权图案的产品设计早于涉案作品并具有独创性，故应享有在先著作权利而不侵害涉案作品著作权的上诉意见。二审法院认为：根据其提交的包括创意来源陈述意见以及2004年杨仲华的创作手稿这两份证据，其一，杨仲华在1998年使用的速写本系草稿本，有的页面签署了时间，有的没有，所涉创作手稿系铅笔绘制，且按照其主张的被诉侵权图案的最早产生时间即1999年，距今已有17年之久，但相关图案依然比较清晰，与常理不合；其二，从其提交的众华堂原创产品设计稿可以看出，被诉侵权图案中的网状线条灵感来源于广东沿海渔民打鱼撒网，七彩色块灵感来源于广东地区彩色满洲窗玻璃，特别从设计稿来看，完全没有涉及杨仲华在其上述速写簿上最早创作作品作为雏形的情况，同时，作为一家专门研发珠宝的单位，对一件产品的开发，其应当能够提交设计、修改、演变、成形的脉络资料，但其并无相关证据提交；其三，其提交的含有被诉侵权图案产品的最早生产销售时间在2009年以后，晚于涉案作品的发表时间。综上，由于涉案速写簿上的手绘图片因没有其他有效证据进行佐证，单凭该一本速写簿，不足以充分支持其关于被诉侵权图案早于涉案作品的创作时间，即享有在先权利这一上诉主张，故二审法院对此不予支持。众华堂公司、众华堂中心据此认为其对被诉侵权图案亦享有著作权的意见，二审法院不予采纳。

如上分析，众华堂公司、众华堂中心未经著作权人同意，将被诉侵权图案使用在型号为bracelet-15-018的15cm宽手镯，以及与该宽手镯属于同个图案系列的手镯、耳环、戒指、耳钉、吊坠等首饰之上，并进行生产、销售，以及在其官网上传上述产品的图片，侵害了著作权人的复制权、发行权等，应当承担停止侵权、赔偿损失的民事责任。至于菲维亚公司要求众华堂公司、众华堂中心在其官方网站、阿里巴巴网店及淘宝网店上刊登道歉以及与菲维亚公司无任何关联声明的上诉请求，因被诉侵权行为只侵害了菲维亚公司的著作财产权，不符合适用赔礼道歉民事责任的条件，故对于菲维亚公司的该项上诉请求，二审法院不予支持。

关于争议焦点三，即一审法院的判赔金额是否合法合理的问题。《著作权法》第四十九条规定："侵犯著作权或者与著作权有关的权利的，侵权人应当按照权利人的实际损失给予赔偿；实际损失难以计算的，可以按照侵权人的违法所得给予赔偿。赔偿数额还应当包括权利人为制止侵权行为所支付的合理开支。权利人的实际损失或者侵权人的违法所得不能确定的，由人民法院根据侵权行为的情节，判决给予五十万元以下的赔偿。"《最高人民法院关于审理著作权民事纠纷案件适用法律若干问题的解释》（法释〔2002〕31号）第二十五条第二款规定："人民法院在确定赔偿数额时，应当考虑作品类型、合理使用费、侵权行为性质、后果等情节综合确定。"根据上述规定，由于菲维亚公司未能提供证据证实其实际损失的情况以及众华堂公司、众华堂中心因侵权而获利的情况，并结合菲维亚公司以及涉案作品的具体情况，即该公司创建于1951年，在全世界各重要城市有多家销售店，2011年11月4日《嘉人MarieClaire》介绍菲维亚公司"所设计出品的艺术首饰，因坚决与纯粹的艺术结合，不但成为奥地利国宝级品牌，更是成为闻名全世界的珐琅饰品制造商"，且众华堂公司、众华堂中心在其官方网站上特别强调"现代珐琅饰品经各国设计师的不断推新演变及注入时尚元素，也已成为当今世界各大时尚之都的高档奢侈配饰，像奥地利的'FREYWILLE'、法国的'爱马仕'等国际品牌的珐琅饰品更是各季时装的绝佳高档配饰！"结合菲维亚公司提交的关于含有涉案作品的产品广告，可以认定涉案饰品的知名度较高，在此情形下，一审法院特别考虑涉案作品作为实用艺术品的知名度，并结合众华堂公司、众华堂中心侵权行为的方式包括复制、发行等，特别是从2013年已在其官网上传推销系列产品，侵权持续时间较长、主观过错程度大，酌定众华堂公司、众华堂中心应向菲维亚公司赔偿经济损失（含制止侵权的合理费用）8万元是合法、适当的。而菲维亚公司在二审中提交的关于其支出的合理费用的票据因属于域外证据，没有经过公证认证，故二审法院对此不予认可。因此，众华堂公司、众华堂中心关于一审法院判赔额过高、菲维亚公司关于一审法院判赔额过低的上诉主张，均不能成立，二审法院不予支持。

综上所述，二审法院判决：（1）维持一审判决第二、三项。（2）撤销一审判决第一、四项。（3）众华堂公司、众华堂中心于该判决发生法律效力之日起7日内，撤除在其官方网站上侵害菲维亚公司著作权登记号为2009－F－018331、2009－F－018332、2009－F－018334、2010－F－023707作品著作权的图片。（4）驳回菲维亚公司的其他诉讼请求。该案一审案件受理费11800元，菲维亚公司负担3500元，众华堂公司、众华堂中心负担8300元；二审案件受理费11800元，菲维亚公司负担7000元，由众华堂公司、众华堂中心负担4800元。

【案例解析】

实用艺术品是指兼具实用性和艺术性的产品，例如陶瓷、雕花的家具、染织图案以及该案中的饰品等。我国理论和实务界均认为，符合一定条件的实用艺术品，可以作为美术作品获得著作权法的保护，这种实用艺术品通常被称为实用艺术作品或实用美术作品。除此之外，实用艺术品还能够通过外观设计专利获得我国专利法的保护，甚至还有可能作为知名商品的特有装潢通过反不正当竞争法得到保护。那么，在存在多种救济方式和渠道的情况下，对于同一侵害实用艺术品的行为，实用艺术品的权利人是可以同时行使多种侵权请求权，要求侵权人承担多重的赔偿责任，还是仅能选择一种侵权请求权，要求侵权人承担单一的赔偿责任，是理论和司法实践中存在较大争议的问题。在该案中，一、二审法院对此问题存在截然相反的观点，现结合我国立法及相关理论，对该案作简要的解析。

一、我国法律关于实用艺术品著作权保护的具体规定

1990年《著作权法》第七条规定："科学艺术作品中应当由专利法、技术合同法等法律保护的，适用专利法、技术合同法等法律的规定。"据此，对于可以通过申请外观设计专利而获得专利法保护的实用艺术品，不能获得著作权法的保护。此外，国务院1992年颁布的《实施国际著作权条约的规定》第六条规定："对外国实用艺术作品的保护期，为自该作品完成起二十五年。美术作品（包括动画形象设计）用于工业制品的，不适用前款规定。"既然该条规定专门提出对外国的实用艺术作品予以保护，其本身从反面说明，我国著作权法不保护实用艺术作品。但在法律执行方面，不论是司法还是行政执法部门，都倾向于对实用艺术作品给予著作权法保护。[1]

《著作权法》于2001年修订时，取消了原第七条之规定，此外，我国《著作权法实施条例》第四条规定，著作权法及其实施条例中"美术作品"的含义，"是指绘画、书法、雕塑等以线条、色彩或者其他方式构成的有审美意义的平面或者立体的造型艺术作品。"据此，在解释上，实用艺术作品可以作为美术作品而获得著作权法的保护。

---

[1] 陈锦川. 著作权审判原理解读与实务指导 [M]. 北京：法律出版社，2014：14–15.

目前，虽然法律法规未对"实用艺术品"作出明确定义和规定，但理论和实务界都普遍承认"实用艺术作品"能够作为"美术作品"得到著作权法保护，对"实用艺术作品"的认定标准也比较统一。一般认为，实用艺术品构成美术作品的，当符合以下几个条件：一是实用艺术品中的实用功能与艺术美感能相互独立；二是能独立的艺术设计具有独创性；三是艺术设计达到了一定的艺术高度。[1]

二、我国法律关于实用艺术品反不正当竞争法保护的具体规定

我国1993年《反不正当竞争法》第五条规定："经营者不得采用下列不正当手段从事市场交易，损害竞争对手：（一）假冒他人的注册商标；（二）擅自使用知名商品特有的名称、包装、装潢，或者使用与知名商品近似的名称、包装、装潢，造成和他人的知名商品相混淆，使购买者误认为是该知名商品；（三）擅自使用他人的企业名称或者姓名，引人误认为是他人的商品；（四）在商品上伪造或者冒用认证标志、名优标志等质量标志，伪造产地，对商品质量作引人误解的虚假表示。"2017年修改后的《反不正当竞争法》第六条规定："经营者不得实施下列混淆行为，引人误认为是他人商品或者与他人存在特定联系：（一）擅自使用与他人有一定影响的商品名称、包装、装潢等相同或者近似的标识；（二）擅自使用他人有一定影响的企业名称（包括简称、字号等）、社会组织名称（包括简称等）、姓名（包括笔名、艺名、译名等）；（三）擅自使用他人有一定影响的域名主体部分、网站名称、网页等；（四）其他足以引人误认为是他人商品或者与他人存在特定联系的混淆行为。"根据上述规定，擅自使用与"知名商品的特有名称、包装、装潢"或"有一定影响的商品名称、包装、装潢"相同或者近似的名称、包装、装潢，造成混淆的，构成不正当竞争。司法实践中，原告在对其实用艺术品寻求反不正当竞争法保护的时候，基本上是以此规定作为法律依据的，而且主要的理由在于，其实用艺术品的立体形状本身或者与相应的图案、色彩共同

---

[1] 王迁. 著作权法 [M]. 北京：中国人民大学出版社，2015：96-98.

构成商品的装潢，依法应当受到反不正当竞争法的保护。

装潢系对商品外表的装饰，从词语的外延来看，当商品的形状具有美化商品的意义时，也就具有了装潢的意义，故反不正当竞争法对知名商品的特有装潢的保护，不仅指商品包装物上的特有装潢，也包括商品本体的特有装潢，还包括与实际功能可以分离的商品的特有形状。❶ 因此，从现有法律规定来看，实用艺术品是可以通过反不正当竞争法获得保护的，当然，在具体的案件中，原告的相应侵权主张是否成立，其相应的诉请是否会得到支持，还要看是否符合反不正当竞争法的上述规定。

三、实用艺术品著作权法保护和不正当竞争法保护竞合的审理规则

如前所述，在符合法定条件的情况下，实用艺术品既可以获得著作权法保护，要求侵权人承担著作权侵权责任，也可以获得反不正当竞争法的保护，要求侵权人依据反不正当竞争法承担侵权责任。那么，权利人能否基于侵权人的同一行为，同时主张行为人构成著作权侵权和不正当竞争，进而同时承担相应的侵权责任。这实际上涉及请求权竞合或者说责任竞合的问题，对此，理论和实务界有不同的观点，而且从实体法理和程序法理的不同角度，学者们也提出了不同的学说。以侵权损害赔偿请求权和违约损害赔偿请求权竞合问题为例，实体法学者提出了法条竞合说、请求权竞合说、请求权规范基础竞合说等不同的观点，程序法学者则以诉讼标的为切入点，提出了诉讼法说、新实体法说等不同的学说。❷

在该案中，根据一审法院的判决，被告的行为既构成著作权侵权，又构成不正当竞争，即原告认为被告侵犯其著作权和构成不正当竞争的主张都是成立的。那么，原告享有的这两种请求权到底是一种什么关系，两级法院给出了不同的答案。一审法院认为，两者属并行关系，原告可以同时行使两种请求权；而二审法院则认为，行为人基于同一违法行为，产生两种受不同法

---

❶ 参见上海知识产权法院（2017）沪73民终279号民事判决书。

❷ 李磊. 请求权竞合解决新论——以客观预备合并之诉为解决途径［J］. 烟台大学学报（哲学社会科学版），2016（4）.

律规范调整的法律责任,构成法律责任的竞合,权利人应择一提出请求。

应该说,二审法院的观点更为妥当。因为,从权利的保护角度来看,在两种请求权均成立的情况,原告方行使任何一种请求权,其权利均可得到相应的救济,相反,如果允许其同时行使两种请求权,则也会引发重复赔偿的问题;从责任的承担角度来看,不论是基于侵犯著作权还是构成不正当竞争,不论是停止侵害还是损害赔偿责任的承担,被告也只能是单重的,而不能重复承担相应的法律责任。

但需要思考的是,存在权利竞合的情况下,在实体法上认为权利人最终只能行使其中一个请求权,而不能同时行使多个请求权无疑是正确的。但这是否意味着在程序上,权利人只能提起著作权侵权之诉或者不正当竞争之诉。笔者认为,这种做法是不妥当的,因为在法院作出生效判决之前,原告对被告是否享有请求权以及享有何种请求权并不确定,在此时就要求原告作出选择,显然不利于对其合法权利进行保护。比较妥当的做法应该是,允许原告提起预备合并之诉,由原告在由被告承担著作权侵权责任和不正当竞争侵权责任两个诉请中选择一个作为"主位请求",另一个作为"备位请求",法院审理时,应当首先审理原告的"主位请求",如果该请求成立,则不再审理"备位请求";如果"主位请求"不成立,则进一步对"备位请求"作出审判。只有这样,才能实现实体法与程序法的协调,在充分保护权利人合法权利的同时,避免行为人承担过重的法律责任。

案例8 版权登记证书的法律效力及著作权侵权的判定规则

——波娜维瑞有限公司与深圳歌力思服饰股份有限公司著作权权属、侵权纠纷案

> **裁判要旨**

因作品登记并非法定程序，版权登记机构对申请的作品一般不予实质审查，存在申请即登记的情形，故作品登记证书不是赋权和确权的证明，仅证明申请人在申请时持有该作品。因此，被告虽登记作品时间在前，但在原告提出异议并提供相反证据情形下，应进一步举证。

判断作品是否侵权，应当从被诉侵权作品的作者或使用人是否接触过要求保护的权利人作品、被诉侵权作品与权利人的作品之间是否构成"实质性相似"两个方面进行判断。接触是指被诉侵权人有机会接触到、了解到或者感受到权利人享有著作权的作品。权利人的作品通过刊登、展览等方式公开，也可以视为将作品公之于众进行了发表，被诉侵权人依据社会通常情况具有获知权利人作品的机会和可能，可以推定为接触。被告作为生产经营服装、服饰企业，与国际市场接轨，必然关注国际时尚创意产业。原告据以主张权利的作品"Aloof"系列人体模特之6003、6004、6005于2014年2月至5月在国际时尚杂志公开发表，可以推定被告已接触原告据以主张权利的作品。

入选理由

该案是适用我国著作权法对外国实用艺术品进行保护的典型案例,并进一步明确了实用艺术作品受著作权法保护的条件,即实用功能和艺术美感必须能够相互独立,且其能够独立存在的艺术设计具有独创性。这一案例不仅对此类案件的审理具有示范作用,也进一步彰显了我国知识产权司法保护的国际公信力和影响力,提升了我国国际司法形象。

案例索引

一审案号:广东省深圳市福田区人民法院(2015)深福法知民初字第1150号

二审案号:广东省深圳市中级人民法院(2017)粤03民终5661号

基本案情

上诉人(一审被告、反诉原告):深圳歌力思服饰股份有限公司,住所地:广东省深圳市

被上诉人(一审原告、反诉被告):Bonaveri SRL(波娜维瑞有限公司),住所地:意大利琴托市

一审诉辩

Bonaveri SRL(波娜维瑞有限公司)一审向法院起诉请求:(1)被告立即停止侵犯原告著作权的侵权行为,包括判令被告立即停止使用侵权模特产品,并且销毁库存的全部侵权产品,提供其生产商信息并销毁全部的制造侵权产品的模具等相关工具;(2)被告由于著作权侵权行为,赔偿原告的相关经济损失30万元,当庭增加为200万元;(3)被告承担原告调查取证和维权费用

8万元,当庭增加为20万元;(4)被告在《中国证券报》《深圳商报》向原告赔礼道歉,消除影响;(5)诉讼费由被告承担。

深圳歌力思服饰股份有限公司一审反诉请求:(1)原告停止侵犯被告著作权侵权行为,包括原告立即停止生产、销售、展示侵权服装模特产品,并销毁库存全部侵权产品,提供生产、加工商信息并销毁全部的制造侵权产品的模具等相关工具;(2)原告赔偿被告经济损失30万元;(3)原告承担被告维权费用8万元;(4)原告在《上海证券报》《中国服饰报》《服装时报》上刊登承认侵犯被告"优雅歌力思A款""优雅歌力思B款""优雅歌力思C款"版权,并诚恳向被告道歉,消除影响;(5)原告承担全部诉讼费。

一审判决

一审法院认为,该案争议的焦点在于原告的涉案作品"Aloof"系列人体模特之6003、6004、6005与被告的涉案作品"优雅歌力思A、B、C款"哪一个是侵权作品。判断作品是否侵权,应当从被诉侵权作品的作者或使用人是否接触过要求保护的权利人作品、被诉侵权作品与权利人的作品之间是否构成"实质性相似"两个方面进行判断。一审法院根据双方举证,具体评析如下:

一、关于作品登记的问题

原告就涉案作品于2015年7月2日取得中华人民共和国国家版权局国作登字-2015-F-00189805作品登记证书,载明作者及著作权人为原告;创作完成时间:2014年1月1日;首次发表时间:2014年2月5日。被告就涉案作品于2015年4月13日取得广东省版权局粤作登字-2015-F-00002347、00002345、00002346作品登记证书,载明:作者周绍銮,著作权人为被告,首次发表时间2013年10月10日,首次出版/制作日期:2013年9月2日。因作品登记并非法定程序,版权登记机构对申请的作品一般不予实质审查,存在申请即登记的情形,故作品登记证书不是赋权和确权的证明,仅证明申请人在申请时持有该作品。因此，被告虽登记作品时间在前，但在原告提出异议并提供相反证据情形下，应进一步举证。

二、关于作品完成时间及公开发表的问题

原告证人Marco Furlani出庭作证，称其是受原告聘请使用白垩土制作微型雕塑，至2013年12月完成"Aloof"系列模特模具。原告同时提供Emma Davidge书面声明，证称2013年8月1日其公司与原告签订设计服务协议，考虑到提供的是设计服务，原告分3期付款5万英镑。至2014年1月底其忙于"Aloof"系列8个模特的创作概念。Emma Davidge系英国人，属于我国民诉法规定的"证人因路途遥远，交通不便不能出庭的，经人民法院许可，可以通过书面证言方式作证"的情形，其书面证言一审法院予以采信。原告证人Marco Furlani出庭作证以及Emma Davidge的书面证言均证实二人受原告雇请完成"Aloof"系列模特创作，该作品依原告指令创作的，属于职务作品。为证明公开发表，原告提供2014年2月《VOGUE》杂志意大利版刊载"Aloof"系列人体模特之6003雕塑原型；2014年3月《VOGUE》杂志意大利版刊载"Aloof"系列人体模特之6005；2014年4月《Fashion》杂志刊载"Aloof"系列人体模特之6003、6005；2014年5月至6月《FRAME》杂志刊载"Aloof"系列人体模特之6003、6004、6005；2014年7月《VOGUE》杂志刊载"Aloof"系列人体模特之6004。上述杂志为时尚杂志均系公开出版物，可以认定原告在2014年5月将"Aloof"系列人体模特之6003、6004、6005公之于众进行了发表，至迟在2014年5月之前完成了"Aloof"系列人体模特创作。原告提交的上述证据足以证明原告的著作权人身份以及创作、发表过程。被告在广东省版权局办理作品著作权登记时声明"优雅歌力思A款、B款、C款"作者为周绍栾，周绍栾系被告员工。根据案件审理需要，一审法院认为涉案作品作者周绍栾确有必要到庭就案件有关事实接受询问，于2016年3月29日、11月15日先后两次通知被告代理人要求周绍栾作为证人出庭作证；并于2016年11月1日向周绍栾送达出庭通知书，通知其作为证人出庭作证，周绍栾未出庭接受询问。《民事诉讼法》第七十二条第一款规定，凡是知道案件情

况的单位和个人，都有义务出庭作证；《最高人民法院关于民事诉讼证据的若干规定》（法释〔2001〕33号）第六十九条规定，无正当理由未出庭作证的证人证言不能单独作为认定案件事实的依据。根据上述规定，除非有正当理由，证人应当出庭作证。周绍栾出具的证人证言虽经公证，但公证书仅证明申请人在证人证言文书上签字的真实性，对文书中的内容未作实质审查。周绍栾的证人证言涉及该案的关键事实，如"优雅歌力思A款、B款、C款"创作完成的时间、发表的时间、作品登记的时间。对于上述内容，由于周绍栾并未到庭作证，因此其书面证言不能单独作为认定案件相关事实的依据，需要结合其他在案证据予以佐证。周绍栾陈述"优雅歌力思A款、B款、C款"服装模特创作完成的时间在2013年9月，被告提供3款模特设计草图照片打印件，显示拍摄时间为2013年7月；3款模特雕塑框架及成型照片打印件，显示拍摄时间2013年8月、9月。周绍栾陈述3款服装模特2013年国庆假期后在公司门厅展示、2013年圣诞节、2014年元旦后在公司直营店使用，被告提供其使用"优雅歌力思A款、B款、C款"人体服装展示橱窗照片，橱窗使用"Marry CHRISMAS—2013—ELLASSAY"字样标贴。当合议庭询问刻录上述照片的光盘是否作为证据提交时，被告代理人明确表示不作为证据提交。除此之外，被告提交的创作素材、2013年9月媒体对其挺进国际市场的报道、歌力思服装图册均无使用"优雅歌力思A款、B款、C款"人体模特相关证据。由于数码照片对于形成时间可以进行编辑修改，在未提供上述照片原文件予以核对情况下，被告仅提供数码照片打印件记载的时间和橱窗照片显示的时间用于证明上述照片形成时间，一审法院对上述照片真实性不予确认。为证明涉案模特生产情况，被告于2016年3月30日第一次庭审后，向一审法院提交2013年9月9日其与广州美艺展览设计有限公司采购订单，以及2014年1月15日被告向广州美艺模特儿道具有限公司付款11140元付款凭证。与被告签订合同的相对方是广州美艺展览设计有限公司，而被告提交的收款方却是广州美艺模特儿道具有限公司，被告对二者关联关系未作解释，无法证实采购订单实际履行。虽然2013年9月9日采购订单上被告印章形成时间无法鉴定，但该采购订单明确约定被告定做的是"优雅歌力思A款站模、

B款站模、C款坐模"各1套,涉案作品的作者周绍栾证言称"2015年3月公司法务部找到我提出为职务作品办理作品著作权登记,并要求我为作品取名,我将3个作品分别命名为'优雅歌力思A款''优雅歌力思B款''优雅歌力思C款',并撰写了作品创意说明书、作品著作权转让书,自愿将3个职务作品著作权转让给公司",周绍栾确定涉案作品命名时间为其申请登记时的2015年3月,而早在2013年9月的采购订单却注明涉案作品名称,两份证据明显矛盾,一审法院对于被告提交的2013年9月9日采购订单真实性不予确认。综上,由于证据不足,一审法院对于被告反诉所称涉案作品由作者周绍栾2013年6月至9月完成创作并于2013年10月起公开发表的事实不予认定。被告提交的证据不足以证明涉案作品由被告独立创作完成。

三、关于接触的问题

原告证人BORIS出庭作证,证称其是波娜维瑞(香港)有限公司经理,2014年5月被告询问要购买3个不同姿势模特,公司觉得可疑。BORIS当庭登录并提供其boris@bonaverihk.com邮箱部分邮件,显示2014年5月至7月杨乔与施慧洁二人先后与其联系购买"Aloof"人体模特事宜,2014年7月施慧洁最后一封邮件附有原告"Aloof"坐姿模特(6005)、站姿模特(6003、6004)图片,要求购买涉案3款模特各一套;杨乔邮件有被告经营信息的介绍、施慧洁使用的是被告公司邮箱。被告代理人陈述为防止原告侵犯被告的著作权曾有员工通过邮件和原告联系,却未提供该司员工与原告往来邮件予以反证,一审法院认为原告证人BORIS提交的邮件真实有效,可以认定杨乔与施慧洁代表被告曾与原告联系购买涉案"Aloof"系列人体模特之6003、6004、6005的事实。

接触是指被诉侵权人有机会接触到、了解到或者感受到权利人享有著作权的作品。权利人的作品通过刊登、展览等方式公开,也可以视为将作品公之于众进行了发表,被诉侵权人依据社会通常情况具有获知权利人作品的机会和可能,可以推定为接触。被告作为生产经营服装、服饰企业,与国际市场接轨,必然关注国际时尚创意产业。原告据以主张权利的作品"Aloof"系列人体模特之6003、6004、6005于2014年2月至5月在国际时尚杂志公开发表,可以推定被告已接触原告据以主张权利的作品。此后双方往来邮件进一步证实被告接触原告的作品。经比对,原告主张著作权的涉案作品"Aloof"系列人体模特之6003、6004、6005与被告主张著作权的"优雅歌力思A、B、C款"人体模特构成"实质性相似"。综上,一审法院认定被告主张著作权的"优雅歌力思A、B、C款"人体模特抄袭了原告主张著作权的"Aloof"系列人体模特之6003、6004、6005,构成侵权。被告将其登记为"优雅歌力思A、B、C款"著作权人的行为,侵犯了原告就其作品享有的署名权,生产、使用上述侵权产品的行为构成对原告就其作品享有的复制权的侵害。被告就涉案行为应向原告承担停止侵权、消除影响、赔礼道歉、赔偿损失的民事责任。被告应立即停止侵犯原告作品"Aloof"系列人体模特之6003、6004、6005的行为。原告请求被告在《证券时报》公开向其赔礼道歉,从原告举证情况看,被告的侵权行为限于广东省深圳市,所以在《深圳商报》上赔礼道歉足以消除对原告行使涉案作品著作权的影响。原告未能举证证明其因被告的侵权行为所造成的损失和被告因侵权而获得的利润,一审法院综合考虑涉案作品独创程度、被告的主观恶意、被告实施侵权行为的持续时间、经营规模等因素予以酌定。原告主张的公证费、律师费确系该案所需,一审法院予以支持。虽然该案域外证据较多,但原告主张高达10余万元的调查、翻译费显属过高,一审法院考虑该案上述因素和所判赔金额予以酌定。原告主张超出一审法院认定的赔偿数额,一审法院不予支持。我国著作权法规定发表权是指决定作品是否公知于众的权利,一审法院已认定原告发表涉案作品在先,故原告主张被告侵犯其发表权与事实不符,一审法院不予支持。我国著作权法规定发行权是指以出售或者赠与方式向公众提供作品的原件或者复制件的权利,原告无证据证实被告对外出售或赠与涉案作品,故原告主张被告侵犯其发行权一审法院不予支持。关于原告主张的要求被告立即停止生产、销售、展示侵权服装模特产品,并销毁库存全部侵权产品,提供生产、加工商信息并销毁全部的制作侵权产品的模具等相关工具的诉讼请求,由于停止侵权足以制止被告继续使用上述侵权产品,且原告并无证据证实侵权产品现仍客观存在、放置场所以及具体数量,故一审法院不予支持该项诉讼请求。被告关于原告侵犯其著作权的辩解与事实不符,一审法院不予采纳。被告关于原告停止侵权、赔偿损失、赔礼道歉的反诉请求,无事实依据,一审法院均不予支持。

综上,一审法院判决:(1)被告(反诉原告)深圳歌力思服饰股份有限公司应立即停止侵犯原告(反诉被告)Bonaveri SRL(波娜维瑞有限公司)作品"Aloof"系列人体模特之 6003、6004、6005 著作权的行为;(2)被告(反诉原告)深圳歌力思服饰股份有限公司应在该判决发生法律效力之日起 30 日内在《深圳商报》上刊发一则致歉声明,向原告(反诉被告)Bonaveri SRL(波娜维瑞有限公司)赔礼道歉(声明内容须经一审法院核准,中缝除外),逾期不履行的,由一审法院在《深圳商报》上以前述方式公布该判决主要内容,有关费用由被告(反诉原告)深圳歌力思服饰股份有限公司负担;(3)被告(反诉原告)深圳歌力思服饰股份有限公司应于该判决生效之日起 10 日内赔偿原告(反诉被告)Bonaveri SRL(波娜维瑞有限公司)经济损失及为制止侵权行为而支出的合理费用共计 380000 元;(4)驳回原告(反诉被告)Bonaveri SRL(波娜维瑞有限公司)其他本诉请求;(5)驳回被告(反诉原告)深圳歌力思服饰股份有限公司所有反诉请求。

二审判决

深圳市中级人民法院认为,该案系著作权权属、侵权纠纷。该案二审争议焦点为:(1)被上诉人的涉案作品"Aloof"系列人体模特之 6003、6004、6005 与上诉人的涉案作品"优雅歌力思 A、B、C 款"哪个系列是侵权作品;(2)一审判赔经济损失及维权合理费用是否适当;(3)一审判决上诉人向被上诉人赔礼道歉是否妥当。

针对争议焦点一,被上诉人的涉案作品"Aloof"系列人体模特之 6003、6004、6005 与上诉人的涉案作品"优雅歌力思 A、B、C 款"哪个系列是侵权作品。由于双方当事人对于涉案作品"Aloof"系列人体模特之 6003、6004、6005 与"优雅歌力思 A、B、C 款"两个系列对应作品之间的"实质性相似"均予以确认,故二审法院在此就该问题不再讨论。二审法院从以下两方面进行分析：

（1）关于涉案作品的登记、完成及公开发表时间问题。首先，根据双方在我国国家版权局进行的著作权登记信息显示，上诉人就涉案作品的著作权登记日期为2015年4月13日，被上诉人就涉案作品进行著作权登记的日期为2015年7月2日，被上诉人的著作权登记时间晚于上诉人的著作权登记时间。其次，根据被上诉人提交的《VOGUE》杂志图片显示，其在2014年5月将涉案3款人体模特全部公之于众进行了发表，该发表时间可以证明被上诉人最迟在该时间点完成了涉案作品的创作；而上诉人提交的2013年9月9日与广州美艺展览设计有限公司签订的采购订单的真实性，二审法院无法确认，其提交的证人周绍栾的证人证言因其无正当理由未出庭接受质询，故该证人证言的真实性二审法院亦无法确认，故上诉人未能提交相应证据证明涉案作品的最初完成时间和发表时间。

（2）关于接触问题。由于2014年2月至5月被上诉人在《VOGUE》杂志上刊载了涉案作品图片，上诉人与被上诉人均关注国际市场且均为同行业企业，在该《VOGUE》杂志刊载了涉案作品之后不久（2014年5月至7月）上诉人的员工通过电子邮件的方式与被上诉人联系购买被上诉人涉案作品，故二审法院认为，上诉人发送电子邮件的行为足以认定上诉人已经接触到被上诉人涉案作品。

综上，在上诉人接触到被上诉人的涉案作品的情况下，其无法证明涉案作品"优雅歌力思A、B、C款"的最初完成和公开时间，而被上诉人可以证明其就涉案作品"Aloof"系列人体模特之6003、6004、6005的首次完成和公开发表时间早于上诉人进行著作权登记的时间，同时"优雅歌力思A、B、C款"分别与"Aloof"系列人体模特之6003、6004、6005对应款型作品构成实质性相似，故二审法院认定被上诉人依法享有对涉案"Aloof"系列人体模特之6003、6004、6005作品的著作权，上诉人的涉案作品虽然在国家版权局进行了著作权登记注册，但因该登记注册仅系经形式审查而未经实质性审查的行政登记，并不具有确权的绝对性，故即使在上诉人进行了对涉案作品的著作权登记的情况下，该作品按照我国著作权法的规定，依然属于侵害被上诉人"Aloof"系列人体模特之6003、6004、6005作品的侵权作品。上诉人主张其享有涉案作品著作权,一审法院采纳的相关证据均未经过质证程序,被上诉人侵害了其对涉案作品的著作权的请求,无事实和法律依据,二审法院不予采信。一审法院的认定,二审法院予以维持。

针对争议焦点二,一审判赔经济损失及维权合理费用是否适当。由于被上诉人未能举证证明其因上诉人的侵权行为所造成的损失和上诉人因侵权而获得的利润,一审法院综合考虑涉案作品独创程度、上诉人的主观恶意、上诉人实施侵权行为的持续时间、经营规模等因素酌定上诉人赔偿被上诉人经济损失,并无不妥,二审法院予以维持。另外,被上诉人在一审期间主张的公证费、律师费确系该案所必须支出项目,但被上诉人主张的10余万元的调查、翻译费明显过高,一审法院综合考虑上述因素和所判赔金额予以酌定,符合事实和法律规定,二审法院予以维持。上诉人认为该案一审判赔金额过高,但未在二审期间提交相应证据证明,故二审法院对上诉人的该项主张不予采纳。

针对争议焦点三,一审判决上诉人向被上诉人赔礼道歉是否妥当。上诉人主张著作权的"优雅歌力思A、B、C款"人体模特侵害了被上诉人享有著作权的"Aloof"系列人体模特之6003、6004、6005,上诉人将其登记为"优雅歌力思A、B、C款"著作权人的行为,侵犯了被上诉人就涉案作品享有的署名权,故上诉人应就其侵害被上诉人对涉案作品署名权的行为向被上诉人承担消除影响、赔礼道歉的民事责任。一审法院考虑到上诉人的侵权行为限于广东省深圳市,所以判决上诉人在《深圳商报》上赔礼道歉,并无不妥,符合事实和法律规定,二审法院予以维持。上诉人的该项主张,二审法院不予采信。

综上,上诉人深圳歌力思服饰股份有限公司的上诉理由,均缺乏事实和法律依据,二审法院不予采纳。一审判决认定事实清楚,审理程序合法,适用法律正确,应予以维持。依照《民事诉讼法》第一百七十条第一款第(一)项的规定,判决如下:驳回上诉,维持原判。案件受理费人民币27900元,由上诉人深圳歌力思服饰股份有限公司负担。

> **案例解析**

涉案人体模特作为实用艺术品,在具备独创性的情况下,可以作为美术作品而依法获得著作权法的保护。在该案中,双方当事人均认为对方抄袭了自己的作品,侵犯了自己的著作权。因此,该案争议的焦点在于,双方当事人各自的人体模特是否为自行或委托他人创造,对方有无抄袭自己的作品。而要正确解决上述问题,就要正确理解作品登记证书的效力以及著作权侵权判定标准。现以这两个问题为重点,对该案进行讲解和分析。

一、关于作品登记证书的效力

作品基于作者的创作而非基于登记产生。作品登记并非法定程序,作品的登记遵循当事人自愿原则,由当事人自行决定是否登记。对此,国家版权局《作品自愿登记试行办法》第一条规定:"为维护作者或其他著作权人和作品使用者的合法权益,有助于解决因著作权归属造成的著作权纠纷,并为解决著作权纠纷提供初步证据,特制定本办法。"该办法第二条规定:"作品实行自愿登记。作品不论是否登记,作者或其他著作权人依法取得的著作权不受影响。"由此,对于作品登记证书的效力,可以得出以下几个方面的结论:

第一,作品登记证书并不是认定某项客体具有独创性并获得保护的决定性依据。换言之,作品登记证书仅能证明申请人在申请时持有该"作品",但其并不表明申请人持有的"作品"就当然具有独创性而构成著作权法意义上的作品。因此,在个案中,对某项客体是否具有独创性,要由法院作出具体的审查判断。

第二,作品登记证书不是赋权和确权的证明。即便登记的某项客体构成著作权法上的作品,作品登记权利人也不一定就是作者,因此,作品登记权利人并不一定就是著作权人。

第三,作品登记证书的内容具有初步证明的效力。《作品自愿登记试行办法》第一条明确规定,著作权登记的目的是解决著作权纠纷提供初步证据。

所谓初步证据，是相对于绝对证据而言的，指在没有相反证据的条件下成立的证据，它允许当事人通过相反的证据予以推翻，是可以辩驳的证据。❶ 由此可知，作品登记证书具有有限的证明效力，即当事人对某一作品的权属发生争议时，作品登记证书可以初步证明登记作品于登记前由登记登记权利人所创作。当然，对于这一点，对方当事人是可以通过提供相反证据予以推翻的。

在该案中，双方当事人为证实自己为各自人体模特的著作权人，都提供了相应的作品登记证书。但如前所述，该证书仅为初步证据，仅能产生事实上的推定效力，并不足以证明其各自的主张。对于双方当事人具体的创作事实，仍需结合其他证据予以证实。法院根据双方当事人提供的证据，最终认定，涉案作品的著作权归属于波娜维瑞有限公司，这无疑是正确的。

二、关于著作权侵权的判断方法和标准

在权利人主张行为人抄袭了其作品，侵犯了其作品的复制权和演绎权时，权利人以往难以直接证明被控侵权人实施了复制和演绎行为。因为通常情况下，被诉侵权人不可能承认其抄袭行为，权利人不可能提供录像等直接证据，证实被诉侵权人实施了抄袭行为。为了解决这一问题，在中外司法实践中都使用了"接触+实质性相似"的侵权认定公式。根据该公式，如无直接证据证明被诉侵权人实施了复制或演绎行为，但权利人证明了被诉侵权人接触过其在先作品，以及被诉侵权作品与再现作品之间存在表达上的实质性相似，法院就可以认定被诉侵权人实施了未经许可的复制或演绎行为。❷ 根据这一方法，判断作品是否侵权，应当从被诉侵权作品的作者或使用人是否接触过要求保护的权利人作品、被诉侵权作品与权利人的作品之间是否构成"实质性相似"两个方面进行判断。

在该案中，双方当事人对两者的人体模特之间存在实质性相似并无争议。双方当事人争议的焦点在于，谁是在先创作者，另一方当事人是抄袭了在先

---

❶ 尹伟民，刘云龙. 简议海事诉讼中的初步证据［J］. 当代法学，2001（11）.
❷ 王迁. 著作权法［M］. 北京：中国人民大学出版社，2015：421.

创作者的作品，还是自己独立完成的创作。这就涉及接触要件的理解和把握问题。

从理论上来说，在在后作品与在先作品存在实质性相似的情况下，在后作品的产生存在两种可能性：一是该作品作者的独立创作而产生。著作权法并不排斥巧合，如果在后的创作者并没有接触过在先作品，但基于巧合创作出了与在先作品实质性相似的作品，当然不能认定在后创造作者为侵权者。二是该作品的作者复制或者抄袭在先作品而产生。这种情况下，如果在后作品的作者不能举证证实其存在免责抗辩事由，则其行为构成侵权并要依法承担相应的法律责任。因此，有无接触，是侵权认定的重要条件。

正如一审判决所指出的，所谓接触，是指被诉侵权人有机会接触到、了解到或者感受到权利人享有著作权的作品。也就是说，这里的接触虽然可以指"实际接触"，但更多情况下是指"接触的合理可能性"。既然是一种可能性，则表明这种接触的认定是一种推理或者推定，其是可以被推翻的，即被诉侵权人可以提供相应的证据证实其作品系基于其独立的创作而完成，其作品与在先作品的相似之处源于巧合或者对其他作品的共同借鉴。❶ 在该案中，双方当事人是关注国际市场的同行业企业，在该《VOGUE》杂志刊载了涉案作品之后不久（2014年5月至7月），深圳歌力思服饰股份有限公司的员工通过电子邮件的方式与联系购买波娜维瑞有限公司的涉案作品，这足以认定深圳歌力思服饰股份有限公司对在先作品已经存在接触，而深圳歌力思服饰股份有限公司提供的证据不足以证实其系基于独立创作而完成涉案被诉侵权产品的设计，故法院认定其构成侵权，无疑是正确的。

---

❶ 王迁.著作权法［M］.北京：中国人民大学出版社，2015：421.

第三部分　涉外商标权及不正当竞争纠纷

案例9　驰名商标的认定规则

——ZER中央服务商贸股份有限公司与中山市欧博尔电器有限公司侵害商标权及不正当竞争纠纷案

> **裁判要旨**

驰名商标的认定应遵循被动、因需、个案、事实认定原则，而企业亏损原因复杂，仅仅反映企业一定时期生产经营成果，与使用的商标是否驰名没有必然的联系。因此，企业亏损与否不是认定商标驰名的必要考量因素。

驰名商标司法认定是在个案中为保护驰名商标权利的需要而进行的法律要件事实的认定，属于认定事实的范畴。根据商标法有关规定，只有在审理涉及驰名的注册商标跨类保护、请求停止侵害驰名的未注册商标以及有关企业名称与驰名商标冲突的侵犯商标权和不正当竞争民事纠纷案件中，才可以认定驰名商标。对于不以商标驰名为事实依据、不符合因需认定原则的被诉侵权商标或者不正当竞争行为的成立，人民法院依法不予审查涉案商标是否驰名。

对于抢注域名侵害他人的商标民事权益的认定，应从案件事实出发，严格适用《最高人民法院关于审理涉及计算机网络域名民事纠纷案件适用法律若干问题的解释》（法释〔2001〕24号）。对于注册、使用的域名与他人的注册商标相同或近似，且无正当的注册、使用理由，并足以造成相关公众误认的，应认定为恶意注册、使用域名。

人民法院在确定其侵权赔偿数额时，不仅以存在被诉侵权产品实物及其实际销售为依据，在没有相反证据推翻情况下，被告网站宣称的销售额和原告必然存在的维权费用也可作为判赔依据。

入选理由

该案是我国提出"一带一路"倡议后，广东法院受理的第一起"一带一路"倡议沿线国家（土耳其）的知识产权司法保护案例。纵观司法实务，由于法律对驰名商标的构成要件只给出了需要考量的因素而没有具体的量化规定，因此司法认定驰名商标已成为知识产权审判实践中的热点和难点问题。该案重申了驰名商标司法"个案认定、被动保护"原则，防止当事人肆无忌惮利用驰名商标认定追逐其他不正当利益，保证启动驰名商标的司法认定程序严肃性。该案被诉侵权商标或者不正当竞争行为的成立，不以商标驰名为事实依据，不符合因需认定原则，因此人民法院不予审查涉案商标是否驰名。此外，该案涉诉商标流转使用情况复杂，认定使用网络域名行为是否构成侵权或不正当竞争亦非易事，权利人举证难度和维权成本也是该案作出裁判所考虑的依据。该案权利人在难以确定侵权损失，又未获取被诉侵权产品实物和被诉侵权产品的实际销售依据的情况下，根据诚实信用原则，将被告侵权的网络证据作为判赔依据，运用裁量权作出了全额支持权利人赔偿请求的改判。该案系厘清驰名商标认定规则、彰显"创新驱动发展"国家战略司法导向、成为破解知识产权赔偿难题的典型案例。二审法院的改判，乃程序正义和实体正义的有机结合，对于展示我国知识产权司法保护大国视野和平等姿态，创建我国良好的知识产权保护环境，推动"一带一路"倡议沿路国家建设具有重要意义。

案例索引

一审案号：广东省广州市中级人民法院（2014）穗中法知民初字第140号民事判决

二审案号：广东省高级人民法院（2016）粤民终1954号

案例 9
驰名商标的认定规则

> 基本案情

上诉人（一审原告）：ZER 中央服务商贸股份有限公司（以下简称"ZER 公司"）

上诉人（一审被告）：中山市欧博尔电器有限公司（以下简称"欧博尔公司"）

一审诉请

2014 年 3 月 28 日，ZER 公司向一审法院起诉请求：（1）判定欧博尔公司侵犯 ZER 公司第 1301945 号、1323880 号、1361801 号、7022261 号、7022524 号 BEKO 注册商标专用权；（2）判令欧博尔公司注销域名 obeko.com 和 obeko.cn；（3）判令欧博尔公司立即停止商标侵权及不正当竞争行为，包括但不限于：判令欧博尔公司停止在其公司名称、域名、网站、办公场所、产品及宣传材料、展销会以及其他商业活动中使用 BEKO 或与之相似的商标；（4）判令欧博尔公司赔偿 ZER 公司合理费用支出及损失额共计 100 万元人民币；（5）该案诉讼费由欧博尔公司承担。

一审裁判

一审法院认为，该案系商标权侵权纠纷，该案纠纷涉及三个问题：第一，案涉的"BEKO"商标是否为驰名商标；第二，欧博尔公司的行为是否侵害 ZER 公司的商标专用权；第三，欧博尔公司的行为是否对 ZER 公司构成不正当竞争。

关于 ZER 公司案涉的"BEKO"商标是否为驰名商标的问题。在该案中，ZER 公司主张案涉"BEKO"商标为驰名商标，根据《商标法》第十四条❶及

---

❶《商标法》经 2001 年、2013 年和 2019 年修正，不同案例适用版本不同，作者不再一一标出，下文不再赘述。

《最高人民法院关于审理涉及驰名商标保护的民事纠纷案件应用法律若干问题的解释》(法释〔2009〕3号)第五条、第七条、第八条的相关规定,欧博尔公司对案涉"BEKO"商标是驰名商标事实提出异议,而ZER公司对于使用该商标的市场份额、销售领域、利税、宣传或者促销活动的方式、持续时间、程度、资金投入和地域范围、市场声誉等应承担举证责任,根据ZER公司所提交的证据,其2008年至2012年的审计报告显示ZER公司的主营业务收入连续5年发生亏损,其中2008年审计报告的保留意见段载明"……主要生产线实际产量显著低于正常生产能力。"另外,ZER公司提交的销售合同和西欧市场排名等证据不能证明其在中国的市场份额以及在相关公众中享有较高的声誉和市场知名度。故ZER公司主张涉案"BEKO"商标为驰名商标依据不足,一审法院不予支持。

关于欧博尔公司的被控侵权行为是否侵害ZER公司注册商标专用权的问题。ZER公司是BEKO注册商标的专用权人,案涉的5个商标均处于有效保护期内,依法应当受法律保护。鉴于欧博尔公司对ZER公司提交的上述公证书的真实性没有异议,亦承认其注册了www.obeko.cn和www.obeko.com两个域名,故一审法院对欧博尔公司注册了涉案域名以及在企业英文名称和产品上使用"Obeko"和"◉-BEKO"标识的行为予以确认。对是否对商标造成侵权的判定,首先是对比被控侵权商品使用标识与注册商标之间是否相同或近似,从而判定是否造成相关公众的混淆。根据《最高人民法院关于审理商标民事纠纷案件适用法律若干问题的解释》(法释〔2002〕32号)第九条的规定,商标相同,是指被控侵权的商标与ZER公司的注册商标相比较,二者在视觉上基本无差别。商标近似,是指被控侵权的商标与ZER公司的注册商标相比较,其文字的字形、读音、含义或者图形的构图及颜色,或者其各要素组合后的整体结构相似,或者其立体形状、颜色组合近似,易使相关公众对商品的来源产生误认或者认为其来源与原告公司注册商标的商品有特定的联系。在该案中,欧博尔公司分别于2010年7月12日和2010年8月2日注册了域名www.obeko.cn和www.obeko.com,域名的主要部分obeko和obeko均包含ZER公司注册商标BEKO,视觉上并无明显差异,容易使相关公众产生误认和混淆，其与 ZER 公司的注册商标 BEKO 构成了近似。欧博尔公司在其产品绞肉机上面使用的"⊕-BEKO"标识，起到商标标识作用，与原告公司注册商标同在第 7 类、第 11 类商品或近似商品上使用，商标标识"⊕-BEKO"与注册商标"BEKO"亦构成近似。根据《商标法》（2001 年修正）第五十二条之规定："有下列行为之一的，均属侵犯注册商标专用权：（一）未经商标注册人的许可，在同一种商品或者类似商品上使用与其注册商标相同或者近似的商标的；……（五）给他人的注册商标专用权造成其他损害的。"《最高人民法院关于审理商标民事纠纷案件适用法律若干问题的解释》（法释〔2002〕32 号）第一条规定："下列行为属于商标法第五十二条第（五）项规定的给他人注册商标专用权造成其他损害的行为：……（三）将他人注册商标相同或者近似的文字注册为域名，并且通过该域名进行相关商品交易的电子商务，容易使相关公众产生误认的。"故在该案中，未经 ZER 公司的许可，欧博尔公司注册域名 www.obeko.cn 和 www.o-beko.com 并且通过该域名进行相关商品交易的电子商务的行为侵害了 ZER 公司的商标专用权。其在相同或类似的商品上使用与 ZER 公司注册商标"BEKO"近似的商标标识的行为侵犯了 ZER 公司第 1301945 号、第 1361801 号注册商标专用权。另外，欧博尔公司的企业字号是中文的欧博尔，其用英文描述的企业名称为"Zhongshan City O-beko Electrical Appliances Co., Ltd."，其中，O-beko 作为英文企业字号并未在其产品上突出使用，因此，并不构成《最高人民法院关于审理商标民事纠纷案件适用法律若干问题的解释》（法释〔2002〕32 号）第一条第（一）项将与他人注册商标相同或者相近似的文字作为企业的字号在相同或者类似商品上突出使用，容易使相关公众产生误认之情形，故对 ZER 公司要求欧博尔公司停止在其公司名称中使用 BEKO 或与之相似的商标的诉讼请求一审法院不予支持。

关于欧博尔公司在其企业英文名称中使用"O-beko"是否对 ZER 公司构成不正当竞争的问题。根据《反不正当竞争法》第二条之规定，经营者在市场交易中，应当遵循自愿、平等、公平、诚实信用的原则，遵守公认的商业道德。判断欧博尔公司的被控侵权行为是否构成不正当竞争应当考虑以下因素：(1) 欧博尔公司主观上是否具有攀附 ZER 公司商誉、搭便车的故意；(2) 欧博尔公司在其企业英文名称中使用"O-beko"客观上是否会造成消费者混淆。在该案中，欧博尔公司的企业字号是中文的欧博尔，其用英文描述的企业名称为"Zhongshan City O-beko Electrical Appliances Co., Ltd."，虽其使用了 O-beko 作为英文字号，但根据 ZER 公司提供的欧博尔公司网站的相关公证书显示，欧博尔公司在其公司网页上明确标示其公司名称是中山市欧博尔电器有限公司，而 ZER 公司在中国成立的公司对应的企业字号是倍科，一审法院认为，欧博尔公司使用了"O-beko"作为英文字号不足以使相关公众对产品的来源产生误认和混淆。且 ZER 公司提供的现有证据无法证明其 BEKO 品牌在相关公众中享有较高的声誉和市场知名度，即无法证明欧博尔公司主观上有攀附 ZER 公司商誉"搭便车"的意图。故 ZER 公司主张欧博尔公司在其公司的英文名称中使用"O-beko"的行为构成不正当竞争缺乏理由及依据，一审法院不予支持。

关于赔偿损失的数额，根据《商标法》第五十六条的规定，侵犯商标专用权的赔偿数额，为侵权人在侵权期间因侵权所获得的利益，或者被侵权人在被侵权期间因被侵权所受到的损失，包括被侵权人为制止侵权行为所支付的合理开支。该案 ZER 公司虽提供了公证书拟证明欧博尔公司的侵权收入，但欧博尔公司抗辩称网页上的所宣称的年销售额只是出于宣传目的，且 ZER 公司未能证实欧博尔公司网站上的年销售额全部都是侵权收入，并且未提供其他证据予以佐证。鉴于因侵权造成的直接损失或因侵权所得利润难以计算确定，故一审法院依法酌定欧博尔公司的赔偿数额。一审法院根据欧博尔公司侵权行为的性质、经营规模、持续的时间、被侵害注册商标的品种、市场价格、商标的知名程度以及 ZER 公司为制止侵权行为支出的合理费用等因素，酌情判定欧博尔公司赔偿额为 100000 元（含为制止侵权行为支出的合理费用），ZER 公司诉讼请求超出 100000 元外的赔偿数额，一审法院不予支持。

综上所述，依照《商标法》（2001 年修正）第五十二条第（一）项、第（五）项、第五十六条，《最高人民法院关于审理商标民事纠纷案件适用法律若干问题的解释》（法释〔2002〕32 号）第一条第（三）项、第九条之规定，一审法院判决：(1) 欧博尔公司于判决发生法律效力之日起，立即停止使用含有"obeko""o-beko"字样的域名；(2) 欧博尔公司于判决发生法律效力之日起，立即停止侵害 ZER 公司第 1301945 号、第 1361801 号注册商标的行为，即欧博尔公司立即停止在其网站和产品上使用"●-BEKO"标识；(3) 欧博尔公司于判决生效之日起 10 日内，赔偿 ZER 公司经济损失 100000 元；驳回 ZER 公司的其他诉讼请求。一审案件受理费 13900 元，由 ZER 公司负担 11610 元，欧博尔公司负担 1390 元。

二审判决

二审法院认为，该案为侵害商标权及不正当竞争纠纷。ZER 公司在一审中明确指控欧博尔公司的行为构成不正当竞争，且提出了要求欧博尔公司停止不正当竞争行为的诉讼请求，一审法院将该案案由仅仅定性为侵害商标权纠纷不当，二审法院予以纠正。《最高人民法院关于适用〈中华人民共和国民事诉讼法〉的解释》（法释〔2015〕5 号）第三百二十三条规定："第二审人民法院应当围绕当事人的上诉请求进行审理。当事人没有提出请求的，不予审理，但一审判决违反法律禁止性规定，或者损害国家利益、社会公共利益、他人合法权益的除外。"ZER 公司在该案一审中以 5 项商标权主张权利，一审法院认定欧博尔公司注册、使用的域名以及使用的"●-BEKO"标识侵害了 ZER 公司第 1301945 号和第 1361801 号商标权，ZER 公司上诉没有提出欧博尔公司停止侵害其另 3 项商标权的请求，是其对自己民事权利的处分，二审法院对欧博尔公司是否侵害 ZER 公司另 3 项商标权不予审理。综合当事人双方的上诉请求、依据的事实和理由，二审法院二审争议的焦点问题是：(1) 应否认定 ZER 公司本案商标为驰名商标；(2) 欧博尔公司是否使用了"●-BEKO""●-BEKO"标志并侵害了 ZER 公司商标权；(3) JP 欧博尔公司使用域名是否侵害 ZER 公司商标权；(4) 欧博尔公司英文企业名称使用英文字号"OBEKO"是否构成对 ZER 公司的不正当竞争；(5) 一审判赔数额是否合理。

（一）关于应否认定 ZER 公司本案商标为驰名商标的问题

ZER 公司上诉提出该案应认定其主张权利的 5 项商标为驰名商标，一审法院未予认定是错误的。二审法院认为，该案被诉侵权行为发生在 2001 年修正的《商标法》施行期间，应适用行为时的法律。2001 年修正的《商标法》第十四条规定，认定驰名商标应当考虑下列因素：

（一）相关公众对该商标的知晓程度；（二）该商标使用的持续时间；（三）该商标的任何宣传工作的持续时间、程度和地理范围；（四）该商标作为驰名商标受保护的记录；（五）该商标驰名的其他因素。根据 2009 年 5 月 1 日施行的《最高人民法院关于审理涉及驰名商标保护的民事纠纷案件应用法律若干问题的解释》（法释〔2009〕3 号）第一条、第二条、第三条、第五条、第七条、第八条规定，驰名商标是指在中国境内为相关公众广为知晓的商标。人民法院在民事诉讼案件涉及驰名商标的认定，不能只从一个市一个省的区域范围来考量，必须从全国范围来考量；不能只从案件诉讼双方的商品及商标孰优孰劣来考量，必须在全国全行业的范围内对其是否广为公众知晓进行考量。对于驰名商标的认定应遵循被动、因需、个案、事实认定原则。人民法院不主动进行驰名商标的司法认定，只有当事人主张的情况下，才考量驰名商标的司法认定问题。只有以违反《商标法》第十三条的规定为由提起的侵犯商标权诉讼、以企业名称与其驰名商标相同或者近似为由提起的侵犯商标权或者不正当竞争诉讼、需要对被告主张原告的注册商标是复制、摹仿或者翻译其在先未注册驰名商标为由抗辩或者反诉的商标侵权诉讼，人民法院根据案件具体情况认为确有必要，才对所涉商标是否驰名商标作出认定。对于被诉侵犯商标或者不正当竞争行为的成立不以商标驰名为事实依据，被诉侵犯商标权或者不正当竞争行为因不具备法律规定的其他条件而不成立的民事纠纷案件，人民法院对于所涉商标是否驰名不予审查。也就是说，人民法院只在一般的商标侵权或者不侵权抗辩无法保护商标权人利益，根据当事人的请求，需要跨类进行商标权保护的情况下，才启动驰名商标的司法认定程序。驰名商标的认定只能是个案的，仅作为案件事实和裁判的理由。当事人主张商标驰名的，应当提供使用该商标的商品的市场份额、销售区域、利税等；该商标的持续使用时间；该商标的宣传或者促销活动的方式、持续时间、程度、资金投入和地域范围；该商标曾被作为驰名商标受保护的记录；该商标享有的市场声誉；证明该商标已属驰名的其他事实。商标所涉及的商标使用的时间、范围、方式等，包括其核准注册前持续使用的情形；对于商标使用时间长短、行业排名、市场调查报告、市场价值评估报告、是否曾被认定为著名商标等证据，人民法院应当结合认定商标驰名的其他证据，客观、全面地进行审查。

具体到该案，ZER公司在该案一审、二审中均明确要求认定涉案商标为驰名商标，因此，涉案商标符合被动认定原则。ZER公司该案主张权利的5项商标分别注册于第7类、第9类、第11类，其中第1301945号 BEKO 注册商标核定使用的第7类商品包括洗衣机、机械加工装置、制食品用电动机械、厨房用电动机器等；第1361801号 BEKO 注册商标核定使用的第11类商品包括冰箱、加热装置、烹调器具、炉子、烤箱、微波炉（厨房用具）等；1323880号 BEKO 注册商标核定使用的第9类商品包括电子仪器及仪表等；第7022261号 BEKO ❶ 注册商标和第7022524号 BEKO 注册商标核定使用的第11类商包括加热设备、烘烤器具（烹调器具）等。欧博尔公司被诉侵权标识使用状态主要为：（1）在公司网页，包括公司及公司产品介绍页面、网页所示办公楼照片，宣传画册及宣传画册所示办公楼照片上和网页所示绞肉机产品上使用"●-BEKO"标志；（2）在介绍绞肉机产品、豆芽机产品时使用"O-BEKO"作为产品的品牌名称；（3）在"光波炉配件"产品页面中使用了"Obeko"作为产品的品牌名称；（4）将标识"O-beko Electrical Appliances Co., Ltd."标记在光波炉产品图片上；（5）将"●-BEKO"和"Zhongshan City O-Beko Electrical Appliances Co., Ltd."一并使用在产品介绍页面；（6）英文企业名称"Zhongshan City O-Beko Electrical Appliances Co., Ltd."单独或者与中文企

---

❶ 此商标为蓝底彩色商标，因黑白印刷，故不作区分，以实际为准。

业名称一并使用；（7）欧博尔公司注册并使用域名 www.obeko.cn 和 www.o-beko.com 宣传推销欧博尔公司和产品。欧博尔公司经营范围为生产销售家用电器等，其宣传推销的产品亦在家用电器范畴。以上明确具体使用被诉侵权标识的产品绞肉机可归属于厨房用电动机器，豆芽机产品可归属于制食品用电动机械，与第 1301945 号"BEKO"注册商标核定使用的第 7 类商品属于相同类别的商品；以上明确具体使用被诉侵权标识的产品光波炉属于加热装置，可归属于第 1361801 号、第 7022261 号和第 7022524 号"BEKO"注册商标核定使用的第 11 类商品范畴。商标的禁用权范围大于使用权范围。鉴于欧博尔公司使用上述被诉侵权标识介绍的产品均为其经营范围所涉家用电器，尤其是厨电产品，与该 4 项商标核定使用的商品是相同或者类似商品。该案欧博尔公司被诉侵犯商标或者不正当竞争行为的成立并不以 ZER 公司商标驰名为事实依据，不符合商标法律要求的因需认定原则要求。该案 ZER 公司注册商标已经足以保护其权利，无须对涉案商标是否驰名作出认定。ZER 公司上诉提出应认定涉案商标为驰名商标的上诉理由不成立，二审法院不予支持。一审法院未对该案是否有必要认定驰名商标进行审查，直接对 ZER 公司的商标是否具备驰名的事实进行审查不当，二审法院予以纠正。

需要指出的是，商标驰名的事实，不适用民事诉讼证据的自认规则。当事人主张商标驰名的，应当就驰名的事实进行举证。因此，退一步而言，即使涉案商标需要跨类保护从而需要进行商标驰名与否的审查，也应根据前述规定对于商标驰名的事实进行审查。具体到该案，ZER 公司应当提供使用"BEKO"商标的商品的市场份额、销售区域、利税、"BEKO"商标的持续使用时间、"BEKO"商标宣传或者促销活动的方式、持续时间、程度、资金投入和地域范围、"BEKO"商标曾被作为驰名商标受保护的记录、"BEKO"商标享有的市场声誉等证明该商标驰名的事实。但是，该案并无证据证明"BEKO"商标有被认定为驰名商标、知名商标或者著名商标的记录，无"BEKO"商标曾被作为驰名商标受保护的记录，也无使用"BEKO"商标的商品在我国的市场份额、利税、行业排名、市场调查报告、市场价值评估报告证据。ZER 公司提交的证据中相当部分证据包括广告合同、销售合同、纸媒推广合同、发票、获奖证书，均为复印件，欧博尔公司又不予认可。而且即使属实，如 ZER 公司所述，"BEKO" 商标在我国 10 余个省市有宣传记录，其影响力也仅限于局部区域性影响，难以证明 BEKO 品牌在全国范围内有高知名度和良好市场声誉，应认定为驰名商标。因此，ZER 公司在该案中提交的证据尚不足以证明 "BEKO" 商标为在中国境内为相关公众广为知晓的商标。一审法院对此结论正确。但是，一审法院以 ZER 公司所提交的常州倍科公司 2008 年至 2012 年的审计报告显示常州倍科公司的主营业务收入连续 5 年发生亏损为不予认定 "BEKO" 商标为驰名商标的理由不当。企业亏损原因众多，与使用的商标是否驰名没有必然的联系。驰名商标既承载了商品的知名度，也承载了商品的美誉度，关系到商品的商誉和企业的声誉。一般而言，知名度、美誉度越高的商品，盈利能力越强，因而盈利越多。但是企业整体是否最终盈利，与企业的整体管理运营成本、经营策略、产品的性能定价是否适销对路、市场的调整波动等密切相关，与企业是否有驰名商标没有必然的联系。企业整体亏损还是盈利不是认定驰名商标的必要因素。商标在中国境内为相关公众广为知晓且享有良好的市场声誉才是认定驰名商标的必要事实条件。只有企业的亏损直接关系到商标的知名度和产品声誉的情况下，才可以作为考量因素。但即使在此种情况下，亏损只是果而非因，不予认定为驰名商标的原因仍然不是企业亏损，而是基于商标的知名度和产品声誉不高的事实。因此，ZER 公司上诉提出一审法院以企业亏损为由不予认定涉案商标为驰名商标的上诉有理，二审法院予以支持。

（二）关于欧博尔公司是否使用了 "⊕-BEKO""O－BEKO""OBEKO" 标志并侵害了 ZER 公司商标权的问题

ZER 公司上诉提出一审法院漏审欧博尔公司在网站上使用 "⊕-BEKO" "OBEKO""O－BEKO" 标识的行为，应认定其构成商标侵权。欧博尔公司上诉认为 "OBEKO" 与 "BEKO" 首字母发音及字形明显不同，相应音译不同，不是近似商标；欧博尔公司使用 "OBEKO" 商标早于 ZER 公司获得涉案商标权时间，不构成商标侵权。对此，二审法院认为，首先，ZER 公司关于漏审的部分上诉理由属实。该案一审法院已经查明欧博尔公司在绞肉机产品和网页的显著位置使用"◉-BEKO"商标的事实并判令欧博尔公司停止在其网站和产品上使用"◉-BEKO"标识,因此,ZER公司上诉提出一审法院漏审该标识不全面。欧博尔公司网页所示办公楼照片、宣传画册及宣传画册所示办公楼照片以及产品介绍页面使用了"◉-BEKO"标识,欧博尔公司在网站使用"OBEKO"作为绞肉机、豆芽机品牌名称,在"光波炉配件"产品页面中使用"Obeko"作为产品品牌名称的事实,一审法院均未予以查明属实。该案还应认定欧博尔公司存在使用"O-BEKO""OBEKO"标识的行为。其次,根据《最高人民法院关于审理商标民事纠纷案件适用法律若干问题的解释》(法释〔2002〕32号)第九条、第十条的规定,商标近似是指被控侵权的商标与原告的注册商标相比较,其文字的字形、读音、含义或者图形的构图及颜色,或者其各要素组合后的整体结构相似,或者其立体形状、颜色组合近似,易使相关公众对商品的来源产生误认或者认为其来源与原告公司注册商标的商品有特定的联系;认定商标近似应以相关公众的一般注意力为标准;既要进行对商标的整体比对,又要进行对商标主要部分的比对,比对应当在比对对象隔离的状态下分别进行;判断商标是否近似,应当考虑请求保护注册商标的显著性和知名度。"BEKO"并非通用词汇,其固有显著性较强。该商标使用在常州倍科公司和上海倍科公司经营的"BEKO"家用电器产品上,先后进入国美电器有限公司及广东、福建、浙江、辽宁、重庆等省、直辖市卖场进行销售,并在娱乐频道栏目等介质获得推广。"BEKO"品牌产品从2009年到2012年的销售数量和营业收入逐年递增,年销量由几万台到20余万台,营业收入由4000余万元到2亿多元。该商标在家用电器尤其洗衣机和冰箱上使用时间较长,有一定使用范围,在相关公众中具有较高知名度。欧博尔公司使用的"◉-BEKO""O-BEKO""OBEKO"标识与"BEKO"仅存在一字之差,前者仅在后者的基础上简单添加前缀图形或者字母,文字的字形、读音、含义,各要素组合后的整体结构相似,使用在相同或者类似的家用电器商品上,易使相关公众对商品的来源产生误认或者认为其来源与ZER公司注册商标的商品有特定的联系。最后,ZER公司虽然受让第1301945号和第1361801号注册商标日期在欧博尔公司成立之后,但该两"BEKO"商标注册、使用日期在欧博尔公司成立之前。商标持续使用积累的商誉应由被诉侵权行为发生时的商标权人 ZER 公司享有。欧博尔公司对于前述"🌐-BEKO""O-BEKO""OBEKO"标识的使用行为构成对 ZER 公司该两商标权的侵害。此外，2001 年修正的《商标法》第九条规定，申请注册的商标，不得与他人在先取得的合法权利相冲突。保护合法的在先权利是知识产权法律的重要原则。商标注册人申请商标注册前，他人已经在同一种商品或者类似商品上先于商标注册人使用与注册商标相同或者近似并有一定影响的商标的，注册商标专用权人无权禁止该使用人在原使用范围内继续使用该商标。欧博尔公司称其使用"OBEKO"商标的时间早于 ZER 公司获得涉案商标权，并无证据证明。该案证据证明欧博尔公司的成立时间在 ZER 公司受让"BEKO"商标之前，但欧博尔公司未提交任何证据证明在 2011 年 7 月 27 日 ZER 公司受让"BEKO"商标之前，欧博尔公司已经在同一种商品或者类似商品上使用了"OBEKO"商标，更无证据证明此前"OBEKO"商标已有一定影响。因此，ZER 公司提出欧博尔公司使用了"🌐-BEKO""O-BEKO""OBEKO"标识并侵害了 ZER 公司第 1301945 号和第 1361801 号注册商标专用权的上诉有据，二审法院予以支持。欧博尔公司提出其未侵害 ZER 公司商标权的上诉理由不成立，二审法院不予支持。

（三）关于欧博尔公司使用域名是否侵害 ZER 公司商标权的问题

《最高人民法院关于审理涉及计算机网络域名民事纠纷案件适用法律若干问题的解释》（法释〔2001〕24 号）第四条、第八条规定，人民法院审理域名纠纷案件，被告域名或其主要部分与原告的注册商标相同或近似，足以造成相关公众的误认；被告对域名或其主要部分不享有权益，也无注册、使用该域名的正当理由；被告对域名的注册、使用具有恶意的，应当认定被告注册、使用域名等行为构成侵权或者不正当竞争。人民法院认定域名注册、使用等行为构成侵权或者不正当竞争的，可以判令被告停止侵权、注销域名。《最高人民法院关于审理商标民事纠纷案件适用法律若干问题的解释》（法释〔2002〕32 号）第一条第（三）项规定，将与他人注册商标相同或者相近似的文字注册为域名，并且通过该域名进行相关商品交易的电子商务，容易使相关公众产生误认的,属于商标法第五十二条第(五)项规定的给他人注册商标专用权造成其他损害的行为。欧博尔公司分别于 2010 年 7 月 12 日和 2010 年 8 月 2 日注册了域名 www.obeko.cn 和 www.o-beko.com,域名的主要部分"obeko"和"o-beko"均包含 ZER 公司受让的在先注册使用的第 1301945 号和第 1361801 号"BEKO"注册商标标识的全部内容。"Obeko"为臆造词,并无固定含义,其与欧博尔公司的音译并不对应。欧博尔公司注册该域名时,与之近似的第 1301945 号和第 1361801 号"BEKO"商标在家电类产品上已经注册并使用多年。欧博尔公司并无持有该域名的正当理由,其注册该与他人注册、使用在先并有一定知名度的注册商标"BEKO"近似的域名,难谓正当。欧博尔公司在该域名下的网页中大量使用侵害 ZER 公司第 1301945 号和第 1361801 号"BEKO"注册商标专用权的标识"◉-BEKO""O-BEKO""OBEKO"推销自己和自己经营的相同、类似商品,通过该域名进行相关商品交易的电子商务,容易使相关公众产生误认,其对该域名的使用也难谓善意。欧博尔公司并未举证证明在该案纠纷发生前其所持有的域名已经获得一定的知名度,且能与 ZER 公司的注册商标相区别。该案应当认定欧博尔公司使用的域名侵害了 ZER 公司第 1301945 号和第 1361801 号"BEKO"注册商标专用权。欧博尔公司称其域名未侵害 ZER 公司商标权的上诉理由不成立,二审法院不予支持。

(四)关于欧博尔公司英文企业名称使用英文字号"O-BEKO"是否构成对 ZER 公司的不正当竞争的问题

《最高人民法院关于审理商标民事纠纷案件适用法律若干问题的解释》(法释〔2002〕32 号)第一条第(一)项规定,将与他人注册商标相同或者相近似的文字作为企业的字号在相同或者类似商品上突出使用,容易使相关公众产生误认的,属于商标法第五十二条第(五)项规定的给他人注册商标专用权造成其他损害的行为。经营者实施足以引人误认为是他人商品或者与他人存在特定联系的混淆行为,将他人注册商标作为企业名称中的字号使用,误导公众,构成不正当竞争行为的,依照反不正当竞争法处理。对于企业名称构成何种侵权,一般以是否突出使用为界。企业名称因突出使用而侵犯在先注册商标专用权的，依法按照商标侵权行为处理；企业名称未突出使用但其使用足以产生市场混淆、违反公平竞争的，依法按照不正当竞争处理。

企业名称的登记应当符合法律和行政法规的规定。《企业名称登记管理规定》第六条、第八条规定，企业只准使用一个名称；企业名称应当使用汉字；企业使用外文名称的，其外文名称应当与中文名称相一致，并报登记主管机关登记注册。企业名称的使用，应当符合诚实信用原则，不得损害他人的合法权利。欧博尔公司英文企业名称的产生和使用，均不符合法律的规定。第一，欧博尔公司并无使用该英文企业名称的依据。欧博尔公司并非外资企业。该案没有证据证明欧博尔公司经登记主管机关登记注册了英文企业名称。欧博尔公司使用英文企业名称"Zhongshan City O‐Beko Electrical Appliances Co，Ltd."作自我宣传，无合法依据，构成擅自使用。第二，欧博尔公司违反了企业只准使用一个名称的规定。欧博尔公司英文企业名称与其中文企业名称不对应，中英文名称不一致。第三，欧博尔公司没有使用该英文企业名称的正当理由。企业名称是市场识别标志，其核心识别元素是字号。欧博尔公司的英文企业名称中的英文字号"O‐beko"与其中文字号"欧博尔"不能对应，但与ZER公司该案注册使用在先并在相关公众中具有一定知名度和市场声誉的"BEKO"商标对应。欧博尔公司不能说明其使用该英文字号的正当理由。第四，欧博尔公司对于该未经登记注册的英文企业名称，亦未规范使用。欧博尔公司在网页醒目"●-BEKO"标志下，将该英文名称与中文名称并用；在光波炉等产品图片上标记"O‐beko Electrical Appliances Co．，Ltd．"，将英文企业名称进行去行政区域简化使用，突出其英文字号"O‐beko"；或将其英文企业名称与"●-BEKO"标识并用介绍产品，强化"O‐beko"的品牌属性，已经明显逾越对于企业名称正当善意使用的界限。欧博尔公司使用英文企业名称违背了诚实信用原则，攀附了"BEKO"商标商誉，容易造成相关公众产生该英文企业名称所指示的欧博尔公司和"BEKO"商标权人存在关联关系的混淆误认，"搭便车"意图明显。欧博尔英文企业名称虽未突出使用，但其包含了"O‐beko"标识，其使用足以产生市场混淆，违反公平竞争规则,应被认定构成不正当竞争。ZER 公司提出欧博尔公司在英文企业名称中使用"O-Beko"标识构成不正当竞争的上诉理由成立,二审法院予以支持。

(五) 关于一审判赔数额是否合理的问题

ZER 公司上诉提出一审判赔数额不合理。二审法院认为,该案欧博尔公司被诉行为构成商标侵权和不正当竞争。根据2001年修正的《商标法》第五十六条规定,侵犯商标专用权的赔偿数额,为侵权人在侵权期间因侵权所获得的利益,或者被侵权人在被侵权期间因被侵权所受到的损失,包括被侵权人为制止侵权行为所支付的合理开支。侵权人因侵权所得利益,或者被侵权人因被侵权所受损失难以确定的,人民法院根据侵权行为的情节判决给予50万元以下的赔偿。《最高人民法院关于审理商标民事纠纷案件适用法律若干问题的解释》(法释〔2002〕32号)第十三条、第十六条、第十七条规定,确定侵权人的赔偿责任时,可以根据权利人选择的计算方法计算赔偿数额;在确定赔偿数额时,应当考虑侵权行为的性质、期间、后果,商标的声誉,商标使用许可费的数额,商标使用许可的种类、时间、范围及制止侵权行为的合理开支等因素综合确定;制止侵权行为所支付的合理开支,包括权利人或者委托代理人对侵权行为进行调查、取证的合理费用;根据当事人的诉讼请求和案件具体情况,可以将符合国家有关部门规定的律师费用计算在赔偿范围内。《最高人民法院关于审理涉及计算机网络域名民事纠纷案件适用法律若干问题的解释》(法释〔2001〕24号)第八条规定,人民法院认定域名注册、使用等行为构成侵权或者不正当竞争,给权利人造成实际损害的,可以判令被告赔偿损失。1993年施行的《反不正当竞争法》第二十条规定,经营者违反该法规定,给被侵害的经营者造成损害的,应当承担损害赔偿责任,被侵害的经营者的损失难以计算的,赔偿额为侵权人在侵权期间因侵权所获得的利润;并应当承担被侵害的经营者因调查该经营者侵害其合法权益的不正当竞争行为所支付的合理费用。根据以上规定,二审法院确定欧博尔公司应当承担的赔偿责任考虑了以下因素:(1) 欧博尔公司的违法行为包括了商标侵权和不正当竞争行为,涵盖了商标、域名和英文企业名称,侵权多维,侵权程度较深，情节较重，主观过错较大。（2）ZER 公司被侵害的商标权的状况。"BEKO" 商标是使用时间较长、有一定知名度的商标，欧博尔公司侵权危害较大。（3）欧博尔公司获利可观。欧博尔公司在其网站宣称其月标准产能 15 万台以上，产品销售网络遍布美国、英国、俄罗斯、中东、东南亚等 30 多个国家和地区，而其主推产品绞肉机"离岸价 15~23.5 美元/台"。欧博尔公司还在网站多次宣称其年销售额 500 万美元到 1000 万美元，甚至年产量超过 500 万台，年销售额达到过 5000 万美元到 1 亿美元。ZER 公司也举证证明了厨电行业利润率高的事实。据此推算，欧博尔公司的获利明显超过 100 万元人民币。（4）欧博尔公司辩称其网站内容不实，却未提交证据予以证明。而欧博尔公司产品的产销情况，包括其生产销售产品的类别、数量、价格、生产销售方式等，欧博尔公司是有能力举证证明的。欧博尔公司不仅不予证明，还对 ZER 公司调取欧博尔公司相关财务资料的请求，当庭予以拒绝，自己放弃了举证权利，应当承担举证不能和举证妨碍的后果。（5）该案 ZER 公司的维权成本高。ZER 公司一审提交了公证费、翻译费以及代理人差旅费 18421 元，二审补充提交了代理人参加该案一审、二审的交通、食宿差旅费用 15065.48 元，共计 33486.48 元。该费用并未包含律师费。由于该案是涉外案件，诉讼周期较长，牵涉面广，ZER 公司举证责任较重，提交的证据多，实际开支大。ZER 公司虽然未就其所述近 80 万元律师费用举证，但该案的律师费用是必然存在的。如果按一审判赔数额，将产生 ZER 公司赢了官司输了钱的裁判效果，有悖实体正义。（6）人民法院应当通过裁判，让侵权者无利可图，彰显市场主体应实施创新驱动发展的司法导向。鉴于欧博尔公司因侵权和不正当竞争行为获利及给 ZER 公司带来的因该案诉讼而支出的合理费用已经明显超过 100 万元，ZER 公司要求欧博尔公司赔偿 100 万元可视为其对自己民事权利的处分，二审法院对 ZER 公司的赔偿请求予以全额支持。ZER 公司提出一审判赔数额显失公平的上诉理由成立。

综上所述，二审法院判决：（1）维持一审判决第一项，即欧博尔公司于该判决发生法律效力之日起立即停止使用含有"obeko""o-beko"字样的域名；（2）撤销一审判决"驳回原告其他诉讼请求"判项；（3）变更一审判决第二项为：欧博尔公司于该判决发生法律效力之日起，立即停止侵害 ZER 公司第 1301945 号、第 1361801 号注册商标专用权的行为，立即停止使用"◉-BEKO""O-BEKO""OBEKO"标识；（4）变更一审判决第三项为：欧博尔公司于该判决发生法律效力之日起 10 日内，赔偿 ZER 公司经济损失及合理维权费用 1000000 元人民币；（5）驳回 ZER 公司其他诉讼请求。

案例解析

显然，该案系侵害商标权及不正当竞争纠纷的案件，一审法院将该案案由仅仅定性为侵害商标权纠纷存在不当，二审法院予以纠正。首先，从一审、二审的判决来看，两级法院在对待是否认定驰名商标的问题上存在不同见解。其次，两级法院对于企业亏损与商标驰名是否存在因果关系观点并不相同。最后，使用网络域名行为是衡量被告是否构成不正当竞争行为，乃至确定赔偿数额的重要指标。

一、关于应否认定该案商标为驰名商标的问题

尽管驰名商标司法认定问题已成为当前我国知识产权审判工作中的热点问题，但单单从法律条文上看，关于认定驰名商标的具体规定原则性相对较强，操作性相对较弱，在司法实务中容易因此产生不同的认识。因而，笔者从驰名商标区别于一般注册商标的特点、驰名商标司法认定的法律依据等方面展开论述，以避免不当认定驰名商标，确保驰名商标司法认定的严肃性和权威性。

根据《驰名商标认定和保护规定》，驰名商标是指在中国境内为相关公众广为知晓的商标，需经过有权机关依照法律程序认定。此外，驰名商标的保护不仅仅局限于相同或者类似商品或服务，就不相同或者不相类似的商品申请注册或者使用时，都将不予注册并禁止使用，因此驰名商标被赋予了较为广泛的排他性权利。另外，"驰名商标"持有企业的公司名以及网址域名都会受到不同于普通商标的特别法律保护。在驰名商标具有较强显著性和较高知

名度的情况下，还有权禁止其他人将其作为企业名称的一部分使用。

而普通注册商标是指商标所有人为了取得商标专用权，将其使用的商标，依照国家规定的注册条件、原则和程序，向商标局提出注册申请，商标局经过审核，准予注册的法律事实。普通商标，只能在获准注册的商标或者服务项目上受到保护，不能跨类别受保护，但依法享受商标的专用权。综上，普通商标与驰名商标在保护深度和广度上存在显著差别。

保护驰名商标，即首先要考虑认定何种商标是驰名商标、对驰名商标认定的前提，在何种情况下可认定某商标为驰名商标以及认定主体是谁。首先，从商标法以及相关司法解释可知，根据"个案认定、被动保护"的原则，驰名商标的认定只能是个案的，仅作为案件事实和裁判的理由。驰名商标应当根据当事人的请求，作为处理涉及商标案件需要认定的事实进行认定。因此，驰名商标认定的前提有两个：

第一，当事人提出了请求。即商标持有人认为其权利受到了侵害，提出了驰名商标保护的请求。这就要求对驰名商标的保护是被动保护，而不是主动保护。没有当事人的请求，任何机构、团体、组织无权自行认定驰名商标。

第二，作为处理涉及商标案件要认定的事实进行认定。即对驰名商标的认定，是事实认定，是对商标在现实生活中已经驰名这一事实的认定，而不是国家、机构、组织等对商品质量和企业信誉的认可。

也就是说，除了当事人主张和人民法院认为确有必要的情况下，人民法院才可以对所涉商标是否驰名商标作出认定。当事人以认定驰名商标作为构成侵犯商标权或者不正当竞争行为的事实根据的，人民法院可以根据案件的具体情况，对所涉商标是否驰名作出认定。因而，被诉侵犯商标或者不正当竞争行为的成立应当以商标驰名为事实依据，被诉侵犯商标或者不正当竞争行为因不具备法律规定的其他条件而不成立的民事纠纷案件，人民法院对于所涉商标是否驰名不予审查。而该案 ZER 公司作为普通注册商标，已经受到商标法的保护，可以依据侵害主张商标专用权来主张赔偿损害，其被诉侵权商标或者不正当竞争行为的成立，不以商标驰名为事实依据，不符合因需认定原则，因而人民法院无须对涉案商标是否驰名进行认定。

二、关于企业亏损与认定驰名商标是否有必然联系的问题

企业亏损原因众多,与使用的商标是否驰名没有必然的联系。驰名商标是品牌含金量的象征,企业无形资产的体现,承载了政府和公众对企业的认同感,不同程度增强企业的市场竞争力,是商品的商誉和企业的声誉的标志。一般而言,知名度、美誉度越高的商品,盈利能力越强,因而盈利越多。但是企业整体是否最终盈利,与企业的整体管理运营成本、经营策略、产品的性能和定价是否适销对路、市场的调整波动等密切相关,与企业是否有驰名商标没有必然的联系。企业整体是亏损还是盈利不是认定驰名商标的必要因素。商标在中国境内为相关公众广知晓且享有良好的市场声誉才是认定驰名商标的必要事实条件。商标的知名度和产品声誉不高当然不能认定为驰名商标,然而巨额盈利的商品也不一定可被认定为驰名商标。

因此,该案一审法院因公司的主营业务收入连续5年发生亏损为不予认定"BEKO"商标为驰名商标的理由不当,企业亏损并非是认定驰名商标必要考量因素。

三、关于使用网络域名行为是否可认定为商标侵权或不正当竞争的问题

网络域名纠纷中商标侵权的认定,域名是对应于互联网地址的一组字母数字。企业域名作为一种互联网的地址,既展示经营主体,又展示其商品或者服务。域名与他人的营业标识相同或近似,可以导致经营主体的混淆,域名包含他人商标的内容,可以与他人的商标产生联想或者混淆。因此,计算机网络域名的一个显著特征,是其在网络环境产生与商标、商号相类似的一种区别域名使用人及其服务的标识性功能,域名的注册使用行为使这种标识性功能得以产生和发展,因而也体现域名的价值。

认定被告实施的域名注册、使用行为是否构成侵权或不正当竞争,是依法正确审理域名纠纷的关键之所在。根据《最高人民法院关于审理涉及计算机网络域名民事纠纷案件适用法律若干问题的解释》(法释〔2001〕24号)第四条、第八条规定,人民法院审理域名纠纷案件,被告域名或其主要部分

与原告的注册商标相同或近似,足以造成相关公众的误认;被告对域名或其主要部分不享有权益,也无注册、使用该域名的正当理由;被告对域名的注册、使用具有恶意的,应当认定被告注册、使用域名等行为构成侵权或者不正当竞争。人民法院认定域名注册、使用等行为构成侵权或者不正当竞争的,可以判令被告停止侵权、注销域名。《最高人民法院关于审理商标民事纠纷案件适用法律若干问题的解释》(法释〔2002〕32号)第一条第(三)项规定,将与他人注册商标相同或者相近似的文字注册为域名,并且通过该域名进行相关商品交易的电子商务,容易使相关公众产生误认的,属于《商标法》第五十二条第(五)项规定的给他人注册商标专用权造成其他损害的行为。

根据上述规定,抢注域名侵害他人的商标民事权益的认定应当符合如下构成要件:一是原告请求保护的民事权益合法有效,二是被告域名与原告要求保护的权利客体具有相似性,三是被告无注册、使用的正当理由,四是被告具有恶意。显然,ZER公司受让的在先注册使用的"BEKO"注册商标标识合法有效当然有保护其商标专用权的必要性,欧博尔公司注册了域名www.obeko.cn和www.obeko.com与ZER公司域名极其相似,且"Obeko"为臆造词,并无固定含义,其与欧博尔公司的音译并不对应,欧博尔公司并无持有该域名的正当理由,欧博尔公司并未举证证明在该案纠纷发生前其所持有的域名已经获得一定的知名度,且能与ZER公司的注册商标相区别。其注册该与他人注册、使用在先并有一定知名度的注册商标"BEKO"近似的域名,违背了诚实信用原则,攀附了"BEKO"商标商誉,容易造成相关公众产生两者存在关联关系的混淆误认,因而损害了在先权利人的合法商标专用权,违反公平竞争规则,应认定构成抢注域名侵害他人的商标民事权益,系不正当竞争。

四、关于赔偿损失数额的确定

根据《商标法》第六十三条规定,人民法院在审理商标侵权案件确定赔偿数额时,首先会考虑权利人受到的实际损失。但在司法实践中,权利人很难对因侵权行为所遭受的实际损失进行举证,存在举证难的现实情况。实际损失难以确定的，便需进一步考虑侵权人因侵权获得的利益。而侵权人所获得的利益的证据完全是侵权人掌握的，在实践中权利人很难提供证据证明侵权人获得的利益情况，且侵权人往往也不会提供侵权相关的账簿、资料等对自己不利的证据。一般而言，针对赔偿损失的确定，不仅要求有侵权产品实物，还要有侵权产品的销售记录证明侵权人在侵权期间因侵权所获得的利益，在此情况下，我国现行《商标法》第六十三条第二款规定"……人民法院可以参考权利人的主张和提供的证据判定赔偿数额"，因此，判赔数额并不必然建立在侵权产品实物及其销售的财务依据上，侵权人产品的产销情况，包括其生产销售产品的类别、数量、价格、生产销售方式等是其完全有能力举证证明的。

《最高人民法院关于审理商标民事纠纷案件适用法律若干问题的解释》（法释〔2002〕32号）第十四条规定："侵权所获得的利益，可以根据侵权商品销售量与该商标单位利润乘积计算；该商品单位利润无法查明的，按照注册商标商品的单位利润计算。"侵权人网站中对外宣称的产品销售状况和销售数量是其面对市场和公众所作的自我陈述，应当是诚实、负责任的宣告，虽非诉讼中的自认，但系产生于当事人的直接证据，在有相反证据推翻和明显不符合常理的情况下，应予以认定。

因此，在该案中ZER公司虽提供了公证书拟证明欧博尔公司的侵权收入，但侵权造成的直接损失或因侵权所得利润难以通过计算确定，故二审法院根据欧博尔公司侵权行为的性质、经营规模、持续的时间、被侵害注册商标的品种、市场价格、商标的知名程度以及ZER公司为制止侵权行为支出的合理费用等因素，依法改判并支持ZER公司的100万元赔偿请求。

案例10　旅游购物贸易模式下商标侵权的认定规则

——德国彪马欧洲公司诉广州市卓志商贸发展有限公司商标权侵权纠纷案

裁判要旨

根据《商标法》第五十七条的规定，商标侵权行为是指行为人未经商标权人许可，在相同或类似商品上使用与其注册商标相同或近似的商标，或者其他干涉、妨碍商标权人使用其注册商标，损害商标权人合法权益的其他行为。被告在海关被查获带有与PUMA相同或相似标识的若干套运动服和若干条短裤，且其在未获得原告的合法授权的情况下，销售出口带有与PUMA相同或相似标识的产品，构成商标侵权。

"旅游购物"能否成为商标侵权的抗辩理由是该案的焦点之一。涉案侵权商品是旅游购物贸易方式中的出口货物，旅游购物的特点对案件的定性和最终处理有较大影响。该案明确了"旅游购物"贸易模式在商标权侵权认定中的意义，认定被告公司作为旅游购物企业，其在该案中的行为并非生产、销售等直接侵权行为，仅依据《商标法》第五十七条第（六）项的"间接侵权"限定相关责任。

该案责任主体的确定需要区分被告及第三人的行为性质为"自营行为"或"非自营行为"，从而确定两者是否构成共同侵权并承担连带责任。根据《侵权责任法》第八条"二人以上共同实施侵权行为，造成他人损害的，应当承担连带责任"的规定，被告和第三人应当承担连带责任。

该案在审理过程中，经法院主持调解，双方当事人自愿达成调解协议结案。

入选理由

该案是由"旅游购物商品"这种新型外贸方式引发的首例商标侵权纠纷案件。德国彪马公司作为涉外知名品牌，其商标具有较高的知名度和显著性，且该案是国内因"旅游购物"新型外贸模式引发的首例商标侵权纠纷。由于"旅游购物商品"作为一种新型的贸易方式，尚未有相关的法律法规予以规范，企业在日常经营过程中，通常无法定义自身行为是否触碰到法律底线。因此，该案的审判对今后相关企业的经营活动有深刻的借鉴意义。广东省广州市黄埔区人民法院在查明该案事实以及确定相关争议焦点后，让当事人在厘清自身权利义务的基础上，组织双方进行了调解。广东省广州市黄埔区人民法院在公正审判的基础上，着力于改善贸易和投资环境，积极推动对外开放水平的提高，发挥知识产权的作用，提高司法审判效率，运用更为柔性的调解方式对该案进行审理，较之刚性判决，其法律效果、社会效果以及经济效果都会更好。另外，该案对于责任主体的确定给出了较为明确的标准，协助者在构成共同侵权的情况下也需要对商标侵权承担连带责任。因此，该案的审判对今后此类型的案件有着重要的借鉴作用。

案例索引

一审案号：广东省广州市黄埔区人民法院（2016）粤 0112 民初 779 号

基本案情

一审原告：PUMA SE（彪马欧洲公司）（以下简称"彪马公司"）

一审被告：广州市某商贸发展有限公司（以下简称"商贸公司"）

第三人：广州市某国际货运代理有限公司（以下简称"货运公司"）（由被告商贸公司申请追加）

一审诉请

原告彪马公司请求：依法判决被告承担侵权赔偿责任。

一审查明事实

一、该案起诉是否已过诉讼时效？

在该案中，原告于2013年11月27日向海关提供了《知识产权保护申请书》，在海关未处理之前，被告是否侵权属于存疑状态，直到广州海关于2015年3月12日作出《行政处罚决定书》，原告明确涉案货物侵犯其注册商标专用权，诉讼时效才开始起算，故原告在2016年2月16日提起诉讼未超过诉讼时效。

二、涉案侵权货物是否为旅游购物出口商品？

被告具有旅游购物商品出口企业资质，可以采取自营或非自营模式开展相关业务。那么，被告在该案中出口的货物是否为旅游购物商品呢？需从以下几方面进行考量。

第一，报关情况。关于旅游购物出口商品的报关方式，尚未有法律法规明确规定，目前仅有我国海关总署发布的2014年第54号《关于市场采购贸易监管办法及其监管方式有关事宜的公告》，对浙江省义乌市由"旅游购物"升级为"市场采购"的贸易方式作了规定，明确："以市场采购贸易方式出口的商品，申报时在报关单'发货单位'栏除应填写对外贸易经营者单位名称外，需一并在'备注栏'填写采购人的身份信息（姓名、国籍和身份证或护照号码）。申报时除按规定提交相关纸质报关单证或电子数据信息外，一并提交完整的装箱清单、商户与采购人进行商品交易的原始单据、采购人身份证件复印件等纸质单证或电子数据信息。"并说明"自市场采购（1039）监管方式正式实施之日起6个月后，实施地区不再使用'旅游购物'（0139）监管方式。"从上述规定中，可以得出在申请旅游购物出口商品报关时存在以下情况的结论：（1）报关单上的发货单位为对外贸易企业；（2）报关材料未要求填写采购人的身份信息、提交采购人的身份证件复印件、完整的装箱清单及与商户进行商品交易的原始单据等；（3）除浙江省义乌市外，其他地区至今仍然使用的是旅游购物（0139）监管方式。

第二，外汇核销情况。《中华人民共和国国家外汇管理局、海关总署关于旅游购物商品出口退出外汇核销管理有关问题的通知》（汇发〔2005〕91号）第一条规定："将'旅游购物商品'海关监管方式（代码为0139）列入'不需要使用出口收汇核销单的监管方式'。出口单位以该贸易方式出口报关的，海关不再验凭出口收汇核销单，国家外汇管理局及其分支局不再办理出口收汇核销。"在该案中，被告未申请办理外汇核销。

第三，出口退税情况。《中华人民共和国国家税务总局商务部关于进一步规范外贸出口经营秩序切实加强出口货物退（免）税管理的通知》第二条第二款规定："出口企业以自营名义出口，其出口业务实质上是由本企业及其投资的企业以外的其他经营者（或企业、个体经营者及其他个人）假借该出口企业名义操作完成的，不得将该业务向税务机关申报办理出口货物退（免）税。"在该案中，被告未申请出口退税。

综上所述，虽然报关单上的经营单位、发货单位以及买卖合同等材料显示出卖方为被告，但结合被告未进行外汇核销和申请出口退税的事实，在原告无相反证据推翻的情况下，一审法院认定被告申报出口的涉案货物为旅游购物出口商品。

三、被告是否为侵犯原告商标权的责任主体？

旅游购物出口作为一种新兴的对外贸易方式，与国外游客在我国旅游时为个人消费而购物的行为存在本质区别，属于经营范畴，当受知识产权法律法规的调整。

如前所述，旅游购物试点企业开展业务目前分为两种模式，一种是自营模式，一种是非自营模式。在自营模式下，由于是对外贸易企业自行从各专业市场或其他市场上采购外国采购商所委托采购的商品，并办理相应的出口业务，本质上为销售并代理出口，属于在商业活动中使用商标的行为。若未经商标注册人的许可，在同一种商品上使用与其注册商标近似的商标，或者在类似商品上使用与其注册商标相同或者近似的商标，容易导致混淆的，当按照《商标法》第五十七条第三项，认定侵犯他人的注册商标专用权。在该案中，被告及第三人均否认为"自营模式"，但若为"非自营模式"，被告是否就不构成对原告的侵权呢？可以作以下分析：

首先，采购涉案货物的外商侵犯了原告的注册商标专用权。外商在我国公开市场采购侵犯注册商标专用权的商品并进行出口，属于《商标法》第五十七条第三项规定的"销售侵犯注册商标专用权的商品的"行为，构成对原告注册商标专用权的侵犯。

其次，被告为外商侵犯原告注册商标专用权的行为提供了便利条件。《商标法实施条例》第七十五条规定："为侵犯他人商标专用权提供仓储、运输、邮寄、印制、隐匿、经营场所、网络商品交易平台等，属于商标法第五十七条第六项规定的提供便利条件。"被告的代理报关行为在客观上导致或加重了侵犯原告商标权的后果，属于为外商提供便利条件。

最后，被告未能履行法定的、合理的注意义务，存在主观上的故意情形。《中华人民共和国海关法》第四十四条规定："海关依照法律、行政法规的规定，对与进出境货物有关的知识产权实施保护。需要向海关申报知识产权状况的，进出口货物收发货人及其代理人应当按照国家规定向海关如实申报有关知识产权状况，并提交合法使用有关知识产权的证明文件。"《中华人民共和国海关法》第九十一条规定："违反本法规定进出口侵犯中华人民共和国法律、行政法规保护的知识产权的货物的，由海关依法没收侵权货物，并处以罚款；构成犯罪的，依法追究刑事责任。"《中华人民共和国对外贸易法》第十条规定："从事国际服务贸易，应当遵守本法和其他有关法律、行政法规的规定。"被告向广州市对外贸易经济合作局进行旅游购物商品出口企业备案登记时，亦承诺遵守与进出口贸易相关的海关、外汇、税务、检验检疫、环保、知识产权等中华人民共和国法律、法规、规章。由此可见,被告作为专业开展旅游购物出口业务的公司,对于外商提供的货物具有法定的审查义务,应当审查是否存在侵犯知识产权的情形,并积极避免因对他人知识产权的侵犯所导致的后果。被告未能举证证明其履行了审查义务或者其他法定的、合理的注意义务,放任外商侵犯知识产权所导致的后果的发生,对于帮助外商侵犯原告的商标权具有主观上的故意。

综上所述,被告即使采取非自营模式,其行为亦符合《商标法》第五十七条第六项的"故意为侵犯他人商标专用权行为提供便利条件,帮助他人实施侵犯商标专用权行为的"规定,侵犯了原告的注册商标专用权。

在该案中,第三人提交的证据虽不足以证明其系接受马里人TRAORE SOUNGA-LO的委托代理报关,但从海关总署2014年第54号公告可以看出,该文件中纳入监管范围的商品系由外商直接采购再委托代理出口,且广州市商务委员会亦称广州市试点企业绝大部分业务按"非自营模式"开展,故一审法院认定被告在旅游购物出口中采取的是"非自营模式"。

四、被告和第三人是否需要承担连带责任?

第三人利用原告的资质和公章直接收揽外商采购货物,并以原告的名义向海关申请旅游购物商品的出口,与被告构成共同侵权。根据《侵权责任法》第八条"二人以上共同实施侵权行为,造成他人损害的,应当承担连带责任"的规定,被告和第三人应当承担连带责任。

一审裁判

旅游购物出口作为一种新型的外贸方式,尚未有配套的法律法规予以规范,试点企业在经营过程中对自身的权利和义务界定不清晰,难免会触碰法律底线。为发挥知识产权审判的作用,着力改善贸易和投资环境,积极推动对外开放水平的提高,合议庭认为,在全面查明该案事实和透彻论述争议焦点,让当事人厘清权利和义务的基础上,组织双方进行调解,较之刚性判决的法律效果、社会效果以及经济效果都会更好。在该案审理过程中,经广东省广州市黄埔区人民法院主持调解，双方当事人自愿达成如下协议：

（1）被告广州市某商贸发展有限公司在2016年9月28日之前向原告彪马欧洲公司一次性支付人民币30万元；

（2）若被告广州市某商贸发展有限公司未在2016年9月28日前向原告彪马欧洲公司全额支付30万元，则原告彪马欧洲公司有权以50万元的数额向法院申请强制执行；

（3）自调解书生效后，原告彪马欧洲公司承诺不再对之前已经存在或可能存在的涉及彪马欧洲公司"PUMA""豹图形""PUMA及豹图形"以及"跑道图形"等商标（包括但不限于第76554号注册商标、第76559号注册商标、第570147号注册商标等）的相关商标权争议，向被告广州市某商贸发展有限公司或第三人广州市某国际货运代理有限公司提出指控。被告广州市某商贸发展有限公司和第三人广州市某国际货运代理有限公司承诺以后保证尊重彪马欧洲公司的知识产权，认同上述商标具有高度的知名度，不侵犯彪马欧洲公司的利益；

（4）案件受理费4400元由原告彪马欧洲公司自行承担。

案例解析

该案为国内首例"旅游购物"新型外贸模式引发的商标侵权纠纷。该案审理的焦点主要集中在三个方面：一是"旅游购物"是否构成商标侵权；二是原告提起商标侵权是否已过诉讼时效；三是责任主体。

一、"旅游购物"是否构成商标侵权

"旅游购物"是一种新型的外贸模式，其与传统的"一般外贸"出口方式不同，"旅游购物"的参与主体并没有对商品的生产或销售进行直接参与，而是在报关、运输等出口环节进行参与。旅游购物商品是指境外旅游者用自带外汇购买的或委托境内企业托运出境5万美元以下旅游商品或小批量订货。该种贸易方式在全国推广的历史较短，且尚未有配套的法律法

规予以规范，企业在经营过程中对自身的权利和义务界定不清晰，致使侵犯他人知识产权而发生的纠纷越来越多。据广州市商务委员会介绍，旅游购物企业开展业务有两种模式，一种是自营模式，即国外采购商直接与旅游购物企业签订合同，委托企业在各专业市场采购货物，最终报关出口；另一种是非自营模式，即国外采购商在各专业市场自行采购货物，委托旅游购物企业帮其出口。在不同的经营模式下，国外采购商与旅游购物出口企业承担知识产权侵权的责任也不同。若是自营模式，旅游购物企业本质上为销售并代理出口，承担的是直接侵权责任；若为非自营模式，外国采购商为直接侵权，旅游购物企业则属于以帮助方式的间接侵权。在审理上的难点即在于难以判断该旅游购物企业是采取何种经营模式。一审法院在通过与广州市商务委员会沟通后，最终确定被告广州卓志商贸发展有限公司采取的是"非自营模式"，并在此基础上对其应承担的责任进行了论述，且得到了案件各方当事人的认可。

二、原告提起商标侵权是否已过诉讼时效

在该案中，原告在2013年11月27日向海关提供了《知识产权保护申请书》，在海关未处理之前，被告是否侵权属于存疑状态，直到广州海关于2015年3月12日作出《行政处罚决定书》，原告明确涉案货物侵犯其注册商标专用权，诉讼时效才开始起算，故原告在2016年2月16日提起诉讼未超过诉讼时效。

三、"旅游购物"商标侵权的责任承担

该案在明确被告为非自营模式后，可以知道委托旅游购物企业为帮国外采购商出口的角色，则国外采购商为直接侵权，旅游购物企业则属于以帮助方式的间接侵权，两者构成共同侵权。根据《侵权责任法》第八条规定，"二人以上共同实施侵权行为，造成他人损害的，应当承担连带责任"。因此，被告和第三人货运公司应当对商标侵权承担连带责任。

该案最终以调解结案。"旅游购物"作为新型外贸方式，还未有配套的法

律规范，在企业的日常经营和法院的审理上都难以界定权利和义务。因此，一审法院在查明案件事实，分析双方当事人权利和义务的基础上，发挥调节的柔性法律作用，组织双方进行调解。该案以调解书的形式对旅游购物出口中的商标侵权行为首次进行了完整界定，对以后类似案件的处理有借鉴作用。

案例11　驰名商标的认定及损害赔偿数额的确定

——捷豹路虎有限公司与广州市奋力食品有限公司、万明政侵害商标权纠纷案

裁判要旨

被控侵权人在不相同或者不相类似的商品上使用注册商标人的驰名商标，足以使相关公众认为被诉商标与驰名商标具有相当程度的联系，而减弱驰名商标的显著性，或者不正当利用驰名商标的市场声誉的，当事人可请求驰名商标跨类保护。认定驰名商标应以被诉侵犯商标权或者不正当竞争行为发生时，其商标是否驰名为判断标准。

驰名商标司法认定是个案认定和事实认定，因而在每一案件中，驰名商标的认定取决于该个案的具体情况及举证情况，对其他案件并不当然具有法律约束力，被行政机关或人民法院认定的驰名商标也不可以作为证据直接使用，只能作为认定该案事实的依据之一。

法院可根据该商标使用商品的市场份额、销售区域、利润，该商标的持续使用时间，该商标的宣传或者促销活动的方式、持续时间、程度、资金投入和地域范围，该商标曾被作为驰名商标受保护的记录，该商标享有的市场声誉，证明该商标已属驰名的其他事实等加以考虑，在全面审核双方当事人提交的证据并分析各证据与案件事实的关联程度、各证据之间的联系等前提下，对驰名商标作出认定。

案例 11
驰名商标的认定及损害赔偿数额的确定

此外，侵害驰名商标的，在确定侵权损害赔偿额时，可以综合考虑驰名商标的知名度、侵权人的主观恶意、侵权行为对驰名商标的淡化、权利人的合理支出等因素加以确定。

入选理由

近年来，涉及驰名商标跨类保护的案例不胜枚举，驰名商标在哪种情形下才能受到跨类保护也成为业界关注的焦点。该案系涉及驰名商标跨类保护的典型案例，亦系广东法院探索破解知识产权损害赔偿难工作的典型案例。除了凸显一般驰名商标跨类保护审查中所注重的"被动保护""个案认定"等审慎态度外，还重申驰名商标中以适度保护为原则、合理确定驰名商标的保护范围等理念。此外，商标驰名与否取决于商标权人对于商标的经营与维护，该案被告不仅对被诉标识进行了商标注册，不当使用导致多年经营与维护的涉案驰名商标的知名度淡化和美誉度贬损，造成不良社会影响。其还对大量其他名人名企的姓名或标识进行了商标抢注，在诉讼过程中，坚持以商标获得注册为由抗辩，声称没有主观过错，其利用法律漏洞、侵害他人知识产权的恶意明显。因此，该案在论述赔偿责任时，从六个方面对被诉行为及后果进行了详细分析，对被告恶意囤积商标、傍名牌的行为进行了批判，并维持了120万元的高额赔偿，得到了权利人及社会公众的高度认可，社会效果良好。该案对于打击利用商标注册制度恶意抢注名牌商标、加大驰名商标保护力度、引导社会公众尊重知识产权，具有良好的裁判导向和示范效果。综上，该案具有突出的指导意义。

案例索引

一审案号：广东省广州市中级人民法院（2014）穗中法知民初字第75号
二审案号：广东省高级人民法院（2017）粤民终633号

基本案情

上诉人（一审被告）：广州市奋力食品有限公司（以下简称"奋力公司"）
被上诉人（一审被告）：捷豹路虎有限公司（以下简称"路虎公司"）
原审被告：万明政

一审诉请

路虎公司向一审法院起诉请求：（1）判令奋力公司立即停止其商标侵权行为，即立即停止在其制造、销售的相关产品上使用"路虎"及"LandRover"商标，停止在其交易文书上以及网站等广告宣传中使用"路虎"及"LandRover"商标，销毁带有"路虎"及"LandRover"商标的成品和半成品，销毁印有"路虎"及"LandRover"商标的标识、包装物和广告宣传材料，销毁专用于制造侵权产品、侵权标识的模具；（2）判令万明政立即停止其商标侵权行为，即立即停止销售带有"路虎"及"LandRover"商标的商品，并销毁全部带有"路虎"及"LandRover"商标的商品、印有"路虎"及"LandRover"商标的标识、包装物和广告宣传材料；（3）判令奋力公司向路虎公司赔偿侵权损失共计人民币 200 万元，以及向路虎公司赔偿为制止侵权行为而支付的调查费、公证费、翻译费和律师费等合理费用人民币 411494 元；（4）判令万明政向路虎公司赔偿侵权损失共计人民币 1 万元；（5）判令奋力公司、万明政在《上海日报》《深圳日报》和《人民日报》（海外版）等媒体上公开发布经路虎公司同意、澄清事实的公告，消除因奋力公司、万明政商标侵权行为给路虎公司造成的严重影响；（6）判令奋力公司、万明政共同承担该案全部诉讼费用。

一审裁判

一审法院认为，奋力公司、万明政没有提供上述"路虎 LANDROVER"商标异议案进入复审程序的证据，且该异议案的结果对该案争议的奋力公司、万明政是否侵犯路虎公司涉案商标专用权的问题没有影响，故奋力公司、万明政认为该案应中止诉讼,缺乏法律依据,一审法院不予采纳。

路虎公司经受让享有涉案商标专用权,涉案商标仍在有效期内,路虎公司与涉案商标原持有人路华公司(LANDROVER)于2013年1月7日签订知识产权转让协议时,约定路虎公司有权对该协议签订前后侵犯涉案商标权的行为提起诉讼及获得赔偿。因此,虽然该案被诉侵权行为发生在路虎公司经国家商标局核准受让涉案商标前,但路虎公司有权提起该案诉讼。奋力公司、万明政在庭审中认为路虎公司对涉案商标持有前的侵权行为无追溯及获得赔偿权利的抗辩不成立,一审法院不予采纳。

经比对,奋力公司在其网站及"阿里1688"网站展示的产品、万明政销售的商品所使用的"路虎""LandRover""landrover""LANDROVER"被诉侵权标识,与涉案商标中的第3514202号"路虎"商标、第4309460号"LANDROVER"商标的文字相同,与涉案商标中的第808460号"　"商标的"LANDROVER"文字相同。"LANDROVER"文字占据"　"图案的大部分,是该图案突出显示的标志,故可认定被诉侵权的"LANDROVER"文字标识系摹仿第808460号"　"商标的主要部分。从路虎公司提供的使用涉案商标的机动车辆销售、宣传的证据看,涉案商标在实际使用中通常是一并使用的,"路虎LANDROVER"已经与涉案商标原持有人路华公司(LANDROVER)及路虎公司建立了紧密且唯一的联系。因此,奋力公司、万明政认为被诉侵权标识是汉字与字母的组合,与涉案商标不相同的理由不成立,一审法院不予采信。

涉案商标核定使用在《类似商品和服务区分表》第12类商品中的陆地机动车辆等商品上,使用被诉侵权标识的维生素饮料属《类似商品和服务区分表》第32类商品中的不含酒精饮料,二者是不相同也不相类似的商品。依照《最高人民法院关于审理商标民事纠纷案件适用法律若干问题的解释》(法释〔2002〕32号)第一条第(二)项规定,复制、摹仿、翻译他人注册的驰名商标或其主要部分在不相同或者不相类似商品上作为商标使用,误导公众,致使该驰名商标注册人的利益可能受到损害的行为,属于商标法第五十二条第(五)项规定的给他人注册商标专用权造成其他损害的行为。依照《最高人民法院关于审理涉及驰名商标保护的民事纠纷案件应用法律若干问题的解释》(法释〔2009〕3号)第二条第(一)项规定,在以违反商标法第十三条的规定为由提起侵犯商标权诉讼的民事纠纷案件中,当事人以商标驰名作为事实根据,人民法院根据案件具体情况,认为确有必要的,对所涉商标是否驰名作出认定。该案被诉侵权标识是摹仿涉案商标或其主要部分在不相同也不相类似商品上作为商标使用,由此容易让人联想二者之间有一定联系,从而误导公众,致使路虎公司的利益可能受到损害。同时,路虎公司也是以奋力公司、万明政违反商标法第十三条的规定为由提起该案诉讼并以涉案商标驰名作为事实根据。因此,只有认定涉案商标为驰名商标,才能对涉案商标跨类保护并判断奋力公司、万明政是否侵犯路虎公司的注册商标专用权。故该案确有必要对涉案商标是否驰名作出认定。

认定驰名商标应当考虑的因素,《商标法》(2001年修正)第十四条规定:有相关公众对该商标的知晓程度,该商标使用的持续时间,该商标的任何宣传工作的持续时间、程度和地理范围,该商标作为驰名商标受保护的记录及该商标驰名的其他因素;《最高人民法院关于审理涉及驰名商标保护的民事纠纷案件应用法律若干问题的解释》(法释〔2009〕3号)第五条第一款规定有使用该商标的商品的市场份额、销售区域、利税等,该商标的持续使用时间,该商标的宣传或者促销活动的方式、持续时间、程度、资金投入和地域范围,该商标曾被作为驰名商标受保护的记录,该商标享有的市场声誉,证明该商标已属驰名的其他事实。路虎公司提供2004年至2013年期间中国各报纸、杂志、网站关于使用涉案商标的路虎(LandRover)汽车参加中国各地车展、进入中国各地市场、在中国的销售情况、在中国获得的各种奖项和荣誉、在中国参加的各种慈善活动等大量报道,证明涉案商标在中国相关公众中有较高的知名度并享有良好的市场声誉;路虎公司提供使用涉案商标的路虎(LandRover)汽车在中国各地130多家销售代理商的资料、在广州和深圳地区的经销商协议、会计师事务所对其2008年至2012年期间在中国销售的利税等财务情况所作的审计报告,汽车行业网站对其2009年至2013年期间销售量、增长率、利润率、占有率及与中国汽车企业在华设立合资企业的报道,其子公司捷豹路虎汽车贸易(上海)有限公司统计的2009年至2012年的年度销量及2011年至2013年所缴关税,反映2011年至2012年进口车数量的海关报关单,上海市税务机关公布的捷豹路虎汽车贸易(上海)有限公司2011年至2013年的税收排名等证据,证明使用涉案商标的路虎(LandRover)汽车的销售区域遍及中国各地,在越野车市场占有较大份额,销售量、利税额高并逐年增长;路虎公司提供涉案商标从1948年开始在英国使用,在中国分别于1996年、2004年、2007年注册并使用至被诉侵权行为发生时的证据,证明涉案商标在中国持续使用的时间长;路虎公司提供其2012年和2013年在中国中央电视台、2004年至2013年在中国各报纸、杂志、网站、2010年至2013年在中国主要城市的户外、机场、高尔夫俱乐部等媒介投放使用涉案商标的路虎(LandRover)汽车宣传广告,捷豹路虎汽车贸易(上海)有限公司向广告公司支付的广告宣传费及统计2010年至2013年广告宣传费支出的数额等证据,证明涉案商标的宣传方式多,范围广,持续时间长,资金投入大且逐年增加。上述证据证明,涉案商标经过路虎公司在中国进行长期、广泛、大量的广告宣传和使用,已经在中国汽车行业中享有盛誉,在中国汽车市场上具有较高知名度和广泛影响力,为相关公众所普遍知晓,已经达到驰名商标的程度。《最高人民法院关于审理涉及驰名商标保护的民事纠纷案件应用法律若干问题的解释》(法释〔2009〕3号)第四条规定:"人民法院认定商标是否驰名,应当以证明其驰名的事实为依据,综合考虑商标法第十四条规定的各项因素,但是根据案件具体情况无须考虑该条规定的全部因素即足以认定商标驰名的情形除外。"其第八条规定:"对于在中国境内为社会公众广为知晓的商标,路虎公司已提供其商标驰名的基本证据,或者被告不持异议的,人民法院对该商标驰名的事实予以认定。"依照上述法律规定,虽然路虎公司没有提供涉案商标在被诉侵权行为发生前在中国曾被作为驰名商标受保护的记录,但其已提供涉案商标驰名的基本证据,无须再考虑《商标法》(2001年修正)第十四条规定的全部因素即足以认定涉案商标驰名。因此,路虎公司主张涉案商标驰名所提供的证据,可以认定该案被诉侵犯商标权行为发生时,涉案商标已构成使用在陆地机动车辆商品上的驰名商标。

奋力公司在其产品上作为商标使用的被诉侵权标识与路虎公司驰名的涉案商标相同或者相近似，容易造成相关公众误认为奋力公司生产、销售的商品系经路虎公司授权，或与路虎公司具有许可使用、关联企业关系等特定联系，奋力公司因此获得不法利益，从而对路虎公司的利益造成损害。因此，依照上述《最高人民法院关于审理商标民事纠纷案件适用法律若干问题的解释》（法释〔2002〕32号）第一条第（二）项规定，奋力公司在其生产、销售的商品上使用被诉侵权标识的行为，侵犯了路虎公司涉案注册商标专用权。奋力公司依法应承担停止侵权和赔偿损失的民事责任。路虎公司要求奋力公司停止在其生产、销售的商品上及在互联网上的广告宣传中使用侵犯涉案商标专用权的商标标识的行为，并销毁侵犯涉案商标专用权的商标标识、带有侵犯涉案商标专用权的商标标识的包装物及制造侵犯涉案商标专用权的商标标识的专用模具的诉讼请求，一审法院予以支持。因路虎公司没有提供奋力公司的交易文书及互联网下的广告宣传材料，而销毁带有侵犯涉案商标专用权的商标标识的包装物就能起到制止侵权行为的作用，且该包装物内的产品或半成品及其制造模具并非侵权产品，故路虎公司要求奋力公司停止在其交易文书及互联网下的广告宣传材料中使用侵犯涉案商标专用权的商标标识，并销毁上述产品或半成品及其制造模具的诉讼请求，依据不足，一审法院不予支持。

因路虎公司没有相应举证，奋力公司因侵权所获得的利益或者路虎公司因被侵权所受到的损失（不含为制止侵权行为所支付的合理开支）均难以确定，路虎公司请求一审法院酌情确定赔偿数额，符合法律规定，一审法院予以准许。路虎公司单独请求奋力公司赔偿为制止侵权行为所支付的合理开支411494元，但其仅提供合计290077元的收据和发票、合计8470元的账单及合计282633元的账单。经审查，该两张账单不能证明费用实际支出，且均包含了前述收据和发票中的部分金额，其中合计282633元的账单还与上述合计290077元的收据和发票中路虎公司的代理人开具的一张非诉法律事务费用发票金额相同，所以路虎公司为制止侵权行为所支付的合理开支也难以准确计算。因此，应将为制止侵权行为所支付的合理开支与奋力公司获利或路虎公司受损一并酌情考虑，确定一个总的赔偿数额。经审查，依照《最高人民法院关于审理商标民事纠纷案件适用法律若干问题的解释》（法释〔2002〕32号）第十六条规定，人民法院在确定赔偿数额时，应当考虑侵权行为的性质、期间、后果，商标的声誉，商标使用许可费的数额，商标使用许可的种类、时间、范围及制止侵权行为的合理开支等因素综合确定。奋力公司侵犯的注册商标系中国境内为社会公众广为知晓的驰名商标，且数量为三个；奋力公司使用的被诉侵权标识完全是摹仿其中两个驰名商标及摹仿另一个驰名商标的大部分，奋力公司的行为明显是不正当利用了路虎公司驰名商标的市场声誉以牟取不法利益，其主观恶意较大；奋力公司在该案中的侵权行为从2013年7月30日被路虎公司发现开始一直延续至今，侵权时间长；奋力公司通过其网站及知名网站"阿里1688"在互联网宣传其使用被诉侵权标识的产品，侵权行为的传播范围广；路虎公司提供了28万多元的制止侵权行为的合理开支的证据，且该开支是诉讼前的调查取证费用，不包括诉讼中的律师代理费。根据上述事实，综合考虑奋力公司侵权行为的性质、情节、持续时间、后果、使用被诉侵权标识的产品种类、奋力公司的经营规模，路虎公司注册商标的数量、知名度及其核准使用的商品种类、路虎公司的企业声誉及路虎公司为制止侵权行为所支付的合理开支等因素，一审法院酌情确定奋力公司向路虎公司赔偿的数额（含制止侵权行为的合理开支）为人民币120万元。路虎公司请求赔偿的数额（含制止侵权行为的合理开支）超过部分，一审法院不予支持。

依照《商标法》（2001年修正）第五十二条第（二）项规定，销售侵犯注册商标专用权的商品的行为，属侵犯注册商标专用权。万明政销售侵犯路虎公司涉案注册商标专用权的奋力公司生产的商品的行为，侵犯了路虎公司涉案注册商标专用权，依法应承担停止侵权的民事责任。路虎公司要求万明政停止销售侵犯其涉案商标专用权的商品，并销毁侵犯涉案商标专用权的商标标识、带有侵犯涉案商标专用权的商标标识的包装物的诉讼请求，一审法院予以支持。因路虎公司没有提供万明政持有的广告宣传材料，而销毁带有侵犯涉案商标专用权的商标标识的包装物就能起到制止侵权行为的作用，且该包装物内的产品并非侵权产品,故路虎公司要求万明政销毁带有侵犯涉案商标专用权的商标标识的广告宣传材料和上述包装物内的产品的诉讼请求,依据不足,一审法院不予支持。依照《商标法》(2001年修正)第五十六条第三款规定,销售不知道是侵犯注册商标专用权的商品,能证明该商品是自己合法取得的并说明提供者的,不承担赔偿责任。因没有证据证明万明政知道其销售的商品是侵犯路虎公司涉案注册商标专用权的商品,且万明政能证明该商品合法来源于奋力公司,故万明政不承担赔偿损失的民事责任。路虎公司要求万明政赔偿损失1万元的诉讼请求,依据不足,一审法院不予支持。

因路虎公司提供奋力公司申请注册"路虎LANDROVER"商标及申请注册其他商标、奋力公司生产的奋力牌青梅果汁被认定为不合格产品、互联网上3篇关于广州市出现路虎功能饮料的文章等证据,不足以证明奋力公司、万明政的商标侵权行为给路虎公司的商业声誉或产品信誉造成不良影响,故路虎公司要求奋力公司、万明政在报纸媒体上公开发布澄清事实的公告以消除严重影响的诉讼请求,一审法院不予支持。

综上所述,一审法院判决:(1)奋力公司自判决发生法律效力之日起立即停止在其生产、销售的商品上及在互联网上的广告宣传中使用侵犯路虎公司第808460号"![LAND-ROVER]"注册商标、第3514202号"路虎"注册商标、第4309460号"LANDROVER"注册商标专用权的商标标识的行为,并销毁侵犯该3个注册商标专用权的商标标识、带有侵犯该3个注册商标专用权的商标标识的包装物及制造侵犯该3个注册商标专用权的商标标识的专用模具;(2)万明政自判决发生法律效力之日起立即停止销售侵犯原告路虎公司第808460号"![LAND-ROVER]"注册商标、第3514202号"路虎"注册商标、第4309460号"LAND-ROVER"注册商标专用权的商品,并销毁侵犯该3个注册商标专用权的商标标识、带有侵犯该3个注册商标专用权的商标标识的包装物;(3)奋力公司自判决发生法律效力之日起10日内赔偿路虎公司人民币120万元;(4)驳回路虎公司的其他诉讼请求。一审案件受理费26172元,由路虎公司负担13208元,奋力公司负担12964元。

二审判决

二审法院认为：该案系侵害商标权纠纷。根据上诉人的上诉请求与理由，该案的争议焦点为：（1）被诉行为发生时，路虎公司涉案3个注册商标是否已经处于驰名状态；（2）被诉行为是否构成侵权；（3）一审判赔数额是否合理。

一、关于被诉行为发生时，涉案商标是否已经驰名的问题

在该案中，路虎公司第808460号""图形商标、第3514202号"路虎"文字商标、第4309460号"LANDROVER"文字商标均核定使用在第12类"陆地机动车辆"等商品上，奋力公司被诉商标主要使用在第32类"不含酒精的饮料"商品上，两者既不属于同类商品也不属于类似商品，但路虎公司认为其涉案的3个注册商标属于驰名商标，被诉商标系复制、摹仿其驰名商标，因此，该案属于《商标法》（2001年修正）第十三条第二款规定"就不相同或者不相类似商品申请注册的商标是复制、摹仿或者翻译他人已经在中国注册的驰名商标，误导公众，致使该驰名商标注册人的利益可能受到损害的，不予注册并禁止使用"的情形。奋力公司则上诉认为，路虎公司并无证据证明其第808460号""图形商标、第3514202号"路虎"文字商标、第4309460号"LANDROVER"文字商标在该案被诉行为发生时已经是驰名商标，主张该案不能进行跨类保护。对此，二审法院认为，路虎公司在一审中所提交的证据证明：路虎公司涉案第808460号""图形商标、第3514202号"路虎"文字商标、第4309460号"LANDROVER"文字商标先后于1996年、2004年和2007年在我国获准商标注册。路虎公司提供的2004年至2013年期间中国大陆相关媒体报道、公益慈善捐款单据、汽车行业评奖情况，显示路虎汽车自2004年起参加中国各地车展、进入中国各地市场、获得大量奖项和荣誉，涉案注册商标使用时间长，在同行业中享有盛誉；路虎公司提供的审计报告、进出口货物报关单及进口关税统计表、销售数量统计表、税收排名、行业平台网络报道等证据，证明仅其在中国设立的子公司捷豹路虎汽

车贸易（上海）有限公司在全国各地就设有130多家销售代理商，2010年至2012年的财务审计应交税金分别为3.6亿多元、9.1亿多元和13.8亿多元；在2011年至2013年路虎汽车所缴进口关税分别为13亿多元、42亿多元和47亿多元，充分证明路虎汽车在2013年以前，已在中国大陆具有较大销售区域和市场份额，在市场上具有较高知名度，为公众所熟知；路虎公司提供的广告定位排期表、宣传费用统计表、广告合同及发票、报刊广告、网络搜索结果及广告监控报告，证明路虎公司于2009年至2013年投入了大量精力、时间和费用对涉案注册商标及其产品进行了长期、广泛的宣传、使用和维护，路虎公司及其涉案注册商标已在中国大陆建立了较高知名度和广泛影响力。而路虎公司于一审期间提交的商评字〔2015〕第0000047168号、第0000047387号商标异议复审裁定书也表明，商标评审委员会曾针对案外人在2009年12月和2011年4月19日申请注册的两个被异议商标进行复审时认定，路虎公司提交的证据证明其涉案注册商标经路虎公司的长期使用和广泛宣传，已为相关消费者所普遍知晓，已经达到驰名商标的知名程度。

综合上述证据，二审法院认为，路虎公司提交的上述证据已经足以证明，使用在陆地机动车辆等商品上的第808460号" "图形商标、第3514202号"路虎"文字商标、第4309460号"LANDROVER"文字商标在该案被诉侵权行为发生前，即2013年7月前，已在中国境内成为社会公众广为知晓的商标，达到了驰名的程度。奋力公司关于路虎公司并无证据证明其涉案商标在被诉行为发生时业已驰名的上诉理由与事实不符，二审法院不予支持。

奋力公司还上诉认为，根据双方当事人在二审中提交的商评字〔2014〕第044638号商标异议复审裁定书和相关行政判决，路虎公司在该案中关于涉案商标属于驰名商标的主张并未受到商标评审委员会或法院的认可，从而主张涉案注册商标并不驰名。对此，二审法院认为，某个商标是否被认定为驰名商标，属于个案认定和事实认定的问题，即在每一案件中，驰名商标的认定取决于该个案的具体情况及举证情况，对其他案件并不当然具有法律约束力。商标评审委员会作出的相关商标异议复审裁定书及法院所作裁决只能作为认定该案事实的依据之一，并不能作为认定该案事实唯一的或者决定性的证据。该案必须根据双方当事人提交的全部证据进行综合判断。正因为如此，二审法院在全面审核双方当事人提交的证据并从各证据与案件事实的关联程度、各证据之间的联系等前提下，作出认定路虎公司在该案中所提交的证据已足以证明其涉案3个注册商标在被诉行为发生前已达到驰名程度。因此，奋力公司相关上诉主张不能成立，二审法院不予支持。

二、关于被诉行为是否构成商标侵权的问题

《商标法》第十三条第二款规定："就不相同或者不相类似商品申请注册的商标是复制、摹仿或者翻译他人已经在中国注册的驰名商标，误导公众，致使该驰名商标注册人的利益可能受到损害的，不予注册并禁止使用。"《最高人民法院关于审理商标民事纠纷案件适用法律若干问题的解释》第一条第（二）项规定，"复制、摹仿、翻译他人注册的驰名商标或其主要部分在不相同或者不相类似商品上作为商标使用，误导公众，致使该驰名商标注册人的利益可能受到损害的"行为，是商标侵权行为。《最高人民法院关于审理涉及驰名商标保护的民事纠纷案件应用法律若干问题的解释》（法释〔2009〕3号）第九条规定，足以使相关公众认为被诉商标与驰名商标具有相当程度的联系，而减弱驰名商标的显著性、贬低驰名商标的市场声誉，或者不正当利用驰名商标的市场声誉的，属于"误导公众，致使该驰名商标注册人的利益可能受到损害"。在该案中，路虎公司涉案"LAND ROVER""路虎""LANDROVER"注册商标属于臆造词，其本身作为商标就具有较强的显著性，经过路虎公司长期的、持续的、广泛的使用、宣传和维护，其显著性得到了进一步的加强，知名度也得到了相关公众的认可，相关公众只要一看到或者听到涉案商标，就会很容易联想到路虎公司。奋力公司使用的被诉商标标识为"路虎""LAND-ROVER""Landrover 路虎"及上下排列的"路虎 LandRover"等，将之分别与路虎公司涉案3个注册商标相比，构成相同或相近似，奋力公司对此并无异议，其亦无法对其使用被诉商标标识的行为作出合理解释。奋力公司仅以其曾在第30类商品上申请并获准注册第8429937号"路虎LANDROVER"商标为由，上诉主张被诉行为是合法使用自己的注册商标、不会误导相关公众、不构成侵权。对此，二审法院认为，根据《最高人民法院关于审理涉及驰名商标保护的民事纠纷案件应用法律若干问题的解释》（法释〔2009〕3号）第十一条"被告使用的注册商标违反商标法第十三条的规定，复制、摹仿或者翻译原告驰名商标，构成侵犯商标权的，人民法院应当根据原告的请求，依法判决禁止被告使用该商标"的规定，无论奋力公司是否已就"路虎LAND-ROVER"商标在某一类商品上申请乃至获准商标注册，路虎公司均有权寻求禁止在后注册商标使用的民事救济，从而制止奋力公司在实际经营活动中摹仿其驰名商标在不相同和不相类似的商品上作为商标使用、误导公众。况且，路虎公司在该案中提供的证据还表明，奋力公司申请注册的第8429937号"路虎LANDROVER"商标已被生效行政判决认定"具有明显的复制、抄袭他人有一定知名度商标的故意……奋力公司恶意注册本案被异议商标的行为应当予以禁止"，从而认定对该商标的注册申请"不应予以核准"，故奋力公司所谓合法使用合法注册商标的抗辩不能成立。在该案中，奋力公司被诉标识所使用的商品虽然与路虎公司涉案注册商标核定使用的商品类别不同，但如前所述，基于路虎公司涉案注册商标的显著性和长期大量使用，相关公众已将涉案注册商标与路虎公司建立起紧密联系。相关公众看到被诉产品及被诉标识，容易误以为被诉行为获得了路虎公司的许可，或者误以为奋力公司与路虎公司之间具有控股、投资、合作等相当程度的联系，削弱了路虎公司涉案注册商标作为驰名商标所具有的显著性和良好商誉，损害路虎公司的利益。因此，一审法院认定奋力公司被诉行为误导公众，致使路虎公司的利益可能受到损害，从而构成商标侵权，并无不当，二审法院予以支持。

三、关于一审判赔数额是否合理的问题

奋力公司上诉认为，奋力公司合法使用自己申请注册的商标，主观上并无过错；且奋力公司注册资本少，被诉行为规模有限，一审判赔金额明显过高。经审查，二审法院对该上诉主张不予支持。理由如下：第一，路虎公司为涉案注册商标的使用、宣传与维护付出了长期、持续、大量的努力，涉案注册商标知名度高，享有良好的市场声誉，应受到与其知名度相匹配的司法

保护力度。第二，奋力公司使用的被诉标识均为摹仿、复制路虎公司涉案 3 个驰名商标的全部或主要部分，攀附驰名商标声誉的主观恶意明显，情节恶劣。第三，从该案的证据来看，奋力公司不仅在公司网站、知名网站"阿里1688"上对被诉标识进行宣传，还在实体经营中存在实际使用行为；从路虎公司一审提供的证据来看，奋力公司的被诉侵权行为在路虎公司提起该案诉讼后仍在持续，侵权行为持续的时间较长、传播范围较广。第四，该案的证据显示，奋力公司并非被诉标识的善意使用者，除了该案所涉被诉标识之外，奋力公司还申请注册了大量与其他名人和知名企业称谓相同的商标，其利用我国商标注册制度囤积和不当使用商标的主观恶意明显。在二审法院二审期间，奋力公司不仅无法对其使用被诉标识的行为作出合理解释，反而以其使用的商标曾经获得授权、申请商标注册并不违法为由坚称不侵权，其利用合法形式来掩盖侵权实质行为的主观恶意明显，严重有违诚实信用原则。第五，路虎公司在一审提供的证据表明，奋力公司曾因产品质量监测不合格受到广东工商行政管理局的通告查处，虽然并无证据表明相关工商查处与涉案被诉产品直接相关，但路虎公司涉案驰名商标的知名度显然将因被诉侵权行为的存在而受到淡化，美誉度因奋力公司的不当使用而受到贬损，路虎公司因此而遭受的损害较大。第六，路虎公司为制止该案侵权行为，提供了 28 万多元的前期调查取证费用凭据，并提供了其他合理开支的部分票据。故一审法院综合该案路虎公司涉案商标的数量、知名度，奋力公司被诉侵权行为的性质、情节、持续时间、后果、经营范围，以及路虎公司的合理维权开支情况等，酌情判定奋力公司赔偿路虎公司经济损失共计 120 万元，并无不当，二审法院予以维持。

综上，二审法院判决：驳回上诉，维持原判。二审案件受理费人民币15600 元，由奋力公司负担。

案例解析

该案系侵害商标权纠纷。路虎公司涉案 3 个商标均核准在第 12 类陆地机动车辆等商品上，使用被诉侵权标识的维生素饮料属第32类不含酒精饮料商品，二者不属于相同或相类似商品范畴，这并非是一般意义的商标侵权。那么关键问题在于对涉案商标是否驰名作出认定，在该案中，对驰名商标的认定直接决定了路虎公司能否要求跨类保护，从而要求侵权损害赔偿。因而，该案是涉及驰名商标跨类保护的案件。

一、关于驰名商标的认定的问题

（一）驰名商标认定的标准

根据《商标法》和《最高人民法院关于审理涉及驰名商标保护的民事纠纷案件应用法律若干问题的解释》（法释〔2009〕3号）的相关规定，认定驰名商标应当考虑下列因素：（一）相关公众对该商标的知晓程度；（二）该商标使用的持续时间；（三）该商标的任何宣传工作的持续时间、程度和地理范围；（四）该商标作为驰名商标受保护的记录；（五）该商标驰名的其他因素。

为此，应当进一步明确驰名商标的内涵和贯彻"个案认定、被动保护"的原则，根据商标法及其相关规定，请求驰名商标保护应当包含以下三个前提：

（1）该商标为相关公众所熟知。所谓为相关公众所熟知，是指与使用商标所标示的某类商品或者服务有关的消费者，生产前述商品或者提供服务的其他经营者以及经销渠道中所涉及的销售者和相关人员等，都清楚地知道该商标及使用该商标的商品或者服务的来源。为相关公众所熟知，是驰名商标的内涵。即驰名商标是指为相关公众所熟知的商标。请求驰名商标保护，首先要求该商标是驰名商标。

（2）该商标的持有人认为其权利受到侵害。《保护工业产权巴黎公约》和《与贸易有关的知识产权协定》规定驰名商标的保护，目的在于防止已经驰名的商标被他人侵害，而非将被认定为驰名商标这个事实用于企业的市场推广。但我国的一些企业将驰名商标作为市场推广、广告宣传的资源，诱导社会公众将驰名商标认定作为国家对商品质量和企业信誉的认可；一些地方政府有关部门将驰名商标数量视为政绩。这使得驰名商标的认定由手段变成了目的，出现了驰名商标认定数量剧增、部分"驰名商标不驰名"以及驰名商标认定过程中的腐败等问题。针对这一问题，本条要求只有在商标持有人认为其权利受到侵害时，才可以请求驰名商标保护。

（3）驰名商标保护的请求应当由商标持有人提出。为防止"批量认定、主动保护"的情况出现，根据"个案认定、被动保护"的原则，驰名商标的保护请求应当由商标持有人提出，而不能由商标持有人以外的任何其他人以及机构、组织等提出。

当事人主张商标驰名的，应当就驰名的事实进行举证，商标驰名的事实，不适用民事诉讼证据的自认规则。人民法院应当结合认定商标驰名的证据，客观、全面地进行审查其是否广为公众知晓。此外，根据《驰名商标认定和保护规定》的规定，在进行驰名商标认定时，商标行政机关和人民法院可根据该商标使用商品的市场份额、销售区域、利润，该商标的持续使用时间，该商标的宣传或者促销活动的方式、持续时间、程度、资金投入和地域范围，该商标曾被作为驰名商标受保护的记录，该商标享有的市场声誉，证明该商标已属驰名的其他事实等加以考虑。

而路虎公司提交足够的证据就其涉案商标驰名的事实进行举证，一审、二审法院基于证据事实的充分，都肯定涉案3个商标在该案被诉侵权行为发生前已在中国境内成为社会公众广为知晓的商标，在中国汽车行业中享有盛誉，具有较高知名度和广泛影响力，因此在裁判中认定3个涉案商标为驰名商标，重申了人民法院对驰名商标进行司法认定的审判理念。

（二）驰名商标司法认定中的个案事实认定

驰名商标是指在中国境内为相关公众广为知晓的商标。驰名商标司法认定是在个案中为保护驰名商标权利的需要而进行的法律要件事实的认定，属于认定事实的范畴，不构成单独的诉讼请求，因而对于驰名商标的认定仅在裁判理由中予以表述，无须在判决主文中确认。虽然是事实认定，已被行政机关或人民法院认定的驰名商标也不可以作为证据直接使用，而需再行认定。因为其他已被人民法院认定的事实是稳定的，而驰名商标是一个动态变化的过程，不能直接作为证据使用；如果对已被认定的驰名商标当事人不提出异议，则人民法院无须再行认定，反之则需重新认定。

另外，从驰名商标保护制度设立的目的来看，主要是为弥补商标注册制度的不足，对相关公众所熟知的商标在其未注册的部分领域提供保护（对未注册驰名商标提供保护、扩大已经注册的驰名商标的保护范围），制止他人复制模仿、傍名牌的不正当竞争行为，防止消费者对商品来源产生混淆。对驰名商标进行认定，只是判断能否获得这种保护的前提，该认定只在个案中有效。同时，商标"驰名"仅表明其为特定领域的相关公众所熟知，并不表明其产品质量更佳、企业信誉更好。

尽管被告提供的多个行政裁定和判决企图认定路虎公司相关商标在该案发生时并非驰名商标，但因路虎公司仍主张其属于驰名商标，且此次发生争议的时间节点与上次不同，加之商标是否驰名属于变动的事实，该案中对驰名商标的认定直接决定了路虎公司能否要求跨类保护，因而要对涉案3个商标予以认定。因此对该案纠纷发生时争议商标是否驰名，人民法院必须作为案件事实进行认定。

二、关于被诉行为是否构成侵权的问题

驰名商标关系到商品的商誉和企业的声誉。我国《商标法》（2001年修正）第十三条第二款对驰名注册商标的跨类保护以"误导公众，致使该驰名商标注册人的利益可能受到损害"为构成要件，《最高人民法院关于审理涉及驰名商标保护的民事纠纷案件应用法律若干问题的解释》（法释〔2009〕3号）第九条第二款对该要件进行了明确。认定驰名商标的标准通常较高，驰名商标跨类保护的范围涉及公平竞争与自由竞争的平衡，因此驰名商标跨类保护的范围应与其驰名程度相适应。我国给予驰名商标跨类保护是在构成误导和损害的限度内给予的保护，跨类保护既不能过宽实行全类保护，也不能过窄对可能造成损害的不予保护，应该以适度保护为原则，合理确定驰名商标的保护范围。驰名商标跨类保护范围的大小应当与其驰名度和显著性成正比，驰名程度越高的商标，其跨类保护的范围越大。通过驰名商标跨类保护对此种行为予以禁止,符合知识产权司法保护基本政策中"严格保护"的内在要求。

保护合法的在先权利是知识产权法律的重要原则,如果使用被诉标识的行为容易使相关公众误以为被诉标识使用者与驰名商标注册人具有相当程度的联系,从而不正当利用了驰名商标的声誉,损害了驰名商标注册人的利益,应认定为不正当竞争,属侵权行为。

该案恰恰是被告实施了侵权行为,削弱路虎公司涉案注册商标作为驰名商标所具有的显著性和良好商誉,损害路虎公司的利益。另外,奋力公司并非被诉标识的善意使用者,除了该案所涉被诉标识之外,还申请注册了大量与其他名人和知名企业称谓相同的商标,其利用我国商标注册制度囤积和不当使用商标的主观恶意明显。奋力公司不仅无法对其使用被诉标识的行为作出合理解释,反而以其使用的商标曾经获得授权、申请商标注册并不违法为由坚称不侵权,其利用合法形式来掩盖侵权实质行为的主观恶意明显,严重有违诚实信用原则,其侵权行为应大力制止。

该案被告所为行为已经逾越企业名称正当善意使用的界限,造成相关公众对该商标产生存在关联关系的混淆误认,对于其违背诚实信用原则的侵犯注册商标专用权和不正当竞争行为,法院根据《商标法》第五十二条之规定予以严格处罚,依法保护注册商标专用权。

三、一审判赔数额是否合理

驰名商标实行的是跨类保护,侵权者与商标所有人经营的是不同的商品或者服务,以侵权的获利确定损害赔偿额似乎不尽合理,以商标权人的损失作为计算标准也难以掌握,因此如何确定此类案件中的赔偿数额,是审判实践中的难点所在。

根据《商标法》第六十三条规定,法院在审理商标侵权案件时具体赔偿数额按照权利人因被侵权所受到的实际损失确定,而实际损失难以确定的,可以按照侵权人因侵权所获得的利益确定;权利人的损失或者侵权人获得的利益难以确定的,参照该商标许可使用费的倍数合理确定。对恶意侵犯商标专用权，情节严重的，可以在按照上述方法确定数额的 1 倍以上 3 倍以下确定赔偿数额。赔偿数额应当包括权利人为制止侵权行为所支付的合理开支。人民法院为确定赔偿数额，在权利人已经尽力举证，而与侵权行为相关的账簿、资料主要由侵权人掌握的情况下，可以责令侵权人提供与侵权行为相关的账簿、资料；侵权人不提供或者提供虚假的账簿、资料的，人民法院可以参考权利人的主张和提供的证据判定赔偿数额。权利人因被侵权所受到的实际损失、侵权人因侵权所获得的利益、注册商标许可使用费难以确定的，由人民法院根据侵权行为的情节判决给予 300 万元以下的赔偿。

根据商标法司法解释的有关规定，在商标侵权案件赔偿数额确定问题上，当商标侵权人的损失及侵权人的获利难以确定时，应当将驰名商标的知名度、侵权人的主观恶意、侵权行为对驰名商标的淡化、权利人的合理支出等因素作为确定侵权赔偿数额的重要参考因素并予以充分考虑，法院将这些因素纳入赔偿数额确定的因素，使侵权行为人的侵权成本增加，从而达到有效地防止侵权、制止侵权行为，从而保护权利人的合法权益，为正在实施的创新驱动发展战略提供良好的法治环境。

因此，在因侵权获利和因侵权损失均难以确定的情况下，通过查明奋力公司恶意攀附驰名商标声誉、恶意申请注册其他名人和知名企业称谓相同的商标等方式认定奋力公司的侵权主观恶意明显，严重有违诚实信用原则，并结合侵权范围和持续时间等因素多方面综合考虑，二审法院根据《商标法》第六十三条规定，认为一审法院判赔 120 万元并无不当，依法判令驳回上诉，维持原判。

案例 12　市场开办方是否构成间接商标侵权的判断标准

——法国香奈儿股份有限公司诉胡小琴、
广州市时尚商业城有限公司侵害商标权纠纷案

[裁判要旨]

根据《商标法》第五十七条的规定，未经商标注册人的许可，在同一种商品上使用与其注册商标相同或近似的商标，容易导致混淆的；以及销售侵犯注册商标专用权的商品；伪造、擅自制造他人注册商标标识或者销售伪造、擅自制造的注册商标标识的，均属于侵犯注册商标专用权的行为。胡小琴经营的"卡仙妮"店铺未经注册商标所有人香奈儿公司许可，且无法证明该商品是自己合法取得并说明提供者，销售与其注册商标具有相同的图形标识的手提包和手袋，构成侵犯注册商标专有权。

根据《商标法》第五十七条规定，故意为侵犯他人商标专用权行为提供便利条件，帮助他人实施侵犯商标专用权行为的，构成侵犯注册商标专用权的行为。市场开办方对在其场所内进行经营活动的商户负有监管的义务，实际侵权人作为其商户未办理合法证照，市场开办方怠于核实及督促办理，应对其商户的侵权行为承担连带责任。广州市时尚商业城在明知其监管的商户"卡仙妮"店铺不具备合法经营资质，且有责任进行监管的情况下，仍放任"卡仙妮"店铺的无证经营行为。广州市时尚商业城此举属于对胡小琴经营的"卡仙妮"店铺实施侵犯注册商标所有权提供便利条件，帮助他人实施侵犯商标专用权行为，因此广州市时尚商业城应当与"卡仙妮"店铺承担连带侵权责任。

入选理由

该案是关于涉外著名商标专用权的侵权认定以及市场开办者需要承担何种责任的一个指导性案例。香奈儿公司作为国际知名品牌，其注册商标具有较高的知名度和显著性，侵犯其注册商标专有权的行为较普遍也较容易被发现，因此，此案的审理结果对后续相似商标侵权案件具有案例指引作用。此前在假冒欧美名牌商品案中，主要是追究生产方的侵权责任，对销售场所经营人的追责则很少。广州知识产权法院详细论述了在该案中，如何证明假冒产品侵害商标专用权，即在假冒产品与注册商标核定使用的商品相同，文字标识及字母排列顺序、字体字形一致，在视觉上基本无差别，两者构成相同，且未经权利人授权，也未能提供合法有效的证据证明涉案侵权产品的销售具有合法来源时，涉案侵权行为人即构成侵权，并应当承担停止侵权行为，即停止售卖假冒产品并承担赔偿损失的责任。

在侵犯注册商标专有权的案件中，往往还会牵扯到赔偿数额的争议，根据商标法规定，侵犯注册商标专有权的赔偿数额在权利人的损失或者侵权人获得的利益难以确定的情况下，参照该商标许可使用费的倍数合理确定。因该案权利人被侵权遭受的实际损失以及侵权行为人因侵权而获利的具体数额均无足够的证据证明，一审法院在综合考虑权利人注册商标的权利状况、侵权行为人侵权行为的性质、情节、经营方式、规模等因素后，对赔偿数额视其合理性程度酌情确定了赔偿数额。

同时，市场开办方虽然不是直接侵权行为人，但其作为为商标侵权行为人提供经营场所、提供便利条件的一方，在其监管下的侵权行为人在不具有合法的经营身份且已经受到行政处罚的情况下，仍怠于行使管理和监督责任，放任侵权者侵权行为，市场开办方对此须承担连带责任。此案件的判罚对关于市场开办方是否承担商标侵权连带责任的类似案件的审理提供了有参考价值的裁判思路。

案例 12
市场开办方是否构成间接商标侵权的判断标准

案例索引

一审案号:广东省广州市天河区人民法院(2015)穗天法知民初字第243号

二审案号:广州知识产权法院(20165)粤73民终530号

基本案情

上诉人(一审被告):广州市时尚商业城有限公司(以下简称"时尚商业城公司")

被上诉人(一审原告):香奈儿股份有限公司CHANEL(法国)(以下简称"香奈儿公司")

一审诉请

香奈儿公司向一审法院起诉请求:(1)胡小琴立即停止销售侵犯香奈儿公司对第145865号"CHANEL"注册商标专用权的商品;(2)胡小琴赔偿香奈儿公司经济损失及维权费用人民币6万元,时尚商业城公司承担连带赔偿责任;(3)该案诉讼费由时尚商业城公司、胡小琴承担。

一审裁判

香奈儿公司系第793287号及第145865号注册商标的注册人,其中,第145865号注册商标尚在有效期内,其注册商标专用权应当受到我国法律保护;虽然第793287号注册商标的有效期至2015年11月20日已届满,但香奈儿公司依法有权就发生在该商标有效期内的侵害其注册商标专用权的行为主张权利。

《商标法》第五十七条第(一)项、第(三)项规定,未经商标注册人的许可,在同一种商品上使用与其注册商标相同的商标的,销售侵犯注册商标专用权的商品的,均属于侵犯注册商标专用权的行为。在该案中,广州市工商行政管理局天河分局于2013年12月4日在胡小琴经营的"卡仙妮"店铺查扣的商品为手提包,与香奈儿公司第793287号注册商标核定使用的商品相同,上述手提包正面突出使用的标识与第793287号注册商标的图形标识在视觉上基本无差别,两者构成相同,故一审法院认定上述手提包为侵犯香奈儿公司第793287号注册商标专用权的商品。(2014)粤江江海第007985号公证书显示胡小琴经营的"卡仙妮"店铺于2014年11月19日销售的商品为手袋,与香奈儿公司享有商标专用权的第145865号注册商标核定使用的商品相同,该手袋内侧突出使用的"CHANEL"标识与第145865号注册商标的文字标识"CHANEL"的字母排列顺序、字体字形一致,在视觉上基本无差别,两者构成相同,故一审法院认定上述手袋为侵犯香奈儿公司第145865号注册商标专用权的商品。

香奈儿公司的第793287号、第145865号具有较高的知名度和显著性,胡小琴作为经营者,应比一般消费者有更高的注意义务,应当知道涉案手提包及手袋属于侵犯他人注册商标专用权的产品,但其未尽合理注意义务,也未能提供合法有效的证据证明涉案侵权产品的销售具有合法来源,其行为已构成对香奈儿公司第793287号、第145865号注册商标专用权的侵犯,依法应承担赔偿损失的民事责任;第145865号注册商标尚在有效期内,故胡小琴就其侵犯第145865号注册商标专用权的行为,依法应承担停止侵权的民事责任,即停止销售侵犯香奈儿公司第145865号注册商标专用权的手袋。

关于赔偿损失的数额,鉴于香奈儿公司因被侵权遭受的实际损失和胡小琴因侵权而获得的利益的具体数额均无足够的证据证明,一审法院注意到香奈儿公司注册商标的知名度及显著性较高,胡小琴在受到行政处罚后仍继续销售侵犯香奈儿公司注册商标专用权的商品,其侵权的主观过错较明显,并综合考虑香奈儿公司注册商标的权利状况、胡小琴侵权行为的性质、情节、经营方式、规模等因素,酌情确定赔偿数额,对于超出数额部分,一审法院不予支持。香奈儿公司主张的公证费、调查费已提供相应的票据,一审法院视其必要性、合理性程度酌情予以支持;香奈儿公司就律师费虽未提交相应的票据，但香奈儿公司委托的律师已出庭，该费用已实际发生，一审法院视其合理性程度酌情予以考虑，不予全额支持。

关于时尚商业城公司是否应承担连带责任。时尚商业城公司作为商场的出租方与管理方，应对在其场所内进行经营活动的商户负有监管的义务。胡小琴作为在时尚商业城公司场内进行经营活动的商户，现有证据并未显示胡小琴已申领相关个体工商户营业执照，时尚商业城公司未及时督促其办理相关的工商登记手续；在工商行政机关已针对其场内经营的商户胡小琴销售侵犯香奈儿公司注册商标专用权的商品的行为作出行政处罚的情况下，时尚商业城公司未对胡小琴的经营活动进行检查、教育及监管，致使胡小琴继续销售侵权商品；香奈儿公司曾向时尚商业城公司邮寄律师函，该函件的邮寄名称与地址均正确指向时尚商业城公司，但被实际退回，在时尚商业城公司未提供证据证明香奈儿公司对函件被退回存在过错的情况下，应视为时尚商业城公司对其监管职责、法律责任的淡漠。综上，时尚商业城公司对胡小琴的侵权行为未履行监督管理的义务，依法应对胡小琴的侵权行为承担连带责任。

综上，一审法院判决：（1）胡小琴于该判决发生法律效力之日立即停止销售侵犯香奈儿公司第145865号注册商标专用权的手袋；（2）胡小琴于该判决发生法律效力之日起10日内赔偿香奈儿公司经济损失及为制止侵权行为所支付的合理开支共计人民币30000元；（3）时尚商业城公司对该判决主文第二项所确定的债务承担连带清偿责任；（4）驳回香奈儿公司的其他诉讼请求。

二审判决

二审法院认为：根据《民事诉讼法》第一百六十八条规定，第二审人民法院应当对上诉请求的有关事实和使用法律进行审查。结合各方当事人的诉辩，该案二审争议的焦点为时尚商业城公司是否应当对胡小琴销售被诉侵权产品的行为承担连带责任的问题。

香奈儿公司在该案中以时尚商业城公司为胡小琴销售侵权商品提供经营场所的便利为由主张时尚商业城公司应承担共同侵权责任。根据《商标法实施条例》第七十五条规定，为侵犯他人商标专用权提供仓储、运输、邮寄、印制、隐匿、经营场所、网络商品交易平台等，属于商标法第五十七条第（六）项规定的提供便利条件。

（一）时尚商业城公司所出示的《租赁经营合同》约定有"为统一管理，更好地为商家提供专业服务""甲方负责开展法制教育、职业道德教育、安全防火教育培训"及"履约保证金……，并向甲方提供该商铺证照（包括但不限于工商营业执照）已注销证明文件的前提下，30日内无息退还给乙方"等内容，由此可见，时尚商业城公司除为商户提供经营场所外，还负有"统一管理""法制教育、职业道德教育、安全防火教育培训"等义务及享有商户注销工商营业执照后才退还保证金等的权利，故时尚商业城公司作为涉案商场的开办者，对其开办的商场负有审慎的商业管理义务并可要求商户提供营业证照及注销证照，其应确保商户在该商场中经营时具有合法经营的主体资格。故时尚商业城公司以其仅是商铺的出租方为由主张免除其管理责任的意见依据不足，亦与其合同约定不符。时尚商业城公司称对胡小琴所经营的涉案商铺因售假被工商部门查处的事实不知情，该意见与其合同中关于"统一管理"及"法制教育"等约定不符，亦有悖于其作为商铺开办方的审慎义务，时尚商业城公司以其非行政处罚的相对人为由主张免除责任依据不足，二审法院对此不予采纳。时尚商业城公司以涉案《租赁经营合同》及商场物业管理规定已对售假商户作出教育、警告、停业整顿甚至清退出场的约定为由主张其已尽必要的引导及督促义务，但未能举证证实其就涉案销售侵权商品的行为在合同履行期间已对胡小琴进行"教育""警告""停业整顿"及"清退出场"，故其上述主张依据不足，二审法院对此不予采纳。

（二）经营者取得合法经营主体资格以其经过工商登记依法取得营业执照为前提，经营者须在店内悬挂营业执照，便于相关公众知晓和监督。该案中，时尚商业城公司称胡小琴于2015年4月30日解除双方租赁合同、退出涉案商铺，而2015年4月30日是租赁经营合同约定合同履行期届满的日期，但时尚商业城公司于二审诉讼中仍称不清楚胡小琴所经营涉案商铺是否持有合法证照经营，由此可见，时尚商业城公司在整个合同履行期间，尤其是在香奈儿公司提起该案商标侵权诉讼后，仍未就其商户胡小琴在其开办商场内所经营的商铺是否持有合法证照经营的问题进行核实，此有悖于审慎管理的义务，其作为商场的开办方在整个涉案合同履行期间及商标侵权诉讼期间均怠于核实其商户是否持有合法证照经营的情况，亦未举证证实其已履行法制教育的合同义务，故可认定其怠于商业管理的行为为胡小琴在涉案商铺销售侵犯香奈儿公司商标权的商品被工商部门查处后再次销售侵犯商标权商品提供了可能性，时尚商业城公司对放任胡小琴在涉案商铺持续侵权的行为负有主观过错，其客观上为胡小琴销售涉案被诉侵权商品提供了经营场所。因此，一审法院认定时尚商业城公司应当与胡小琴共同向原告承担连带侵权责任并无不当，二审法院依法予以维持。

综上，上诉人的上诉请求不能成立，应予驳回；一审判决认定事实清楚，适用法律正确，应予维持。依照《民事诉讼法》第一百七十条第一款第（一）项之规定，判决如下：驳回上诉，维持原判。二审案件受理费550元，由上诉人广州市时尚商业城有限公司负担。

案例解析

该案是一个商标专用权侵权案件，该案争议的焦点主要集中在两个方面：一是涉案产品是否构成商标权侵权，二是作为提供经营场所的市场开办者是否需要对被管理者的侵权行为承担连带责任。

一、关于商标权侵权的确定

从一审法院的判决来看，根据《商标法》第五十七条第（一）项、第（三）项规定，未经商标注册人的许可，在同一种商品上使用与其注册商标相同的商标的，销售侵犯注册商标专用权的商品的，均属于侵犯注册商标专用权的行为。在该案中，广州市工商行政管理局天河分局在胡小琴经营的"卡仙妮"店铺查扣的手提包，与香奈儿公司注册商标核定使用的商品相同，上述手提包正面突出使用的标识与其注册商标的图形标识在视觉上基本无差别，两者构成相同。（2014）粤江江海第007985号公证书显示胡小琴经营的"卡仙妮"店铺销售的商品为手袋,与香奈儿公司享有商标专用权的注册商标核定使用的商品相同,该手袋内侧突出使用的"CHANEL"标识与其注册商标的文字标识"CHANEL"的字母排列顺序、字体字形一致,在视觉上基本无差别,两者构成相同。权利人香奈儿公司通过出具鉴定书载明其从未授权侵权人"卡仙妮"店铺生产、加工、销售、仓储CHANEL品牌的商品,其所售卖的是假冒产品。行为人在未经商标权人许可的情况下,在相同或类似商品上使用与权利人注册商标相同或近似的商标的,构成商标侵权。故一审法院认定上述手提包和手袋为侵犯香奈儿公司两项注册商标专用权的商品。

二、关于市场开办者需要承担何种责任

时尚商业城公司向法院提交一份租赁经营合同,以证明其将涉案商铺出租给胡小琴,不负责涉案商铺的日常经营管理和销售,其与胡小琴所实施的侵权行为不存在意思联络或故意。该合同中载明,在租赁经营期限内,甲方时尚商业城公司负责开展法制教育、职业道德教育、安全防火教育培训;乙方胡小琴应当确保执照或许可证等在租赁期限内完全有效,以及在各方面须符合执照或许可证的规定。提供经营场所的市场开办者作为商场的出租方与管理方,理应对在其场所内进行经营活动的商户负有监管的义务。故管理者不得以其仅是商铺的出租方为由主张免除其管理责任。根据《商标法实施条例》第七十五条规定,为侵犯他人商标专用权提供仓储、运输、邮寄、印制、隐匿、经营场所、网络商品交易平台等,属于商标法第五十七条第(六)项规定的提供便利条件。市场开办者作为涉案商场的管理者,虽不存在直接侵权行为,但其对开办的商场负有审慎的商业管理义务,其应确保商户在该商场中经营时具有合法经营的主体资格。在该案中,在现有证据并未显示胡小琴已申领相关个体工商户营业执照的情况下,时尚商业城公司未及时督促其办理相关的工商登记;同时,在工商行政机关已针对其场内经营的商户胡小琴销售侵犯香奈儿公司注册商标专用权的商品的行为作出行政处罚的情况下,其仍未对胡小琴的经营活动进行检查、教育及监管,致使胡小琴继续销售侵权商品。时尚商业城公司怠于商业监管的行为为胡小琴销售侵犯香奈儿公司商标权的商品被工商部门查处后继续销售侵犯商标权商品提供了条件，构成了帮助侵权，应视为时尚商业城公司对其监管职责、法律责任的淡漠。时尚商业城公司对放任胡小琴在涉案商铺持续侵权的行为负有主观过错，且其客观上为胡小琴销售涉案被诉侵权商品提供了经营场所。故提供经营场所的市场开办者应视为《商标法》第五十七条第（六）项规定的提供便利条件者，且开办者懈怠于履行监督管理的义务，对侵权行为人的持续侵权行为负有连带责任。

案例13　申请与他人注册商标相近似的商标和外观设计专利是否构成侵权的判断

——英国博柏利有限公司等与佛山市南海区路必达马球皮具制品有限公司等侵害商标权及不正当竞争纠纷案

> **裁判要旨**

构成侵害注册商标专用权的行为必须是将被诉侵权标识作为"商标"在商业活动中使用的行为,即被诉侵权标识的使用必须具有识别该商品或服务的来源的功能,才会构成对他人注册商标专用权的侵害,被告虽申请数十个与原告注册商标相近似的外观设计专利权,但并未对该商标进行使用,因此被告的申请注册行为不构成不正当竞争。被诉侵权人在市场交易中实施该商标行为依据相关法律予以制止,不宜再以反不正当竞争法作扩展保护。

根据商标法的有关规定,对于连续三年不使用的商标,任何单位或者个人均有权申请撤销,因此申请撤销商标行为属于行使自身的权利,而被告申请主管机关撤销该注册商标的行为,属合法行为,非不正当竞争。

对于原告主张多名被告共同实施了被诉侵害商标权的行为,人民法院综合审查相关证据与事实,认为被诉侵权产品上标注的商标的所有人与该产品的生产者存在关联关系的,共同参与侵权行为具有高度可能性,在被告具有举证责任而又未提出反驳意见情况下,认定其成立共同侵权。

案例 13
申请与他人注册商标相近似的商标和外观设计专利是否构成侵权的判断

> 【入选理由】

该案是关于商标侵权和不正当竞争纠纷的典型案例。原告是世界知名奢侈品品牌商，全球影响范围广，且案件涉及多名当事人，案件事实认定较为复杂。显然，根据知识产权的法定性和地域性原则，合法注册且现行有效的商标应受该国或该地区法律保护其商标专用权，然而突破地域性限制的商标权利对他国或该地区以外的国家没有约束力，中国大陆对被他国或其他地区认可的商标权利不承担保护的义务。

另外，法院对于该案申请注册行为和申请撤销商标行为的认定可供类似案件参考借鉴，其认为注册行为不属于在商业活动中将被诉侵权标识作为"商标"使用的行为，还确认申请撤销商标行为属于行使自身的权利，明确以上两类行为均不构成不正当竞争行为，具有很强的典型意义和示范意义。

商标共同侵权在实践中屡有发生但其概念鲜有提及，明确商标共同侵权行为的概念和认定标准，有助于商标权利人主张权利，也有利于司法实践灵活掌握。综上，该案判决侵权人支付 300 万元的高额赔偿旨在遏制攀附他人商誉及混淆市场的行为，凸显严格惩罚商标侵权的态度，防止利用形式审查的非法注册的行为，以达到维护公平竞争、良好有序市场秩序的价值取向。这不仅有助于充分发挥司法保护知识产权的主导作用，通过引导社会公众树立诚实守信的意识，还提升知识产权领域司法公信力和国际影响力，具有良好的裁判导向和示范效果。

> 【案例索引】

一审案号：广东省广州市中级人民法院（2013）穗中法知民初字第 339 号

二审案号：广东省高级人民法院（2016）粤民终 564 号

基本案情

上诉人（一审原告）：博柏利有限公司（Burberry Limited，以下简称"博柏利公司"）

上诉人（一审被告）：佛山市南海区路必达马球皮具制品有限公司（以下简称"路必达公司"）

被上诉人（一审原告）：博柏利（上海）贸易有限公司（以下简称"博柏利贸易公司"）

被上诉人（一审被告）：章可明

被上诉人（一审被告）：汤铁卉

被上诉人（一审被告）：广州市宝罗化妆品有限公司（以下简称"宝罗公司"）

一审诉请

博柏利公司、博柏利贸易公司诉请：请求法院判令4被告停止商标侵权及不正当竞争行为、销毁库存的侵权产品、赔礼道歉，并共同赔偿两原告经济损失人民币400万元及承担该案诉讼费。

一审裁判

一审法院认为，博柏利公司是第G732879号、第G987322号、第3111892号、第G1085596号、第G1096493号商标的注册人，上述商标现合法有效，博柏利公司授权博柏利贸易公司使用其任何在中国持有的商标，故博柏利公司和博柏利贸易公司有权就侵害上述商标权的行为共同提起诉讼。路必达公司、章可明、汤铁卉、宝罗公司认为博柏利贸易公司不是该案的适格原告的意见欠缺法律依据，一审法院不予采纳。结合当事人双方的诉辩意见及该案查明的事实，该案的焦点问题主要如下：（1）路必达公司、章可明、汤铁卉、宝罗公司的行为是否构成商标侵权；（2）路必达公司、章可明、汤铁卉、宝罗公司的行为是否构成不正当竞争；（3）章可明、汤铁卉及其关联公司在香港地区、台湾地区所实施的行为如何处理；（4）路必达公司、章可明、汤铁卉、宝罗公司应承担何种侵权责任。

关于第一个焦点问题。首先，博柏利公司、博柏利贸易公司分别在广州和佛山的友谊商店及路必达公司处通过公证购买取得了被诉侵权产品，且部分产品吊牌印有路必达公司的名称；一审法院经博柏利公司、博柏利贸易公司申请，前往路必达公司处进行证据保全，扣押了部分产品，鉴于博柏利公司、博柏利贸易公司及路必达公司均确认上述被控侵权产品系路必达公司所生产，故一审法院确认路必达公司实施生产和销售行为。产品宣传手册由博柏利公司、博柏利贸易公司在公证购买被诉侵权产品时一并取得，故一审法院确认该产品宣传手册系路必达公司印制和发行。

其次，根据《商标法》第五十七条第（二）项规定："未经商标注册人的许可，在同一种商品上使用与其注册商标近似的商标，或者在类似商品上使用与其注册商标相同或者近似的商标，容易导致混淆的，属侵犯注册商标专用权。"《商标法实施条例》第七十六条规定："在同一种商品或者类似商品上将与他人注册商标相同或者近似的标志作为商品名称或者商品装潢使用，误导公众的，属于商标法第五十七条第二项规定的侵犯注册商标专用权的行为。"博柏利公司、博柏利贸易公司3次公证购买、一审法院证据保全所取得的被控侵权产品以及博柏利公司、博柏利贸易公司指控的产品宣传手册中被控侵权产品系手提袋、拉箱、钱包，与博柏利公司、博柏利贸易公司主张的第G732879号、第G987322号、第G1085596号和第G1096493号商标核定使用商品的种类相同。将被控侵权产品的装潢与博柏利公司、博柏利贸易公司上述4个商标的标识进行比对，虽然装潢的具体颜色因产品而异，但是装潢的构图及各要素的组合整体与上述4个商标的标识构成近似，容易导致相关公众混淆。因此，路必达公司生产、销售被诉侵权产品的行为构成对博柏利公司、博柏利贸易公司第G732879号、第G987322号、第G1085596号和第G1096493号注册商标专用权的侵害。

另外，根据《商标法》第四十八条规定："本法所称商标的使用，是指将商标用于商品、商品包装或者容器以及商品交易文书上，或者将商标用于广告宣传、展览以及其他商业活动中，用于识别商品来源的行为。"产品宣传手册具有广告宣传的性质，其在产品宣传手册印制的产品装潢与博柏利公司、博柏利贸易公司注册商标近似的产品图片，属于商标法意义上的使用行为，路必达公司印制和发行产品宣传手册的行为亦构成对博柏利公司、博柏利贸易公司第 G732879 号、第 G987322 号、第 G1085596 号和第 G1096493 号注册商标专用权的侵害。鉴于第 3111892 号商标核定使用商品的类别为 24 类，与被诉侵权产品不相同也不类似，故博柏利公司、博柏利贸易公司主张路必达公司侵害该商标权的诉请，欠缺法律依据，一审法院不予支持。

路必达公司、章可明、汤铁卉、宝罗公司抗辩其使用在先，提供了 2008 年第 3 期《邮政购物》，该杂志虽刊登有相关格子装潢的产品，但该杂志的时间晚于博柏利公司、博柏利贸易公司第 G732879 号、第 G987322 号的核准注册时间，且路必达公司、章可明、汤铁卉、宝罗公司亦不能证明其使用该标识的知名度的情况，故路必达公司、章可明、汤铁卉、宝罗公司的该证据无法否认其侵权行为。路必达公司、章可明、汤铁卉、宝罗公司提供的其他反映格子图案使用的证据因没有原件或未履行相关公证、认证手续，故一审法院不予采信。

再次，博柏利公司、博柏利贸易公司主张章可明、汤铁卉将其外观设计专利使用于被诉侵权产品的行为构成商标侵权，对此，一审法院认为，该案是基于被诉侵权产品装潢的使用状况而判断路必达公司的行为构成侵权，而装潢又是被诉侵权产品外观的组成部分，故博柏利公司、博柏利贸易公司主张章可明、汤铁卉实施上述行为实际就是使用现有产品装潢的行为，鉴于上述行为已经被认定为商标侵权，故对博柏利公司、博柏利贸易公司该重复的主张一审法院不予处理。博柏利公司、博柏利贸易公司主张章可明、汤铁卉和宝罗公司与路必达公司共同实施商标侵权行为，对此，一审法院认为，该案证据显示实施生产、销售和宣传等侵权行为的主体为路必达公司，章可明和汤铁卉作为个人，博柏利公司、博柏利贸易公司无证据证明其与路必达公司构成共同侵权。至于宝罗公司，虽然被诉侵权产品基本印有其

案例 13
申请与他人注册商标相近似的商标和外观设计专利是否构成侵权的判断

"POLO SANTAROBERTA"商标标识,但这并不代表宝罗公司参与了生产、销售和宣传行为,故一审法院对博柏利公司、博柏利贸易公司上述意见不予采纳。

最后,博柏利公司、博柏利贸易公司主张路必达公司、章可明、汤铁卉、宝罗公司出口带有博柏利公司、博柏利贸易公司涉案5个商标产品的行为构成商标侵权,但未提供相关路必达公司、章可明、汤铁卉、宝罗公司实施出口行为的证据,对此一审法院不予支持。

关于第二个焦点问题。首先,关于博柏利公司、博柏利贸易公司主张的路必达公司、章可明、汤铁卉、宝罗公司使用博柏利公司、博柏利贸易公司知名商品特有装潢及假冒博柏利公司、博柏利贸易公司注册商标的行为是否构成不正当竞争的问题。博柏利公司、博柏利贸易公司所主张的上述不正当竞争行为,均为路必达公司、章可明、汤铁卉、宝罗公司使用被诉侵权产品装潢的行为,鉴于路必达公司、章可明、汤铁卉、宝罗公司的上述行为已经被认定为商标侵权行为,博柏利公司、博柏利贸易公司的权利已经受到了保护,不宜再以反不正当竞争法作扩展保护,故对博柏利公司、博柏利贸易公司上诉主张一审法院不予支持。

其次,关于博柏利公司、博柏利贸易公司主张路必达公司、章可明、汤铁卉、宝罗公司申请与博柏利公司、博柏利贸易公司注册商标相同或者近似的商标和外观设计专利是否构成不正当竞争的问题。对此,一审法院认为,章可明、汤铁卉及宝罗公司申请外观设计专利及商标是相关法律法规赋予的权利,如果博柏利公司、博柏利贸易公司认为路必达公司、章可明、汤铁卉、宝罗公司的上述行为侵害了其相关权利,可以向有关行政主管机关申请解决,不属于人民法院审理的范围,因此对于博柏利公司、博柏利贸易公司该项主张一审法院不予支持。

再次,关于博柏利公司、博柏利贸易公司主张路必达公司、章可明、汤铁卉、宝罗公司虚假宣传、捏造、散布虚伪事实,诋毁博柏利公司、博柏利贸易公司的问题。根据博柏利公司、博柏利贸易公司提供的证据,博柏利公司、博柏利贸易公司主张路必达公司、章可明、汤铁卉、宝罗公司涉嫌实施的上述行为主要如下:(1)在天涯博客、新浪博客和广州58同城网刊载相关文章的行为；(2) 2001年广东省公安机关打击侵犯知识产权犯罪工作情况及南方网的相关报道；(3) "南海市洲村港荣皮具制品厂"的注册情况；(4) 2013年11月22日，《广州日报》及其他媒体刊登涉案商标被撤销的报道。对此，一审法院认为，首先，在天涯博客、新浪博客和广州58同城网刊载的文章无法确认系路必达公司、章可明、汤铁卉、宝罗公司所为；其次，2001年广东省公安机关打击侵犯知识产权犯罪工作情况及南方网的相关报道是对事实的陈述，不能证明博柏利公司、博柏利贸易公司主张；再次，仅凭"南海市洲村港荣皮具制品厂"注册情况不能证明路必达公司、章可明、汤铁卉、宝罗公司存在侵权行为；最后，《广州日报》及其他媒体的报道属于客观事实。综上，一审法院对博柏利公司、博柏利贸易公司上述主张不予支持。

关于路必达公司申请撤销第G732879号商标是否构成不正当竞争的问题，一审法院认为，对于连续三年不使用的商标，任何单位或者个人均有权申请撤销，路必达公司的上述行为属于行使自身的权利，至于申请是否合理以及第G732879号应否被撤销，不属于该案的审查范围。而事实上，博柏利公司也就撤销第G732879号商标的裁定提起了复审，故对于博柏利公司、博柏利贸易公司该主张一审法院不予支持。综上，博柏利公司、博柏利贸易公司要求路必达公司、章可明、汤铁卉、宝罗公司停止不正当竞争行为的诉请欠缺事实和法律依据，一审法院不予支持。

关于第三个焦点问题。博柏利公司、博柏利贸易公司主张路必达公司、章可明、汤铁卉、宝罗公司及其关联公司在香港和台湾地区所实施的行为构成商标侵权或不正当竞争，对此，一审法院认为，根据知识产权的法定性和地域性原则，路必达公司、章可明、汤铁卉、宝罗公司或者其关联企业在香港地区、台湾地区所实施的涉嫌侵权行为不属于一审法院处理的范围，故对上述主张一审法院不予处理。

关于第四个焦点问题。路必达公司实施了商标侵权行为，依法应当承担停止侵权、赔偿损失的民事责任。路必达公司作为生产、销售型企业，必然有相应的库存以备持续经营所用，对于库存的侵权产品，如流入市场势必继续对博柏利公司、博柏利贸易公司的注册商标专用权造成侵害，故路必达公

案例 13
申请与他人注册商标相近似的商标和外观设计专利是否构成侵权的判断

司应当予以销毁。根据《商标法》第六十三条规定:"侵犯商标专用权的赔偿数额,按照权利人因被侵权所受到的实际损失确定;实际损失难以确定的,可以按照侵权人因侵权所获得的利益确定;权利人的损失或者侵权人获得的利益难以确定的,参照该商标许可使用费的倍数合理确定。对恶意侵犯商标专用权,情节严重的,可以在按照上述方法确定数额的1倍以上3倍以下确定赔偿数额。赔偿数额应当包括权利人为制止侵权行为所支付的合理开支。人民法院为确定赔偿数额,在权利人已经尽力举证,而与侵权行为相关的账簿、资料主要由侵权人掌握的情况下,可以责令侵权人提供与侵权行为相关的账簿、资料;侵权人不提供或者提供虚假的账簿、资料的,人民法院可以参考权利人的主张和提供的证据判定赔偿数额。权利人因被侵权所受到的实际损失、侵权人因侵权所获得的利益、注册商标许可使用费难以确定的,由人民法院根据侵权行为的情节判决给予300万元以下的赔偿。"首先,对于经济损失部分,博柏利公司、博柏利贸易公司在申请一审法院对证据保全所获得的相关文件进行审计,以此确定路必达公司的获利情况后,又申请撤回上述申请,属于其对自身权利的处分,一审法院予以确认。因此,一审法院根据现有证据对经济损失部分予以酌定,主要考虑以下因素:(1)路必达公司生产销售的被诉侵权种类较多,博柏利公司、博柏利贸易公司在该案主张的被诉侵权产品种类为22款(产品实物14个,宣传手册图片8款),且涉及手提袋、钱包、拉箱等多个产品类别;(2)被诉侵权产品的销售渠道比较广,在广州、佛山的友谊商店以及路必达公司处均有销售;(3)被诉侵权产品售价较高,从数百元到数千元不等;(4)路必达公司的规模较大,其在阿里巴巴网站宣传的经营规模为月产量为80000件,年出口额为人民币2001万元至3000万元,年营业额为人民币2001万元至3000万元。其次,对于合理开支部分,博柏利公司、博柏利贸易公司提供了在中国内地产生的律师费、公证费、差旅费发票等证据证实,且博柏利公司、博柏利贸易公司为该案诉讼确实支付了相关的律师费、公证费、差旅费等,对该部分合理费用一审法院予以支持。博柏利公司、博柏利贸易公司另提供了产生于香港的相关单据、费用清单等,鉴于该部分证据未履行相关的转递手续,且香港地区的涉嫌侵权行为不属于该案处理的范畴，故一审法院对该部分费用不予支持。综上述因素，一审法院酌定路必达公司赔偿博柏利公司、博柏利贸易公司经济损失及维权合理开支合计人民币300万元。

博柏利公司、博柏利贸易公司诉请路必达公司公开道歉、消除影响，因公开道歉、消除影响的民事责任方式一般仅适用于侵害人身权的案件，而商标权属于财产权的范畴，且没有证据证明由于路必达公司的侵权给博柏利公司、博柏利贸易公司的商业信誉造成了损害，故对博柏利公司、博柏利贸易公司上述诉请，一审法院不予支持。博柏利公司、博柏利贸易公司提供的证据不足以证明章可明、汤铁卉、宝罗公司与路必达公司构成共同侵权，故博柏利公司、博柏利贸易公司对该章可明、汤铁卉、宝罗公司的所有诉请，一审法院均不予支持。

综上，一审法院判决：（1）路必达公司于判决发生法律效力之日起立即停止生产、销售侵害博柏利公司、博柏利贸易公司享有的第G732879号"▨"第G987322号"▨"第G1085596号"▨"第G1096493号"▨"注册商标专用权产品的行为，并销毁库存的侵权产品；（2）路必达公司于判决发生法律效力之日起10日内赔偿博柏利公司、博柏利贸易公司经济损失及为制止侵权所支付的合理开支人民币300万元；（3）驳回博柏利公司、博柏利贸易公司其他诉讼请求。

二审判决

二审法院认为，该案系侵害商标权及不正当竞争纠纷。博柏利公司是第G732879号、第G987322号、第3111892号、第G1085596号、第G1096493号商标的注册人，上述商标目前处于合法有效状态，博柏利公司授权博柏利贸易公司在中国使用上述商标，博柏利公司、博柏利贸易公司的涉案商标专用权应受法律保护。依据《最高人民法院关于商标法修改决定施行后商标案件管辖和法律适用问题的解释》（法释〔2014〕4号）第九条的规定，商标法修改决定施行后，涉及该决定施行前发生，持续到该决定施行后的行为的，适用修改后商标法的规定。在该案中，博柏利公司提交了证据证明被诉侵权行为持续到修改后的商标法施行日之后，故该案应适用2013年修改的商标法。综合各方当事人的上诉及答辩意见，该案二审的审理焦点是：（1）该案是否需要中止审理；（2）路必达公司是否侵害了博柏利公司、博柏利贸易公司的注册商标专用权，章可明、汤铁卉、宝罗公司是否构成共同商标侵权；（3）章可明、汤铁卉、宝罗公司注册或申请相关商标及外观设计专利的行为是否构成商标侵权或不正当竞争；（4）路必达公司针对涉案第G732879号商标的撤销申请及相关宣传是否构成不正当竞争；（5）一审判决确定的赔偿数额是否合理。

一、关于该案是否需要中止审理的问题

路必达公司认为，案外人诺贝卡公司以博柏利公司第G732879号商标缺乏显著性为由，已经向国家工商行政管理总局商标局申请撤销该注册商标并已获受理，因此，涉案第G732879号商标处于不稳定状态，该案应中止审理。二审法院认为，根据《商标法》第五十五条第二款的规定，被撤销的注册商标，由商标局予以公告，该注册商标专用权自公告之日起终止。因此，依法注册的商标被撤销之前的合法权利仍应受法律保护。涉案第G732879号注册商标系合法取得，至今仍然有效，案外人诺贝卡公司针对涉案第G732879号商标以缺乏显著性为由提起的撤销申请并非该案中止审理的法定事由，且该撤销申请行为不影响该案的审理。路必达公司据此申请该案中止审理，缺乏法律依据，二审法院依法不予支持。

二、关于路必达公司是否侵害了博柏利公司、博柏利贸易公司的注册商标专用权，章可明、汤铁卉、宝罗公司是否构成共同商标侵权的问题

路必达公司上诉认为，被诉侵权产品使用了或SANTAROBERTAPOLO标识，其未将"格子图案"作为商标进行使用，不会导致产品来源混淆或公众误导，不构成商标侵权。二审法院认为，根据《商标法》第五十七条第（二）项的规定，未经商标注册人的许可，在同一种商品上使用与其注册商标

近似的商标，或者在类似商品上使用与其注册商标相同或者近似的商标，容易导致混淆的，属侵犯注册商标专用权。《商标法实施条例》第七十六条规定："在同一种商品或者类似商品上将与他人注册商标相同或者近似的标志作为商品名称或者商品装潢使用，误导公众的，属于商标法第五十七条第二项规定的侵犯注册商标专用权的行为。"在该案中，被诉侵权产品与博柏利公司、博柏利贸易公司主张的第 G732879 号、第 G987322 号、第 G1085596 号、第 G1096493 号商标核定使用的商品均属于第 18 类，系同一种商品。将被诉侵权产品的装潢与上述 4 个商标进行比对，两者的构图、组成要素相近，整体视觉上差别不大，容易使相关公众对商品的来源产生误认，因此，被诉侵权产品的装潢与涉案第 G732879 号、第 G987322 号、第 G1085596 号、第 G1096493 号商标构成近似，路必达公司生产、销售被诉侵权产品的行为构成对博柏利公司、博柏利贸易公司第 G732879 号、第 G987322 号、第 G1085596 号、第 G1096493 号注册商标专用权的侵害。路必达公司认为被诉侵权产品使用了或 SANTAROBERTAPOLO 标识，不会导致产品来源混淆，不构成商标侵权的主张缺乏事实和法律依据，二审法院不予支持。

路必达公司还主张其使用中国传统的"格子布"或其元素作为产品外观或装潢，系合理使用，且使用在先。二审法院认为，根据《民事诉讼法》第六十四条第一款的规定，当事人对自己提出的主张，有责任提供证据。路必达公司没有提交充分证据证明其在被诉侵权产品上使用的装潢系中国传统的格子布图案，是该类商品的通用设计图案，因此，路必达公司的该主张缺乏证据支持，二审法院不予采纳。路必达公司认为章可明在先使用涉案格子装潢，并提交了台湾地区的刑事判决（98 年度刑智上易字第 22 号、99 年度刑智上易字第 10 号）作为证据，二审法院认为，章可明在台湾地区的案件中提交其在台湾地区在先使用格子图案的相关证据，无法证明路必达公司在大陆在先使用涉案格子图案。因此，路必达公司主张其早于博柏利公司注册涉案商标之前已在先使用涉案格子图案的证据不足，二审法院不予支持。综上，一审法院认定路必达公司侵害了博柏利公司、博柏利贸易公司涉案第 G732879 号、第 G987322 号、第 G1085596 号、第 G1096493 号注册商标专用

案例 13
申请与他人注册商标相近似的商标和外观设计专利是否构成侵权的判断

权并无不当,二审法院予以维持。

关于章可明、汤铁卉、宝罗公司是否共同实施了商标侵权行为,是否应与路必达公司共同承担商标侵权的民事责任的问题。一是关于章可明、宝罗公司是否构成共同侵权的问题。博柏利公司认为被诉侵权产品上标有章可明、宝罗公司的商标、章可明申请的外观设计专利,因此,章可明、宝罗公司为被诉侵权产品的共同生产者,应共同承担商标侵权的法律责任。对此,二审法院认为,第一,被诉侵权产品及其吊牌上标注了宝罗公司申请注册的标识以及章可明注册的"保罗马球"标识,该两个标识均作为商标使用,起到识别商品来源的作用,宝罗公司和章可明作为被诉侵权产品的商标权利人,可依法推定为被诉侵权产品的生产者。第二,一审法院的询问笔录显示,章可明自称与汤铁卉为夫妻关系,路必达公司的法定代表人汤铁强为汤铁卉的弟弟,宝罗公司的股东汤丽负责路必达公司的生产活动。宝罗公司的工商登记信息显示,汤丽和章可明为宝罗公司股东,章可明为宝罗公司法定代表人。一审法院在路必达公司进行证据保全及送达诉讼材料的时候,章可明在场接受法院的询问,接收了法院送达给汤铁卉、路必达公司的诉讼材料。一审法院在路必达公司进行证据保全时所拍照片显示路必达公司仓库外墙上贴有"廣州保羅化妝品有限公司手袋倉庫"字样的标牌。由此可见,章可明、宝罗公司与路必达公司之间存在紧密的合作关系,应知晓路必达公司使用其"保罗马球"或商标所生产的产品情况。第三,博柏利公司在路必达公司公证购买的型号为55PL-324的手袋以及型号为04PL-286A的钱包以及一审法院在路必达公司证据保全的型号为55PL-603号手袋的标签右下角标注了专利号"200430001157.3"。该专利的申请人、设计人以及专利权人均为章可明。经比对,3款被诉侵权产品的装潢与200430001157.3外观设计专利相近似,与博柏利公司请求保护的第G732879号商标近似。章可明申请多个外观设计专利时使用的地址"广东省南海市里水镇洲村过水垾18号"为路必达公司的工商登记地址。宝罗公司于2011年4月2日申请注册第9296674号"▓"商标,该商标与被诉侵权产品的装潢近似,与博柏利公司请求保护的第G732879号商标近似。第四,根据《最高人民法院关于适用〈中华人民共和国民事诉讼法〉的解释》（法释〔2015〕5号）第一百零八条第一款和第二款规定："对负有举证证明责任的当事人提供的证据，人民法院经审查并结合相关事实，确信待证事实的存在具有高度的可能性的，应当认定该事实存在。对一方当事人为反驳负有举证证明责任的当事人所主张事实而提供的证据，人民法院经审查并结合相关事实，认为待证事实真伪不明的，应当认定该事实不存在。"章可明是被诉侵权产品的商标注册人、外观设计专利的设计人，被诉侵权产品标注的生产商路必达公司为其关联企业，现有证据足以推定章可明参与了生产过程。章可明未提交任何证据证明其未授权路必达公司生产被诉侵权产品，也未举证证明其未参与被诉侵权产品的设计及生产过程，因此，章可明认为其并非被诉侵权产品的生产者，证据不足，二审法院不予支持。宝罗公司是被诉侵权产品的商标注册人，被诉侵权产品标注的生产商路必达公司的仓库外墙上贴有"廣州保羅化妝品有限公司手袋倉庫"字样的标牌，且章可明为宝罗公司法定代表人，宝罗公司未提交任何证据证明其未授权路必达公司生产被诉侵权产品，也未举证证明其未参与被诉侵权产品的生产过程，因此，宝罗公司认为其并非被诉侵权产品的生产者，证据不足，二审法院不予支持。博柏利公司主张章可明、宝罗公司为被诉侵权产品的共同生产者，理由成立，二审法院予以采纳。

二是关于汤铁卉是否构成商标侵权的问题。博柏利公司认为汤铁卉在部分被诉侵权产品上实施其外观设计专利的行为构成商标侵权。在该案中，博柏利公司公证购买的被诉侵权产品以及一审法院保全的被诉侵权产品中，未发现被诉产品上标注了汤铁卉的专利号，博柏利公司主张被诉侵权产品使用了汤铁卉的外观设计专利，证据不足，二审法院不予支持。

三、关于章可明、汤铁卉、宝罗公司注册或申请相关商标及外观设计专利的行为是否构成商标侵权及不正当竞争的问题

博柏利公司上诉认为，章可明、汤铁卉不断申请、注册与涉案商标相同或近似的商标和外观设计专利，并利用已经授权的外观设计专利阻挠博柏利公司对其采取法律行动，具有明显的恶意，给博柏利公司带来损失，构成商标侵权和不正当竞争。

首先,关于宝罗公司申请注册相关商标以及章可明、汤铁卉申请相关外观设计专利的行为是否侵犯了博柏利公司、博柏利贸易公司注册商标专用权的问题。二审法院认为,商标的本义是为了区分商品或服务,商标的基本功能在于使相关公众通过商标识别不同商品或服务的来源。《商标法》第四十八条规定,本法所称商标使用,是指将商标用于商品、商品包装或者容器以及商品交易文书上,或者将商标用于广告宣传、展览以及其他商业活动中,用于识别商品来源的行为。第五十七条第(二)项规定,未经商标注册人的许可,在同一种商品上使用与其注册商标近似的商标,或者在类似商品上使用与其注册商标相同或近似的商标,容易导致混淆的,属侵犯注册商标专用权的行为。因此,构成侵害注册商标专用权的行为必须是将被诉侵权标识作为"商标"在商业活动中使用的行为,即被诉侵权标识的使用必须具有识别该商品或服务的来源的功能,才会构成对他人注册商标专用权的侵害。在该案中,宝罗公司分别于2011年4月2日申请注册第9296674号"▨"商标,于2010年8月25日申请注册第8606210号"▨"商标,于2006年9月26日申请注册第5632347号"▨"商标,于2006年9月26日申请注册第5632348号"▨"商标,申请使用商品均为第18类,章可明、汤铁卉申请数十个外观设计专利,该等申请注册行为不属于在商业活动中将被诉侵权标识作为"商标"使用的行为,不符合商标法关于商标侵权的法律规定,因此该行为不构成侵害博柏利公司、博柏利贸易公司的注册商标专用权。

其次,关于宝罗公司申请注册相关商标以及章可明、汤铁卉申请相关外观设计专利的行为是否构成不正当竞争的问题。二审法院认为,第一,依据《商标法》和《专利法》的规定,任何人均有权申请注册商标或外观设计专利。因此,博柏利公司上诉请求法院判令章可明、汤铁卉、宝罗公司撤回、放弃不当申请,判令路必达公司、章可明、汤铁卉、宝罗公司今后不得使用与博柏利公司、博柏利贸易公司注册商标相同或相似的标志、图形来申请商标或外观设计专利,缺乏法律依据,二审法院不予支持。第二,依据《商标法》第四十五条的规定,已经注册的商标,违反《商标法》第十三条第二款和第三款、第十五条、第十六条第一款、第三十条、第三十一条、第三十二条规定的，在先权利人或者利害关系人可以请求商标评审委员会宣告该注册商标无效。依据《专利法》第二十三条第三款、第四十五条的规定，授予专利权的外观设计不得与他人在申请日以前已经取得的合法权利相冲突。任何单位或个人认为已授权的专利不符合专利法有关规定的，可以请求专利复审委员会宣告该专利无效。宝罗公司申请注册的第9296674号"▦"商标、第8606210号"▦"商标、第5632347号"▦"商标、第5632348号"▦"商标的状态均显示无效，章可明、汤铁卉申请的有关外观设计专利被专利复审委员会宣告无效或失效。如博柏利公司认为宝罗公司、章可明、汤铁卉申请注册的其他商标或外观设计专利侵犯了其合法权利，应遵循上述法律规定的途径予以解决。第三，根据《反不正当竞争法》第二条的规定，该法调整经营者在市场交易过程中的行为，申请注册相关商标或外观设计专利的行为不属于市场交易行为，因此，该行为不是《反不正当竞争法》的调整范畴。第四，博柏利公司主张宝罗公司、章可明实际上已在市场交易过程中将所申请注册的商标或外观设计专利实施在被诉侵权产品的装潢上，因二审法院对宝罗公司、章可明将其申请注册的与涉案注册商标近似的商标或外观设计专利用在被诉侵权产品的装潢上是否构成侵权已作了评述，对此不再重复评价。综上，二审法院认定宝罗公司、章可明、汤铁卉申请注册相关商标或外观设计专利的行为不构成不正当竞争行为，博柏利公司该上诉请求缺乏事实和法律依据，二审法院不予支持。

四、关于路必达公司针对涉案第G732879号商标的撤销申请及相关宣传报道是否构成不正当竞争行为的问题

博柏利公司上诉认为路必达公司申请撤销第G732879号商标构成不正当竞争。二审法院认为，根据《商标法》第四十九条的规定，注册商标成为其核定使用的商品的通用名称或者没有正当理由连续三年不使用的，任何单位或者个人可以向商标局申请撤销该注册商标。路必达公司的上述行为属于合法行为，博柏利公司关于该行为构成不正当竞争的上诉主张于法无据，二审法院依法不予支持。

博柏利公司上诉主张路必达公司及其代理人利用商标撤销决定，通过媒体发表大量不实言论，大肆炒作，损害其商誉，构成不正当竞争。二审法院认为，2013年11月13日，国家工商行政管理总局商标局作出《关于第G732879号"图形"注册商标连续三年停止使用撤销申请的决定》，决定撤销第G732879号（18类）"图形"商标。《广州日报》及其他媒体刊登涉案商标被撤销的报道，属于对相关事实的新闻报道，其标题、内容不能证明全部为路必达公司所为，因此，该行为不符合《反不正当竞争法》第十四条"捏造、散布虚伪事实，损害竞争对手的商业信誉、商品声誉"的情形，博柏利公司的该上诉主张缺乏事实和法律依据，二审法院不予采纳。

五、关于一审判决确定的赔偿数额是否合理的问题

根据《商标法》第六十三条的规定："侵犯商标专用权的赔偿数额，按照权利人因被侵权所受到的实际损失确定；实际损失难以确定的，可以按照侵权人因侵权所获得的利益确定；权利人的损失或者侵权人获得的利益难以确定的，参照该商标许可使用费的倍数合理确定。对恶意侵犯商标专用权，情节严重的，可以在按照上述方法确定数额的1倍以上3倍以下确定赔偿数额。赔偿数额应当包括权利人为制止侵权行为所支付的合理开支。权利人因被侵权所受到的实际损失、侵权人因侵权所获得的利益、注册商标许可使用费难以确定的，由人民法院根据侵权行为的情节判决给予300万元以下的赔偿。"在该案中，路必达公司生产、销售被诉侵权产品，侵害了博柏利公司、博柏利贸易公司的注册商标专用权，依法应承担停止侵权、赔偿损失的民事责任。章可明、宝罗公司作为被诉侵权产品的共同生产者，应与路必达公司共同承担停止侵权、赔偿损失的民事责任。关于该案的赔偿金额，博柏利公司、博柏利贸易公司申请一审法院对证据保全所获得的相关文件进行审计以确定路必达公司的获利情况，又申请撤回上述申请，请求一审法院酌定赔偿数额，属博柏利公司、博柏利贸易公司对其权利的处分。虽然路必达公司在阿里巴巴网站宣传的经营规模为月产量80000件，年出口额为人民币2001万元至

3000万元，年营业额为人民币2001万元至3000万元，但博柏利公司并未提供证据证明上述获利与侵权人的侵权行为之间具有直接的因果关系，因此，博柏利公司、博柏利贸易公司因被侵权遭受的实际损失以及路必达公司、章可明、宝罗公司因侵权所获得的利益均难以确定。二审法院综合考虑博柏利公司、博柏利贸易公司的涉案商标的知名度、被诉侵权产品的种类、销售金额、销售范围、路必达公司的规模，以及博柏利公司、博柏利贸易公司出具的律师费、公证费、差旅费发票合计人民币30多万元等因素，认定一审法院确定人民币300万元的赔偿数额并无不当，予以维持。

综上所述，二审法院判决：(1)撤销一审判决第三项以及一审案件受理费分担部分的判决内容；(2)变更一审判决第一项为：路必达公司、章可明、宝罗公司应于该判决发生法律效力之日起立即停止生产、销售侵害博柏利公司、博柏利贸易公司享有的第G732879号"■"、第G987322号"■"、第G1085596号"■"、第G1096493号"■"注册商标专用权产品的行为，并销毁库存侵权产品；(3)变更一审判决第二项为：路必达公司、章可明、宝罗公司于该判决发生法律效力之日起10日内共同赔偿博柏利、博柏利贸易公司经济损失及为制止侵权所支付的合理开支人民币300万元；(4)驳回博柏利公司、博柏利贸易公司的其他诉讼请求。

案例解析

该案是一个涉外商标侵权和不正当竞争纠纷案件。该案提出了两个值得思考的问题：其一，关于被告注册与撤销商标等申请行为是否构成不正当竞争？其二，多名被告实施多个侵权行为，涉及多个法律关系，他们是否构成共同侵权以及如何认定共同侵权。对此，该案给出了明确的结论。

案例 13
申请与他人注册商标相近似的商标和外观设计专利是否构成侵权的判断

一、关于注册与撤销商标等申请行为能否认定为构成不正当竞争

（一）申请注册商标行为

依据《商标法》和《专利法》的规定，任何人均有权申请注册商标或外观设计专利，在先权利人或者利害关系人认为在后专利或商标侵害其合法权益的，可以请求相关机构宣告该注册商标或专利无效。根据《最高人民法院关于审理商标民事纠纷案件适用法律若干问题的解释》（法释〔2002〕32号）第一条的规定，"将与他人注册商标相同或者相近似的文字作为企业的字号在相同或者类似商品上突出使用，容易使相关公众产生误认的属于商标法第五十二条第（五）项规定的给他人注册商标专用权造成其他损害的行为"。满足上述规定的商标侵权，必须同时具备4个要件：（1）作为企业字号的文字与注册商标相同或者近似；（2）在相同或者类似商品上使用；（3）突出使用；（4）使用的结果容易造成相关公众误认。

因此，构成侵害注册商标专用权的行为必须是将被诉侵权标识作为"商标"在商业活动中使用的行为，即被诉侵权标识的使用必须具有识别该商品或服务的来源的功能，才会构成对他人注册商标专用权的侵害。而在先权利人或者利害关系人认为被诉侵权人在市场交易中实施侵犯商标专用权的行为时，可以请求商标评审委员会宣告该注册商标无效，不宜再以反不正当竞争法作扩展保护。

虽被告申请数十个与原告注册商标相近似的外观设计专利权，但并未对该商标进行使用，不属于市场交易行为，不会造成一般消费者的误认和混淆，被诉侵权标识因未使用也不会遭受损害，不属于反不正当竞争法的调整范畴。因此被告的申请注册行为不构成不正当竞争。

（二）申请撤销商标等行为

根据《商标法》第四十九条的有关规定，对于连续三年不使用的商标，任何单位或者个人均有权申请撤销。注册商标的撤销，即商标局和商标评审委员会依照《商标法》的相关规定对违反商标法规定的商标予以撤销，使该商标恢复到未注册的状态的一种制度。因此申请撤销商标行为属于行使自身的权利，有助于激励商标权人能够有效地使用注册商标，不让已经得到注册的商标闲置浪费，同时能保护撤销申请人的合法利益，方便他人对闲置不用的注册商标的重新注册和使用。在该案中，被告申请主管机关撤销该注册商标的行为，依法行使商标撤销权，系行使自身权利的合法行为，非不正当竞争。

二、关于共同侵权的认定

商标共同侵权在实践中屡有发生但其概念鲜有提及，明确商标共同侵权行为的概念和特征有助于商标权利人主张权利，也有利于司法审判工作的顺利开展。《侵权责任法》第八条是关于共同侵权及责任承担的法律规定。对于共同侵权的理解，难点在于"共同"二字。

商标共同侵权行为，指两个或两个以上的行为人实施的侵害他人商标专用权并应当承担相应法律责任的行为。商标共同侵权具有以下几个特征：（1）主体复合性，需有两个或两个以上的行为人包括公民、法人或其他组织；（2）主观过错性，行为人之间存在共同的或关联的故意或过失；（3）客观的同一性，侵害对象及损害结果具有同一性，即受到损害的对象可以是人身或者财产或财产性利益，但这些权利或利益必须属于同一民事主体；同时，侵害行为造成了同一个不可分割的结果，即物质或非物质损失。（4）行为的共同性，侵权主体实施了共同的加害行为，这里的加害行为一定要作广义上的理解，既包括了共同实施行为，也包括与实施行为的结合以及帮助行为与实施行为的结合。（5）共同行为与损害结果之间具有因果关系。即受害人的损失是由侵权主体的共同行为造成的，侵权主体才可能承担共同侵权责任。

因此，成立共同侵权应当具备下列要件：（1）加害主体的复数性，加害人必须是两人或两人以上，且各行为人均具有相应的民事行为能力；（2）加害行为的协作性，加害人之间存在互相利用、彼此支持的行为分担；（3）主观意思的共同性，行为人主观上具有"意思共同"，又分为共同故意和共同过失两种形式；（4）损害结果的统一性，行为人的行为造成的损害后果应当是与共同意思相统一的整体。

一直以来，立法者对审判实务中扩大连带责任的适用范围持谨慎态度，其价值取向更注重责任承担与主观过错的统一，故对共同侵权的"共同性"要件采取了严格立场，一般只认可有意思联络的主观共同侵权，而不认可行为关联的客观共同侵权。

而该案一大亮点就是，根据《最高人民法院关于适用〈中华人民共和国民事诉讼法〉的解释》（法释〔2015〕5号）第一百零八条规定，二审法院不拘泥于被诉侵权产品的标签所标识的生产商，"对负有举证证明责任的当事人提供的证据，人民法院经审查并结合相关事实，确信待证事实的存在具有高度可能性的，应当认定该事实存在"，法官依据经验法则，本着对公平、正义追求的理念，更加合理地审核证据，认定事实的自由裁量权，认为被诉侵权产品上标注的商标的所有人与该产品的生产者存在关联关系的，各被告共同参与侵权行为具有高度可能性，在被告负有举证责任而又未提出反驳意见的情况下，可认定其成立共同侵权。

因此，将被诉侵权产品的装潢与涉案商标进行比对，两者的构图、组成要素相近，整体视觉上差别不大，容易使相关公众对商品的来源产生误认，因此，被诉侵权产品的装潢与涉案商标构成近似，路必达公司生产、销售被诉侵权产品的行为显然构成对博柏利公司、博柏利贸易公司注册商标专用权的侵害。该案证据显示实施生产、销售和宣传等侵权行为的主体为路必达公司，章可明和汤铁卉作为个人，博柏利公司、博柏利贸易公司虽无证据证明其与路必达公司构成共同侵权，但章可明是被诉侵权产品的商标注册人、外观设计专利的设计人，被诉侵权产品标注的生产商路必达公司为其关联企业，宝罗公司是被诉侵权产品的商标注册人，且章可明为宝罗公司法定代表人，存在多名被告共同参与侵权行为的高度可能性，即在主观意思方面具有共同性，在加害行为方面具有协作性，在损害结果方面具有统一性。此外，在章可明、宝罗公司具有举证责任而又未提出提交任何相反证据的情况下，二审法院基于高度盖然性标准，依法认定章可明、宝罗公司基于共同侵权目的，进行不同的分工，共同完成侵权行为，构成共同侵权。该案通过分析具体案情查明各被告之间的关联关系及其在共同侵权行为中的作用，依法认定共同侵权，有力地打击了商标共同侵权行为。

案例 14 突出使用字号的商标性使用行为的认定标准

——马自达汽车株式会社（日本）与广州市马自达贸易有限公司侵害商标权纠纷案

裁判要旨

关于突出使用字号的商标使用行为的认定，在商标知名度很高的情况下，仅保留企业名称中与商标相同的字号部分，将行政区划、行业及组织形式等其他部分予以简化的不规范突出使用行为，属于具有识别商品来源功能的商标法意义上的使用。

关于英文商标与中文标识的近似问题，需要综合考虑英文商标的知名度和显著性、英文商标与中文标识的对应性、权利人同时使用英文商标与中文标识的情况、相关公众对于英文商标与中文标识使用的认知能力和认可程度等要素来进行判定。

关于商业标识的权利冲突中在先权利的认定，应当综合考虑市场主体使用该商业标识的完整渊源以及被诉使用行为的具体方式，而不仅仅单纯从时间节点予以判定。

入选理由

该案是国外知名商标权人与其授权的国内特约经销商之间的纠纷，主要

案例 14
突出使用字号的商标性使用行为的认定标准

涉及在商标授权期限届满后，国内经销商是否能继续使用商标以及与商标相同的字号、如何使用才属于合理正当行为的认定，具有相当的代表性。并且，该案中涉及多个商标领域的重要问题：一是关于突出使用字号的商标使用行为的认定，在商标知名度很高的情况下，仅保留企业名称中与商标相同的字号部分，将行政区划、行业及组织形式等其他部分予以简化的不规范突出使用行为，属于具有识别商品来源功能的商标法意义上的使用。二是英文商标与中文标识的近似问题，主要考虑英文商标的知名度和显著性、英文商标与中文标识的对应性、权利人同时使用英文商标与中文标识的情况、相关公众对于英文商标与中文标识使用的认知能力和认可程度等要素进行判定。三是在商业标识的权利冲突中判定是否构成在先权利时，应当综合考虑市场主体使用该商业标识的完整渊源以及被诉使用行为的具体方式，而不仅仅单纯从时间节点予以判定。

案例索引

一审案号：广东省广州市越秀区人民法院（2015）穗越法知民初字第34号

二审案号：广州知识产权法院（2017）粤73民终1164号

基本案情

上诉人（一审原告）：马自达汽车株式会社（日本）（以下简称"马自达株式会社"）

上诉人（一审被告）：广州马自达贸易有限公司（以下简称"广州马自达"）

一审诉请

马自达株式会社于2014年12月26日向一审法院起诉请求判令：（1）广州马自达立即停止侵犯马自达株式会社注册商标专用权的行为，包括停止制造、销售、出口、使用带有"mazda""🔶""马自达"涉案商标或类似字样的侵权产品，具体商标信息包括：注册号为4545260"马自达"商标；注册号为956111"mazda"商标；注册号为3499713"🔶"商标；注册号为964429"mazda"商标；注册号为3499716"🔶"商标；注册号为1017086"mazda"商标；注册号为1113848"🔶"商标；注册号为4545329"🔶"商标；注册号为3028061"马自达"商标；注册号为4545346号"🔶"商标；注册号为4545271"马自达"商标；注册号为135803"mazda"商标；注册号为4402910"🔶"商标；注册号为3027862"马自达"商标。(2) 广州马自达在店铺招牌、店内装潢以及彩页、名片等宣传资料上停止使用"mazda""🔶""马自达"商标。(3) 广州马自达立即停止通过"微信商城"的"马自达汽配""高等级壳牌"店铺许诺销售侵犯马自达株式会社上述商标专用权的商品，删除相关侵权商品销售链接，停止使用"马自达汽配"的店铺名称，并判令停止在这些店铺页面装潢上使用"mazda""🔶""马自达"商标。(4) 广州马自达立即销毁现存的侵权产品及其包装、宣传资料等。(5) 广州马自达在《羊城晚报》《汽车杂志》刊物上发表公开声明，消除其侵权行为的影响。(6) 广州马自达赔偿马自达株式会社包括为制止广州马自达侵犯马自达株式会社合法权益的行为而支付的合理开支在内的经济损失共计人民币300万元。(7) 广州马自达承担该案的全部诉讼费用。

一审裁判

一审法院认为，根据我国国家商标局核发的注册号为4545260的"马自达"商标、注册号为956111的"🔶"商标、注册号为3499713的"🔶"商标、注册号为964429的"mazda"商标、注册号为3499716的"🔶"商标、注册号为1017086的"mazda"商标、注册号为1113848的"🔶"商标、注册号为4545329的"🔶"商标、注册号为3028061的"马自达"商标、注册号为4545346号的"🔶"商标、注册号为4545271的"马自达"商

案例14
突出使用字号的商标性使用行为的认定标准

标、注册号为135803的"mazda"商标、注册号为4402910的"⌀"商标的注册人均为马自达株式会社，且上述注册商标均在有效保护期内，根据《商标法》第三条之规定，马自达株式会社享有的注册商标专用权依法受法律保护。虽然广州马自达质疑马自达株式会社的诉讼代理人没有获得马自达株式会社授权参与该案诉讼，但经一审法院审查，马自达株式会社提供了其商事登记的主体资料、法定代表人身份证明、授权委托书以及相应的中文译本，上述文书均经中华人民共和国驻大阪总领事馆认证，符合《最高人民法院关于民事诉讼证据的若干规定》第十一条、第十二条的规定，依法产生证明效力，故一审法院对马自达株式会社所提交的授权文件予以采纳，马自达株式会社有权为维护其合法的商标权利提起该案诉讼。广州马自达请求裁定驳回马自达株式会社起诉于法无据，一审法院对广州马自达的该项抗辩意见不予采纳。

根据广州市工商行政管理局于2007年4月25日作出，并已发生法律效力的穗工商市分经处字〔2007〕012号行政处罚决定书以及该行政处罚档案留存的侵权商品照片来看，广州马自达在其登记经营的商铺招牌上突出使用"马自达公司"的文字信息以及"mazda"、"⌀"标识，在刹车片和避震支架等汽车配件上使用"mazda"标识。广州市工商行政管理局已对广州马自达作出责令停止侵权行为，并处没收、销毁侵犯"mazda"商标专用权的刹车片、避震支架等汽车配件107件的行政处罚。虽然广州马自达否认有收到上述行政处罚决定书，但从工商行政管理部门复函一审法院的证据材料来看，是广州马自达拒绝签收上述行政处罚决定书。鉴于工商行政管理部门已没收、销毁有关侵权汽车配件，且该行政处罚决定书早已超过行政复议和提起行政诉讼的期限，故一审法院对广州市工商行政管理局作出的穗工商市分经处字〔2007〕012号行政处罚决定书查明的事实及行政处罚予以确认，并作为该案的定案证据之一。

另外，根据《民事诉讼法》第六十九条以及《最高人民法院关于民事诉讼证据的若干规定》第七十七条第（一）项之规定，经过法定程序公证证明的法律事实和文书，人民法院应当作为认定事实的根据，但有相反证据足以推翻公证证明的除外。在该案中，马自达株式会社所举证的（2014）沪卢证经字第 2237 号公证书以及（2014）沪卢证经字第 3220 号公证书所记载的保全证据过程及所附的交易凭证、照片、被诉侵权车辆配件实物以及网页打印件等证据均可相互印证，结合广州马自达承认销售了涉案被诉侵权的 8 件汽车零部件以及在微信平台开设了商城"公众号：马自达汽配、高等级壳牌"的陈述意见，上述证据已构成严密的证据链，足以证实广州马自达销售了涉案被诉侵权的汽车零部件商品以及在微信平台上设立的"马自达汽配、高等级壳牌"的网络商铺，故一审法院对马自达株式会社提交上述两份公证书的证明效力予以确认。经对照片及实物进行比对，一审法院确认以下事实：广州马自达登记经营的商铺招牌上仍然使用"马自达公司"的文字信息以及"mazda""⌬"图形标识。在服务台上使用了"mazda"标识；在名片上使用了"mazda""⌬"标识。公证封存物中（1）机油格的外包装上使用了"mazda""⌬"标识；（2）右侧雾灯总成的外包装上使用了"mazda""⌬"标识；（3）刹车组件的产品外包装标签上使用了"⌬"标识；（4）冷气格的外包装上使用了"mazda""⌬"标识；（5）气囊的外包装标签上使用了"mazda""⌬"标识；（6）火花塞的外包装上使用了"mazda""⌬"标识；（7）发动机油的外包装上使用了"马自达公司纯牌机油"的文字信息；（8）发动机润滑油的外包装上使用了"mazda""⌬"标识，标注原产地为韩国。

在微信商城"马自达汽配、高等级壳牌"网店的网页上使用了"微信马自达"文字信息以及"mazda""⌬"标识。

广州马自达抗辩认为涉案被诉侵权汽车零部件商品存在合法来源问题。首先，马自达株式会社所举的《关于马自达纯正零部件的供给及销售备忘录》载明讼争双方原协议书（即 1995 年 12 月 20 日签订的《关于马自达纯正零部件销售的协议书》）的有效期至 2004 年 9 月 30 日终止。该协议能印证广州马自达所举的《万事得汽车商标[MAZDA]使用许可书》，证实广州马自达自 1995 年 12 月 20 日起获得马自达株式会社许可使用"mazda"商标，使用范围是扩销零件、用品，仅限于使用在广告宣传店牌、广告宣传纸、电车等室外张贴的广告以及万事得零件及用品的销售店的说明图等。广州马自达应在协议期限（2004年9月30日）终止后，不能再使用马自达株式会社授权的"mazda"注册商标。虽然广州马自达又分别出示了万事得汽车（南中国）有限公司、万事得汽车（香港）有限公司出具的使用许可证，但在马自达株式会社明确否认有授权给万事得汽车（南中国）有限公司及万事得汽车（香港）有限公司使用涉案商标的情况下，广州马自达并没有向一审法院提供上述两公司的商事登记资料以及获得马自达株式会社授权使用涉案商标的文件，故根据《最高人民法院关于民事诉讼证据的若干规定》第二条之规定，由广州马自达承担不举证的法律后果。

广州马自达出示的《关于马自达纯正零部件的供销合同》的效力问题。因该合同没有马自达株式会社签章，且缔约主体是马自达海外市场服务部，特别是签约代表与马自达株式会社出示的《关于马自达纯正零部件的供给及销售的备忘录》对应的签约代表（古月克司）在签写习惯上明显不符，在马自达株式会社不予追认的情况下，一审法院对广州马自达出示的上述合同的真实性、合法性、关联性不予确认。

再结合广州市工商行政管理局于2007年4月25日对广州马自达作出了行政处罚，可见广州马自达在2004年9月30日已无权使用马自达株式会社许可的"mazda"商标，故一审法院对马自达株式会社主张讼争双方的合作关系于2004年9月30日终止的意见予以采信，广州马自达抗辩认为存在合法来源的意见没有事实依据，一审法院对此不予采纳。

广州马自达在合作期限终止后，应立即停止使用"mazda"标识，但广州马自达在广州市工商行政管理局作出处罚决定书后，仍然在实体店铺的招牌、店面装潢以及名片上使用的"mazda"标识，特别是在微信商城上也使用"mazda"标识，上述两标识与马自达株式会社注册的第956111号"mazda"、第964429号"mazda"、第1017086号"mazda"、第135803号的"mazda"商标在视觉上基本无差别，两者构成相同，广州马自达未经马自达株式会社授权或许可，擅自在店铺招牌、店内装潢、名片上使用"mazda"标识，已侵犯马自达株式会社享有对上述第956111号、第

964429 号、第 1017086 号、第 135803 号注册商标的专用权。此外，广州马自达在实体店铺招牌上使用"⬡"以及在微信商城上使用"⬡""mazda"和"马自达汽配商城""微信马自达"文字信息用于促销汽车零配件，极易使相关消费公众误认为是马自达株式会社生产的产品或者认为其来源与马自达株式会社注册商标存在特定联系，鉴于马自达株式会社与广州马自达均从事汽车零部件的生产和销售业务，故广州马自达在实体店铺的招牌以及微信网页上使用上述标识和文字信息，侵犯马自达株式会社享有对第 4545260 号"马自达"、第 956111 号"mazda"、第 3499713"⬡"、第 964429 号"mazda"、第 3499716 号"⬡"、第 1017086 号"mazda"、第 1113848 号"⬡"、第 4545329 号"⬡"、第 3028061 号"马自达"、第 4545346 号"⬡"、第 4545271 号"马自达"、第 135803"mazda"、第 4402910 号"⬡"、第 3027862 号"马自达"注册商标的专用权。

对于涉案保全的汽车零部件是否侵犯马自达株式会社主张的商标专用权问题。一审法院分别评析如下：

(1) 机油格，在外包装上使用了"mazda""⬡"标识，该产品落在马自达株式会社注册的第 1017086 号"mazda"商标（第 7 类）、第 1113848 号"⬡"商标（第 7 类）、第 4545329 号"⬡"商标（第 7 类）核定商品（燃油过滤器、燃料过滤器）的保护范围内，广州马自达未经马自达株式会社授权和许可，擅自销售上述产品侵害了马自达株式会社主张的第 1017086 号"mazda"、第 1113848 号"⬡"、第 4545329 号"⬡"注册商标的专用权。

(2) 右侧雾灯总成，在外包装上使用了"mazda""⬡"标识，该产品落在马自达株式会社注册的第 4545346 号"⬡"（第 11 类）核定商品（车辆照明设备）、第 135803 号"mazda"（第 12 类）核定商品（汽车用灯、信号灯）的保护范围，广州马自达未经马自达株式会社授权和许可，擅自销售上述产品侵害了马自达株式会社主张的第 4545346 号"⬡"以及第 135803 号"mazda"注册商标的专用权。

（3）刹车组件，在产品外包装标签上使用了"mazda""◇"标识；该产品落在马自达株式会社注册的第135803号"mazda"（第12类）核定商品（汽车部件和附件）、第4402910号"◇"商标（第12类）核定商品（车辆刹车垫）的保护范围，广州马自达未经马自达株式会社授权和许可，擅自销售上述产品侵害了马自达株式会社主张的第135803号"mazda"、第4402910号"◇"注册商标的专用权。

（4）冷气格，在外包装上使用了"mazda""◇"标识；该产品落在马自达株式会社注册的第135803号"mazda"（第12类）核定商品（汽车部件和附件）以及第4545329号"◇"商标（第7类）核定使用商品（净化冷却空气用过滤器）的保护范围内，广州马自达未经马自达株式会社授权和许可，擅自销售上述产品侵害了马自达株式会社主张的第135803号"mazda"、第4545329号"◇"注册商标的专用权。

（5）气囊，在外包装标签上使用了"mazda""◇"标识；该产品落在马自达株式会社注册的第135803号"mazda"（第12类）核定商品（汽车部件和附件）以及第4402910号"◇"商标（第12类）核定商品（气囊）的保护范围内，广州马自达未经马自达株式会社授权和许可，擅自销售上述产品侵害了马自达株式会社主张的第135803号"mazda"、第4402910号"◇"注册商标的专用权。

（6）火花塞，在外包装上使用了"mazda""◇"标识；该产品落在马自达株式会社注册的第135803号"mazda"（第12类）核定商品（汽车部件和附件）的保护范围，广州马自达未经马自达株式会社授权和许可，擅自销售上述产品侵害了马自达株式会社主张的第135803号"mazda"注册商标的专用权。

（7）发动机油（纯牌），在外包装上使用了"马自达公司纯牌机油"的文字信息。没有使用马自达株式会社指控的其他侵权商标。因广州马自达的企业名称中含有"马自达"字号，且外包装上也使用了广州马自达法定代表人王树庆注册的第5298754号"椭圆内置棱形"图形商标，对于一般消费公众而言，不可能构成混淆与误认，故广州马自达销售的涉案发动机油（纯牌）

没有侵犯马自达株式会社主张的涉案 14 个注册商标专用权。

（8）发动机润滑油，在外包装上使用了"mazda""◯"标识，标注原产地为韩国，但马自达株式会社的正品油不是韩国制造的。该产品落在马自达株式会社注册的第 964429 号"mazda"商标（第 4 类）（工业油、润滑剂）、第 3499716 号"◯"商标（第 4 类）核定商品（工业用油、润滑剂）的保护范围，广州马自达未经马自达株式会社授权和许可，擅自销售上述产品侵害了马自达株式会社主张的第 964429 号"mazda"、第 3499716 号"mazda"注册商标的专用权。

综合上述各项评析，广州马自达在实体店铺的招牌、店内装潢、名片与微信商城的网页、业务推广以及销售的汽车零部件实物上使用上述认定的侵权标识，已侵犯马自达株式会社主张的商标专用权，理应承担停止侵权及赔偿损失的民事法律责任。

至于马自达株式会社主张广州马自达存在制造及出口涉案侵权汽车零部件的诉求问题。因马自达株式会社没有就此项请求向一审法院提供证据，根据《最高人民法院关于民事诉讼证据的若干规定》第二条之规定，由马自达株式会社承担举证不能的法律后果。一审法院对马自达株式会社的该项诉求不予支持。

至于马自达株式会社主张广州马自达销毁现存的侵权产品以及其包装、宣传材料的请求问题。虽然广州马自达没有按一审法院指定的期间提交库存侵权商品的数量及型号的库存清单，但鉴于一审法院已要求广州马自达停止涉案侵权行为，且马自达株式会社也没有举证证实广州马自达尚有库存侵权商品、侵权标识以及宣传材料的具体存放地点和数量，故根据《最高人民法院关于民事诉讼证据的若干规定》第二条之规定，由马自达株式会社承担举证不能的法律后果。一审法院对马自达株式会社的该项诉求亦不予支持。

至于马自达株式会社要求广州马自达在《羊城晚报》《汽车杂志》上刊登致歉声明的诉求问题。虽然商标专用权是财产权，但广州马自达的持续性侵权行为明显带有恶意，且已给相关消费公众造成混淆，为消除不良影响，

案例 14
突出使用字号的商标性使用行为的认定标准

广州马自达应在报刊上刊登致歉声明。但鉴于广州马自达的注册地和主要经营地在广州，故广州马自达仅需在《羊城晚报》除中缝位置外刊登声明，公开向马自达株式会社致歉，以消除侵权行为的不良影响。一审法院对马自达株式会社主张在《汽车杂志》上刊登声明的请求不予接纳。

至于赔偿金额的确定问题。因马自达株式会社所举证据无法证实广州马自达侵权行为致其遭受的实际损失以及广州马自达由此获得的利益。广州马自达作为实体店铺和微信商城的经营者，没有向一审法院提供财务账本、财务报表，也没有提供库存侵权商品的清单。据此，马自达株式会社请求一审法院在法定赔偿金额范围内予以酌定。一审法院综合考虑广州马自达在微信商城开设网店展示的商品数量、交易金额，结合马自达株式会社证据保全的产品以及广州马自达在该案诉讼过程中仍不断通过实体店铺及微信网络平台继续销售涉案侵权汽车零部件商品的行为，故广州马自达的侵权主观恶意明显，侵权持续时间长。同时考虑广州马自达的注册资本，马自达株式会社注册商标的知名度、正品零部件的零售价格以及马自达株式会社为制止侵权行为所支付的合理开支费用等因素，一审法院酌情广州马自达承担的赔偿金额为人民币 2000000 元，且广州马自达需承担马自达株式会社为制止侵权行为所产生的合理维权费用人民币 98000 元。马自达株式会社主张索赔数额超过上述酌定部分的诉讼请求，一审法院不予支持。

综上，一审法院判决：（1）广州马自达立即停止在实体店铺招牌、店内装潢、名片及交易文件上使用涉案侵犯马自达株式会社享有对注册号为第 956111 号"mazda"、第 3499713 号"◯"、第 964429 号"mazda"、第 3499716 号"◯"、第 1017086 号"mazda"、第 1113848 号"◯"、第 4545329 号"◯"、第 4545346 号"◯"、第 135803 号"mazda"、第 4402910 号"◯"注册商标专用权的标识。（2）广州马自达立即停止在微信商城上开设的"马自达汽配高等级壳牌"网店内使用涉案侵犯马自达株式会社享有对注册号为第 4545260 号"马自达"、第 956111 号"mazda"、第 3499713 号"◯"、第 964429 号"mazda"、第 3499716 号"◯"、第 1017086 号"mazda"、第 1113848 号"◯"、第 4545329 号"◯"、第

3028061 号"马自达"、第 4545346 号"⟨mazda logo⟩"、第 4545271 号"马自达"、第 135803 号"mazda"、第 4402910 号"⟨mazda logo⟩"、第 3027862 号"马自达"注册商标专用权的标识。(3)广州马自达立即停止销售涉案侵犯马自达株式会社享有对第 1017086 号"mazda"、第 1113848 号"⟨mazda logo⟩"、第 4545329 号"⟨mazda logo⟩"注册商标专用权的机油格商品。(4)广州马自达立即停止销售涉案侵犯马自达株式会社享有对第 4545346 号"⟨mazda logo⟩"、第 135803 号"mazda"注册商标专用权的右侧雾灯商品。(5)广州马自达立即停止销售涉案侵犯马自达株式会社享有对第 135803 号"mazda"、第 4402910 号"⟨mazda logo⟩"注册商标专用权的刹车组件商品。(6)广州马自达立即停止销售涉案侵犯马自达株式会社享有对第 135803 号"mazda"、第 4545329 号"⟨mazda logo⟩"注册商标专用权的冷气格商品。(7)广州马自达立即停止销售涉案侵犯马自达株式会社享有对第 135803 号"mazda"、第 4402910 号"⟨mazda logo⟩"注册商标专用权的气囊商品。(8)广州马自达立即停止销售涉案侵犯马自达株式会社享有对第 135803 号"mazda"注册商标专用权的火花塞商品。(9)广州马自达立即停止销售涉案侵犯马自达株式会社享有对第 964429 号"mazda"、第 3499716 号"⟨mazda logo⟩"注册商标专用权的发动机润滑油商品。(10)广州马自达应于判决发生法律效力之日起 10 日内,在《羊城晚报》除中缝位置外就涉案第 4545260 号"马自达"、第 956111 号"mazda"、第 3499713 号"⟨mazda logo⟩"、第 964429 号"⟨mazda logo⟩"、第 3499716 号"⟨mazda logo⟩"、第 1017086 号"mazda"、第 1113848 号"⟨mazda logo⟩"、第 4545329 号"⟨mazda logo⟩"、第 3028061 号"马自达"、第 4545346 号"⟨mazda logo⟩"、第 4545271 号"马自达"、第 135803 号"mazda"、第 4402910 号"⟨mazda logo⟩"、第 3027862 号"马自达"商标的侵权行为向马自达株式会社刊登致歉声明(声明内容须经法院审核,逾期不履行的,法院将在有关媒体公布判决主要内容,费用由广州马自达负担)。(11)广州马自达应于判决发生法律效力之日起 10 日内赔偿经济损失人民币 2000000 元给马自达株式会社。(12)广州马自达应于判决发生法律效力之日起 10 日内赔偿维权费人民币 98000 元给马自达株式会社。(13)驳回马自达株式会社的其他诉讼请求。案件受理费人民币 30800 元，由马自达株式会社负担人民币 4630 元，广州马自达负担人民币 26170 元。

二审判决

二审法院认为，该案属于侵害商标权纠纷，根据双方当事人上诉及答辩的意见，二审审理的主要焦点问题为：（1）该案认定被诉侵权行为的事实依据；（2）广州马自达在 8 种被诉商品上是否存在使用涉案商标构成侵权的行为；（3）广州马自达在实体店铺招牌、店内装潢、名片、交易文件以及微信商城的网店内是否存在使用涉案商标构成侵权的行为；（4）在构成侵害商标权的情况下，广州马自达应承担何种的侵权责任以及广州马自达所作的诉讼时效抗辩是否成立。

一、关于该案认定被诉侵权行为的事实依据的问题

首先，穗工商市分经处字［2007］012 号行政处罚决定书因存在事实不清、证据不足和程序违法的情形，已被广东省工商行政管理局撤销，因此上述处罚决定不应再作为该案的定案依据。其次，关于（2014）沪卢证经字第 2237 号公证书，虽然存在该公证书中发票附单上的产品编码与当庭拆封的实物编码不一致的情形，但是由于当庭拆封的实物与公证书中实物照片互相对应一致，而发票附单则是广州马自达在公证购买过程中单方开具的，当发票附单上的产品编码与实物编码不一致时，该案被诉侵权商品应当以公证购买的实物为准。因此，（2014）沪卢证经字第 2237 号公证书及公证购买的实物应作为该案的定案依据，对于广州马自达上诉认为（2014）沪卢证经字第 2237 号公证书不能作为该案的定案依据的意见，二审法院不予采纳。最后，关于（2014）沪卢证经字第 3220 号公证书，该公证书主要涉及 2014 年 10 月广州马自达在微信商城的网店是否存在使用涉案商标侵权的行为，因此也应作为该案的定案依据。综上，二审法院在二审中根据（2014）沪卢证经字第 2237 号公证书及公证购买的实物、（2014）沪卢证经字第 3220 号公证书，以其中所涉商标使用的情形分两部分审查一审法院认定广州马自达所构成的侵

害商标权行为是否正确的问题，一是广州马自达在8种被诉商品上是否存在使用涉案商标构成侵权的行为，二是广州马自达在实体店铺招牌、店内装潢、名片、交易文件以及微信商城的网店内是否存在使用涉案商标构成侵权的行为。

二、关于广州马自达在8种被诉商品上是否存在使用涉案商标构成侵权的行为

经查，根据（2014）沪卢证经字第2237号公证书及公证购买的机油格、右侧雾灯总成、刹车组件、冷气格、气囊、火花塞、机油、发动机润滑油8种商品，其中以下商品及外包装上的标识一审法院查明有错误，二审法院予以纠正：一是刹车组件的外包装标签上没有一审法院查明的使用了"mazda""〇"标识；二是气囊上使用了"〇"标识，但是气囊的外包装标签上没有一审法院查明的使用了"mazda"标识。其中以下商品及外包装上的标识字样一审法院查明有遗漏，二审法院予以补充：右侧雾灯总成、刹车组件、冷气格、气囊4种商品的外包装上有"马自达公司纯正部品"的标贴，其中"马自达公司"字体大于"纯正部品"字体，并且二者之间有空格。

在该案中，马自达株式会社上诉主张除了一审判决认定的侵权以外，广州马自达在上述右侧雾灯总成、刹车组件、冷气格、气囊、机油5种不同商品上使用"马自达"的行为侵害第4545260号、第3028061号、第4545271号、第3027862号"马自达"注册商标专用权，并且广州马自达在其生产销售的机油上使用的"马自达"除侵害以上商标权外，同时侵害了第964429号"mazda"、第3499716号"〇"注册商标专用权，一审法院却对此未作侵权认定。

对此，二审法院认为，在进一步审查认定前，首先要确定广州马自达上述行为应当依据商标侵权还是不正当竞争进行审查，如属于不正当竞争范畴的纠纷，不属于该案审理范围，则一审法院不予处理是正确的。根据《商标法》第四十八条、第五十七条的规定，直接侵害商标权的行为属于因商标使用而使相关公众对商品的来源产生误认或者认为其来源与权利人注册商标的商品有特定联系而容易导致混淆的侵权行为，其中商标使用必须发生在商业活动中，并发挥识别区分商品来源的功能。根据《商标法》第五十八条的规定，将他人注册商标、未注册的驰名商标作为企业名称中的字号使用，误导公众，构成不正当竞争行为的，依照《反不正当竞争法》处理；该条规定的将商标作为企业名称中字号使用的行为，应作有别于具有识别商品来源功能的商标使用行为的理解，如规范使用企业名称全称的情形；若被诉行为属于商标使用行为，如将与他人注册商标相同或者相近似的文字作为企业的字号在相同或者类似商品上突出使用，则应依照《商标法》第五十七条第（七）项、《最高人民法院关于审理商标民事纠纷案件适用法律若干问题的解释》（法释〔2002〕32号）第一条等规定，审查该商标使用行为是否侵害商标权。针对该案的具体情形，根据《企业名称登记管理规定》第七条、第二十条的规定，企业名称是由行政区划、字号、行业或者经营特点、组织形式等基本要素构成，一般情况下企业的印章、银行账户、牌匾、信笺所使用的名称应当与登记注册的企业名称相同。在涉案"mazda""马自达"商标知名度很高的情况下，若广州马自达只是为了说明其属于右侧雾灯总成、刹车组件、冷气格、气囊商品的销售商或者涉案机油商品生产商的身份而使用自己的企业名称，至少应当在商品上谨慎地、规范地使用企业名称全称；假如广州马自达以规范方式使用企业名称，则广州马自达的行为是否仍然构成不正当竞争，不属于该案侵害商标权诉讼的审查范围。但是，右侧雾灯总成、刹车组件、冷气格、气囊外包装上的标识使用方式是"马自达公司"字体大于"纯正部品"字体，同时二者之间留有空格，明显突出了"马自达公司"的文字；而在机油商品正面显著位置放大突出使用"马自达公司纯牌机油"的文字，虽然机油上还有广州马自达注册的第5298754号"椭圆内置棱形"图形商标，并且"马自达公司纯牌机油"的文字大小一致，但是对于相关公众而言，以上文字容易被理解为"马自达公司纯正品牌机油"，同时鉴于涉案商标具有很高的知名度，机油商品正面显著位置的文字中的"马自达"具有商业标识的显著性并足以发挥区分商品来源的功能，容易导致相关公众误认为该机油商品来源于马自达株式会社。因此,以上商品使用的"马自达"均属于具有识别商品来源功能的商标法意义上的使用;即使其中存在广州马自达使用其字号的情形,也应属于仅保留企业名称中与涉案"马自达"商标相同的字号部分,将其他部分予以简化的不规范突出使用字号行为,应当根据商标侵权的路径进行审查。

(一)关于马自达株式会社上诉所涉的机油商品是否侵害马自达株式会社涉案商标权的问题,根据《最高人民法院关于审理商标民事纠纷案件适用法律若干问题的解释》(法释〔2002〕32号)第十一条、第十二条的规定,结合商品的功能、用途、生产部门、销售渠道、消费对象等要素,以相关公众对商品的一般认识综合判断,广州马自达自己生产销售的机油与第964429号"mazda"、第3499716号"⬨"商标的核定使用商品第4类的工业油、机油等属于同类或类似商品,但与第4545260号、第3028061号、第4545271号、第3027862号"马自达"注册商标的核定使用商品均不构成同类或类似商品,由于该案马自达株式会社不主张驰名商标保护,广州马自达生产销售的机油上使用的"马自达"未侵害马自达株式会社的第4545260号、第3028061号、第4545271号、第3027862号"马自达"注册商标专用权。至于广州马自达在机油上使用的"马自达"是否侵害马自达株式会社第964429号"mazda"商标权,涉及英文商标与中文标识的近似问题,二审法院主要考虑英文商标的知名度和显著性、英文商标与中文标识的对应性、权利人同时使用英文商标与中文标识的情况、相关公众对于英文商标与中文标识使用的认知能力和认可程度等要素进行判定。第一,从英文商标自身的知名度和显著性而言,第964429号"mazda"商标早于1997年核准注册,而且马自达株式会社及其关联公司进入中国市场后在商业活动中在汽车、汽车配件等相关产品长期广泛使用"mazda""马自达"等商标,并有"mazda"商标曾被评为驰名商标的记录,虽然同一主体在不同类别上注册的相同标识的注册商标专用权是相互独立的,但商标所承载的商誉是可以承继的,同一主体在不同类别上注册的相同标识的注册商标的知名度可以产生辐射的效果,因此根据现有证据足以认定第964429号"mazda"商标具有很高的知名度

案例 14
突出使用字号的商标性使用行为的认定标准

和显著性。第二，从英文商标与中文标识的对应性而言，"mazda"英文与"马自达"中文的关联性和对应性可以从英译中和中译英两个角度的释义及发音进行考量，"mazda"英文除了马自达汽车没有其他中文释义外，两者的释义存在一一对应关系；同时根据发音习惯来看，"mazda"无论是按英文朗读习惯还是汉语拼音来朗读均很容易与"马自达"形成对应关系，反之亦然，因此对于中国大陆地区的相关公众而言，英文"mazda"商标与中文"马自达"之间属于稳定唯一对应关系。第三，马自达株式会社同时享有并长期广泛使用"mazda""马自达"商标，且"马自达"同时也是其企业字号，通过使用为相关公众所熟知，相关公众很容易将二者直接对应起来。综上，当"mazda"与"马自达"使用在同类或者类似商品上时，相关公众施以一般注意力，很容易误以为商品来自同一主体或者两者之间存在特定联系而造成混淆。至于广州马自达辩称以上属于其在经营中正当使用其在先字号的行为，二审法院认为，第 964429 号"mazda"商标于 1995 年 7 月 5 日申请，于 1997 年 3 月 21 日核准注册，故比起上述商标申请注册而言，广州马自达成立在先，但是，即使广州马自达仍然能继续维持马自达株式会社的特约经销商身份至今，当广州马自达在商品上将"马自达"字号作商标使用时，至少也应当遵守《商标法》第五十九条第三款的规定，仅应在其作为经销商的原有范围内使用；但是广州马自达在自己生产销售的类似商品上使用与马自达株式会社近似的商标，明显属于超越经销商身份和原有使用范围的恶意使用行为，将破坏商标的识别功能，故广州马自达在其生产销售的机油上使用"马自达"侵害了马自达株式会社第 964429 号"mazda"商标权，一审判决对该部分未认定为侵权行为有误，二审法院予以改判。至于马自达株式会社认为"马自达"标识与"⬧"商标也构成近似、广州马自达的上述行为同时也侵害其第 3499716 号"⬧"商标权的主张，依据不充分，二审法院不予采纳。

（二）关于马自达株式会社上诉所涉的右侧雾灯总成、刹车组件、冷气格、气囊 4 种商品是否侵害涉案"马自达"中文商标权的问题，其中，右侧雾灯总成与第 4545271 号"马自达"商标核定使用商品第 11 类的车辆照明设备商品同类；刹车组件与第3027862号"马自达"商标核定使用商品第12类的陆地车辆用制动装置等商品类似；冷气格与第4545271号"马自达"商标核定使用商品第11类的冷冻设备和机器、空气调节装置、车辆用空调器等商品类似；气囊与第3027862号"马自达"商标核定使用商品第12类的陆地车辆缓冲装置、安全装置等商品类似。并且，根据广州马自达的陈述，（2014）沪卢证经字第2237号公证书所涉的机油格、右侧雾灯总成、刹车组件、冷气格、气囊、火花塞、发动机润滑油7种商品并非来自1995年至2004年双方合作期间马自达株式会社曾指定的正品提供商万事得汽车（香港）有限公司、万事得汽车（南中国）有限公司，不属于广州马自达与马自达株式会社合作期间留下的库存正品，而是广州马自达通过其他渠道购买的。因此，广州马自达必须证明其购入的这些商品属于马自达株式会社授权许可合法使用其商标的商品，否则在这些商品上使用马自达株式会社的商标构成侵权。在该案中，广州马自达提供的关于以上7种被诉侵权商品来源的证据是发票和货物清单，但发票和货物清单上没有与这些被诉侵权商品实物对应的产品图样和产品型号，仅凭以上单据无法证明其来源于马自达株式会社或其授权许可的销售商。而且，更为关键的是，广州马自达曾作为马自达株式会社的特约经销商，对于经马自达株式会社授权许可使用其商标的正品所应附的商标证明材料应当非常清楚，但广州马自达没有证据证明其在购入以上商品时，曾经审查过这些商品确属于马自达株式会社授权许可合法使用其商标的商品，仅仅称其根据多年经销马自达商品的经验进行购买的。因此，在广州马自达不能证明右侧雾灯总成、刹车组件、冷气格、气囊商品属于马自达株式会社授权使用涉案商标的商品时，无论"马自达公司纯正部品"的标贴是广州马自达购入时已附有还是广州马自达自行贴附的，广州马自达均不得依据商标权利穷竭原则进行抗辩，马自达株式会社上诉认为广州马自达未经其授权许可，擅自销售的右侧雾灯总成、刹车组件、冷气格、气囊商品侵害其上述涉案"马自达"商标的理由成立，二审法院予以支持；一审判决对该部分未认定为侵权行为有误，二审法院予以改判。

（三）除了马自达株式会社上诉所涉的以上侵权认定以外，关于广州马自达上诉所涉的一审判决已作认定的机油格、右侧雾灯总成、刹车组件、冷气格、气囊、火花塞、发动机润滑油 7 种商品侵害涉案"mazda""⬡"商标权是否正确的问题，结合前述广州马自达不能证明这些商品属于马自达株式会社授权合法使用涉案商标的商品等理由，二审法院分别作出以下认定：（1）机油格及其外包装上使用了"mazda""⬡"，一审判决认定的侵权行为正确，二审法院予以维持；（2）右侧雾灯总成外包装上使用了"mazda""⬡"，一审判决认定的侵权行为正确，二审法院对该部分予以维持；（3）刹车组件的外包装标签上虽然没有一审法院查明的使用了"mazda""⬡"标识，但根据前述关于英文商标与中文标识近似的认定理由，刹车组件外包装上使用的"马自达"与第 135803 号"mazda"商标构成近似，因此，一审判决认定广州马自达侵害第 135803 号"mazda"商标权正确，二审法院对该部分予以维持；但一审判决认定广州马自达销售刹车组件侵害第 4402910 号"⬡"商标权，依据不充分，二审法院予以改判。（4）冷气格的外包装上使用了"mazda""⬡"，一审判决认定的侵权行为正确，二审法院予以维持。（5）气囊上使用了"⬡"标识，虽然气囊的外包装上没有一审法院查明的使用了"mazda"标识。然而根据前述关于英文商标与中文标识近似的认定理由，气囊外包装上使用的"马自达"与第 135803 号"mazda"商标构成近似，因此一审判决认定的侵权行为正确，二审法院对该部分予以维持。（6）火花塞及外包装上使用了"mazda""⬡"，一审判决认定的侵权行为正确，马自达株式会社亦未对此上诉，二审法院予以维持。（7）发动机润滑油上使用了"mazda""⬡"，一审判决认定的侵权行为正确，二审法院予以维持。

至于广州马自达就机油格、右侧雾灯总成、刹车组件、冷气格、气囊、火花塞、发动机润滑油 7 种商品所作的合法来源抗辩，根据前述内容，从客观上而言，广州马自达提供的发票和货物清单因没有产品图样和型号无法与被诉侵权商品实物相对应；从主观上而言，当没有证据证明这些商品已获得马自达株式会社的商标授权时，曾作为马自达商品经销商的广州马自达应当知道在商品或外包装上使用马自达株式会社的涉案商标构成侵权，因此广州马自达的合法来源抗辩不成立，二审法院不予采纳。

三、关于广州马自达在实体店铺招牌、店内装潢、名片、交易文件以及微信商城的网店内是否存在使用涉案商标构成侵权的行为

经查，马自达株式会社在一审诉讼请求中未提出关于交易文件存在商标侵权的主张，一审查明事实中也未涉及交易文件侵权的内容，因此，一审法院判决广州马自达停止在交易文件上使用侵权标识的判项有误，二审法院予以纠正。根据（2014）沪卢证经字第2237号公证书，广州马自达在其登记经营的商铺招牌上使用"马自达公司""mazda""◎"；在服务台上使用了"mazda"标识；在名片上使用了"mazda""◎"标识以及"马自达纯牌机油总代理""马自达纯牌配件广州代理"字样；根据（2014）沪卢证经字第3220号公证书，广州马自达在微信商城"马自达汽配、高等级壳牌"网店的网页上使用了"mazda""◎"标识以及"马自达汽配商城""微信马自达"等文字信息。根据前面认定8种侵权商品部分已论述过的关于依据商标侵权还是不正当竞争进行审查认定的理由，结合《企业名称登记管理规定》第七条、第二十条的规定，广州马自达在实体店铺招牌、店内装潢、名片以及微信商城的网店内使用"mazda""◎""马自达"的上述全部行为，均属于具有识别商品来源功能的商标法意义上的使用，应当根据商标侵权的路径进行审查；其中，在实体店铺招牌、店内装潢、名片以及微信商城的网店内使用"马自达"的行为属于仅保留企业名称中与涉案"马自达"商标相同的字号部分，将其他部分予以简化的不规范突出使用字号行为。

对此，广州马自达在上诉中辩称，结合双方当事人十几年来合作的情况交易习惯，根据《合同法》第四十九条表见代理的规定，广州马自达有理由相信万事得汽车（南中国）有限公司就是马自达株式会社的代表，2004年之后，根据万事得汽车（南中国）有限公司的授权，广州马自达有权在授权书范围内使用马自达株式会社的商标标识，广州马自达不构成商标侵权。二审法院认为，根据现有证据显示，广州马自达在2004年9月30日之前作为特约经销商获得马自达株式会社授权许可使用其商标，万事得汽车（南中国）有限公司和万事得汽车(香港)有限公司(以下统称"香港万事得")也是马自达株式会社的合作方,向广州马自达提供马自达株式会社的正品配件。但是,涉及涉案商标授权许可使用的问题,虽然1995年至2004年,香港万事得曾向广州马自达出具过多份《万事得汽车商标[MAZDA]使用许可书》,但广州马自达仍然与马自达株式会社签订了1995年的《关于销售马自达纯正配件和用品的协议书》《万事得汽车商标"MAZDA"使用许可书》、2003年的《关于马自达纯正零部件的供给及销售的备忘录》,对1995年至2004年的商标授权使用问题作出约定。在没有证据证明香港万事得享有许可他人使用马自达株式会社的商标的权利的情况下,根据1995年至2004年的授权过程,广州马自达应当清楚凡涉及涉案商标授权许可使用的问题,必须经过马自达株式会社的签章许可才发生效力。因此,广州马自达以无法证明经过马自达株式会社有效签章的2006年《关于马自达纯正零部件的供销合同》、2007年香港万事得单方出具的《万事得汽车的商标"MAZDA"的使用许可书》作为其主张继续获得商标授权许可的依据不成立,二审法院不予采纳。至于2004年9月30日之后直到2011年5月,即使广州马自达仍然从香港万事得购入合法使用马自达株式会社商标的商品,只能证明其可以依据商标权利穷竭原则作为普通销售商对外继续销售此类汽车配件正品以及为了说明其作为普通销售商身份而合理使用商标;除此以外,在未经马自达株式会社授权许可的情况下,广州马自达不得在商业活动中超越普通销售商的范围擅自使用马自达株式会社的涉案商标,令相关公众产生广州马自达仍然是马自达株式会社的特约经销商、广州马自达销售的所有商品均来自于马自达株式会社等混淆可能。根据该案的证据,在2014年公证时,广州马自达早已不属于马自达株式会社授权的特约经销商,距离最后一次从香港万事得购入合法使用马自达株式会社商标的商品也已超过3年,双方没有再就商标授权事宜进行磋商达成新的授权;而广州马自达销售的商品除了其所述来自于马自达株式会社的库存正品外,还有其生产的机油商品以及另有其他来源的前述被诉侵权商品,因此,广州马自达在实体店铺招牌、店内装潢、名片以及微信商城的网店内使用涉案商标的行为既已丧失商标授权许可的基础,也明显超越了普通销售者的合理范围，破坏了商标的识别功能，容易导致相关公众产生混淆，难言正当、合法、善意。

广州马自达又在上诉中辩称涉案第 4545260 号、第 3028061 号、第 4545271 号、第 3027862 号"马自达"中文商标的申请注册时间均在其企业名称及字号成立使用时间之后，因此，广州马自达有权在企业经营中使用其在先字号。经查，广州马自达于 1995 年获得马自达株式会社的授权许可作为特约经销商使用其商标，故广州马自达 1995 年注册成立"广州市马自达贸易有限公司"企业名称是合法正当的；涉案第 4545260 号、第 3028061 号、第 4545271 号、第 3027862 号"马自达"中文商标的申请注册时间均在广州马自达成立时间之后。对此，二审法院认为，在商业标识的权利冲突中判定是否构成在先权利时，应当综合考虑市场主体使用该商业标识的完整渊源以及被诉使用行为的具体方式，而不仅仅单纯从时间节点予以判定。首先，马自达株式会社的企业字号与其涉案中文商标"马自达"完全相同，马自达株式会社于 1920 年成立，马自达株式会社的第 135808 号"馬自達"注册商标于 20 世纪 80 年代已在中国大陆地区注册使用，马自达株式会社于 1992 年与国内企业合作成立了海南马自达汽车有限公司；即在广州马自达成立以前，马自达株式会社已在中国大陆地区使用"马自达"字号及商标。而且，如前所述，商标所承载的商誉是可以承继的，同一主体在不同类别上注册的相同标识的注册商标的知名度可以产生辐射的效果；同理，同一主体在商业活动所使用的与注册商标完全相同的字号，二者的使用也会使知名度产生互通互及的辐射影响，进一步加深了相关公众对于商品或服务来源的认识。其次，广州马自达在实体店铺招牌、店内装潢、名片以及微信商城的网店内使用"马自达"的行为属于突出使用字号的商标使用行为，而广州马自达在上述经营中使用涉案商标的行为源于马自达株式会社 1995 年的授权，该授权约定了商标使用的期限以及仅在特约经销商的范围内使用等限制。经过 1995 年至 2004 年 9 月期间双方对于"马自达"商标的使用，对于双方当事人而言，"马自达"商标（包括突出使用的字号）所发挥的识别功能，是令相关公众形成广州马自达是马自达株式会社的特约经销商，其销售的使用"马自达"商标的商品均来源于马自达株式会社的认识;而不会由于广州马自达在经营中突出使用其"马自达"字号,就产生广州马自达销售的商品来源于广州马自达的认识。因此,从商业标识在先权利的角度而言,即使在 1995 年至 2004 年 9 月双方合作期间,广州马自达突出使用的字号也不应对马自达株式会社的"马自达"商标构成在先权利,而只是马自达株式会社所享有的"马自达"商标权利的部分继受及延伸。况且,如前所述,在 2004 年 9 月 30 日之后,广州马自达没有继续获得马自达株式会社的授权使用其商标,其最多只能作为普通销售者得以继续销售合法使用"马自达"商标的库存商品,但不能以其字号先于马自达株式会社涉案"马自达"商标权的申请注册就当然拥有在先权利,并采取涉案突出使用的方式在实体店铺招牌、店内装潢、名片以及微信商城的网店内使用"马自达"字号。因此,广州马自达的该项上诉理由不成立,二审法院不予采纳。

综上所述,广州马自达在其登记经营的商铺招牌、名片以及微信商城的网店内使用"mazda""〇""马自达"的上述行为,侵害了马自达株式会社涉案的 14 项注册商标的专用权;广州马自达在店内装潢(服务台)上使用"mazda"的行为侵害了马自达株式会社第 956111 号、第 964429 号、第 1017086 号、第 135803 号"mazda"注册商标的专用权。

四、关于广州马自达应承担何种的侵权责任以及广州马自达所作的诉讼时效抗辩是否成立的问题,因广州马自达所构成的上述侵害商标权行为,一审法院判令其承担侵权责任的方式为停止侵权、消除影响及赔偿损失,认定准确,二审法院予以维持。关于广州马自达提出的诉讼时效抗辩,广州马自达辩称其以在实体店中使用"马自达公司"的时间超过 20 年,即使构成侵权也超过了诉讼时效。对此,二审法院认为,由于上述侵权行为属于持续性侵害商标权的行为,根据《最高人民法院关于审理商标民事纠纷案件适用法律若干问题的解释》(法释〔2002〕32 号)第十八条的规定,如果侵权行为在起诉时仍在持续,在该注册商标专用权有效期限内,人民法院应当判决被告停止侵权行为,侵权损害赔偿数额应当自权利人向人民法院起诉之日起向前推算二年计算。因此广州马自达提出的诉讼时效抗辩不能成立,只是该部分侵权行为在确定侵权赔偿额时应当考虑赔偿计算期限。

关于赔偿金额，虽然马自达株式会社无法证实广州马自达侵权行为致其遭受的实际损失以及广州马自达的侵权获利，但是广州马自达作为实体店铺和微信商城的经营者，没有向一审法院提供财务账本、财务报表，也没有提供库存侵权商品的清单。在此情况下，鉴于广州马自达实施了多种侵权行为，既包括生产、销售了侵权的机油商品以及销售了其他7种侵权商品，也包括在实体店铺招牌、店内装潢、名片以及微信商城的网店内使用涉案商标的侵权行为，侵权涉及马自达株式会社14项商标权，且广州马自达的侵权主观恶意明显，侵权持续时间长。一审法院综合考虑马自达株式会社注册商标的知名度、广州马自达实施的侵权行为的情节及其主观恶意、广州马自达的注册资本以及马自达株式会社为制止侵权行为所支付的合理开支费用等因素，酌定广州马自达赔偿经济损失2000000元及支付合理维权费用98000元，合法恰当，二审法院予以维持。

综上所述，二审法院判决如下：（1）维持一审判决第二、第三、第八、第九、第十、第十一、第十二、第十三项。（2）变更一审判决第一项为：广州市马自达贸易有限公司立即停止在实体店铺招牌、名片上使用涉案侵犯马自达汽车株式会社第4545260号"马自达"、第956111号"mazda"、第3499713号"图"、第964429号"mazda"、第3499716号"图"、第1017086号"mazda"、第1113848号"图"、第4545329号"图"、第3028061号"马自达"、第4545346号"图"、第4545271号"马自达"、第135803号"mazda"、第4402910号"图"、第3027862号"马自达"注册商标专用权的标识以及立即停止在店内装潢上使用涉案侵犯马自达汽车株式会社第956111号、第964429号、第1017086号、第135803号"mazda"注册商标专用权的标识。（3）变更一审判决第四项为：广州市马自达贸易有限公司立即停止销售涉案侵犯马自达汽车株式会社第4545346号"图"、第135803号"mazda"、第4545271号"马自达"注册商标专用权的右侧雾灯商品。（4）变更一审判决第五项为：广州市马自达贸易有限公司立即停止销售涉案侵犯马自达汽车株式会社第135803号"mazda"、第3027862号

"马自达"注册商标专用权的刹车组件商品。(5) 变更一审判决第六项为：广州市马自达贸易有限公司立即停止销售涉案侵犯马自达汽车株式会社第135803号"mazda"、第4545329号"🝆"、第4545271号"马自达"注册商标专用权的冷气格商品。(6) 变更一审判决第七项为：广州市马自达贸易有限公司立即停止销售涉案侵犯马自达汽车株式会社第3027862号"马自达"、第135803号"mazda"、第4402910号"🝆"注册商标专用权的气囊商品。(7) 广州市马自达贸易有限公司立即停止在其生产销售的机油商品上突出使用"马自达"侵犯马自达汽车株式会社第964429号"mazda"注册商标专用权的行为。

案例解析

该案属于侵害商标权纠纷，主要争议焦点有三个：（1）广州马自达在8种被诉商品上是否存在使用涉案商标构成侵权的行为；（2）广州马自达在实体店铺招牌、店内装潢、名片、交易文件以及微信商城的网店内是否存在使用涉案商标构成侵权的行为；（3）在构成侵害商标权的情况下，广州马自达应承担何种侵权责任以及广州马自达所作的诉讼时效抗辩是否成立。对于上述焦点问题，合议庭已经在该案判决理由中作了较为详尽而充分的论述，现结合该案，对其中反映的理论和实践问题，再作简要的分析。

一、关于突出使用字号的商标使用行为的认定

企业名称和商标都属于商业标识类知识产权，企业名称一般由行政区划、字号、行业、组织形式几个要素构成，其中，字号最具识别意义，使用具有一定知名度的企业字号与使用企业名称产生同样的结果。商标一般由文字、图形等要素或者各要素组合而成。企业名称和商标都具有区分商品或服务来源的作用，二者权利冲突较为常见，多表现为企业名称中的字号与商标文字冲突，主要为以下三种冲突情形：（1）将与他人注册商标相同或近似的文字作为企业字号在相同或者类似商品上突出使用，容易使相关公众产生误认的；

(2) 违反诚实信用原则，使用与他人注册商标中的文字相同或近似的企业字号，虽未突出使用，但足以使相关公众对其商品或者服务的来源产生混淆的；

(3) 将与他人企业字号相同或近似的文字作为商标使用，容易使相关公众产生混淆误认的。第一种情形侵犯的是注册商标专用权，第二种情形构成不正当竞争。❶ 因此，在认定突出使用字号行为前，须先确定该行为应当依据商标侵权还是不正当竞争进行审查。由于反不正当竞争法对知识产权专门法只具有有限的补充作用，不是广泛的兜底作用，凡专门法已作穷尽规定的法律领域，原则上不再运用反不正当竞争法扩展保护，为自由竞争留下空间。❷

根据《商标法》第四十八条、第五十七条的规定，直接侵害商标权的行为属于因商标使用而使相关公众对商品的来源产生误认或者认为其来源与权利人注册商标的商品有特定联系而容易导致混淆的侵权行为，其中商标使用必须发生在商业活动中，并发挥识别区分商品来源的功能。根据《商标法》第五十八条规定，将他人注册商标、未注册的驰名商标作为企业名称中的字号使用，误导公众，构成不正当竞争行为的，依照《反不正当竞争法》处理；该条规定的将商标作为企业名称中字号使用的行为，应作有别于具有识别商品来源功能的商标使用行为的理解，如规范使用企业名称全称的情形；若被诉行为属于商标使用行为，如将与他人注册商标相同或者相近似的文字作为企业的字号在相同或者类似商品上突出使用，则应依照《商标法》第五十七条第（七）项❸、《最高人民法院关于审理商标民事纠纷案件适用法律若干问题的解释》（法释〔2002〕32号）第一条❹等规定，审查该商标使用行为是否侵害商标权。

---

❶ 陆鹏宇. 突出使用字号易与他人商标产生误认构成侵权 [J]. 人民司法（案例），2016 (2).

❷ 参见最高人民法院民事审判第三庭. 知识产权审判指导第1辑 [M]. 北京：人民法院出版社，2009.

❸ 《商标法》第五十七条：有下列行为之一的，均属侵犯注册商标专用权：……（七）给他人的注册商标专用权造成其他损害的。

❹ 《最高人民法院关于审理商标民事纠纷案件适用法律若干问题的解释》（法释〔2002〕32号）第一条第一项：下列行为属于商标法第五十二条第（五）项规定的给他人注册商标专用权造成其他损害的行为：（一）将与他人注册商标相同或者相近似的文字作为企业的字号在相同或者类似商品上突出使用，容易使相关公众产生误认的。

在该案中,若广州马自达只是为了说明其销售商或生产商身份而使用自己企业名称,则至少应当在商品上谨慎规范地使用企业名称全称。广州马自达在其右侧雾灯总成、刹车组件、冷气格、气囊外包装上的标识使用方式是"马自达公司"字体大于"纯正部品"字体,同时二者之间留有空格,明显突出了"马自达公司"的文字;在机油商品正面显著位置放大突出使用"马自达公司纯牌机油"的文字,虽然机油上还有广州马自达注册的第5298754号"椭圆内置棱形"图形商标,并且"马自达公司纯牌机油"的文字大小一致,但是对于相关公众而言,以上文字容易被理解为"马自达公司纯正品牌机油"。同时鉴于涉案商标具有很高的知名度,机油商品正面显著位置的文字中的"马自达"具有商业标识的显著性并足以发挥区分商品来源的功能,容易导致相关公众误认为该机油商品来源于马自达株式会社。因此,以上商品使用的"马自达"均属于具有识别商品来源功能的商标法意义上的使用。即使其中存在广州马自达使用其字号的情形,也应属于仅保留企业名称中与涉案"马自达"商标相同的字号部分,将其他部分予以简化的不规范突出使用字号行为,应当根据商标侵权的路径进行审查。

二、关于英文商标与中文标识的近似问题

在一些情形下,英文商标、企业名称等英文标识的持有人未及时将对应的中文标识进行注册,但公众或经销商已经将英文标识及对应中文标识均指向英文标识持有人,此时针对第三方未经授权而将对应的中文标识进行商标注册或商业使用的行为,英文标识持有人就需要证明该英文标识与中文标识的近似性。在英文商标与中文标识的近似问题上,二审法院指出须主要综合英文商标的知名度和显著性、英文商标与中文标识的对应性、权利人同时使用英文商标与中文标识的情况、相关公众对于英文商标与中文标识使用的认知能力和认可程度等要素进行判定。

在进行是否构成近似的判定时,根据《最高人民法院关于审理商标民事纠纷案件适用法律若干问题的解释》(法释〔2002〕32号)第十条规定,需要遵循以下原则:(一)以相关公众的一般注意力为标准;(二)既要进行对商标的整体比对，又要进行对商标主要部分的比对，比对应当在比对对象隔离的状态下分别进行；（三）判断商标是否近似，应当考虑请求保护注册商标的显著性和知名度。

具体到该案，从英文商标自身来看，涉案英文商标"mazda"具有很高的知名度和显著性；从英文商标与中文标识的对应性来看，涉案英文商标"mazda"和中文商标"马自达"在释义和发音上一一对应，容易被相关公众直接对应起来；从权利人同时使用英文商标与中文标识的情况、相关公众对于英文商标与中文标识使用的认知能力和认可程度来看，马自达株式会社同时享有并长期广泛使用上述英文商标和中文标识，"马自达"同时也是其企业字号，相关公众很容易将二者直接对应起来。

综上所述，当"mazda"与"马自达"使用在同类或者类似商品上时，相关公众施以一般注意力，很容易误以为商品来自同一主体或者两者之间存在特定联系而造成混淆。因此，该案中的英文商标和中文标识构成近似。

需要补充的是，在判断英文标识和中文标识的对应性的过程中，某英文标识即使存在多种中文译法的，仍应以主要中文译法为准；两者已经建立对应关系这一待证事实的时间节点，一般应当是争议商标申请日期或者被控侵权日期之前，这主要是考虑利益平衡，防止英文标识不当的"反向侵夺"。❶

三、关于商业标识权利冲突中在先权利的认定

所谓在先权利，是相对于"在后权利"而言的，就同一客体先产生的权利较之于后产生的权利，即为在先权利。由于对在先权利的对象"搭便车"的行为违反了商标法所追求的维护公平正当的市场竞争秩序的宗旨，也造成商标权人不当得利，各国法律均对在先权利予以保护，这种保护并不是保护在先权利所包含的价值与利益，而是保护在先权利对象所蕴含的商誉、影响力或者号召力。❷ 根据《商标法》第三十二条，申请商标注册不得损害他人

---

❶ 汪正，张妍. 中文标识与英文标识的对应关系 [J]. 中华商标，2015.
❷ 韩景峰. 商标法中在先权利的法理分析 [J]. 知识产权，2012（10）.

现有的在先权利，也不得以不正当手段抢先注册他人已经使用并有一定影响的商标。

在该案中，二审法院认为在商业标识的权利冲突中判定是否构成在先权利时，应当综合考虑市场主体使用该商业标识的完整渊源以及被诉使用行为的具体方式，考虑相同的字号与商标之间知名度互通互及的辐射影响，而不仅仅单纯从时间节点予以判定。

具体而言，从市场主体使用该商业标识的完整渊源来看，在广州马自达成立以前，马自达株式会社已在中国大陆地区注册并使用"马自达"字号及商标，同一主体在商业活动所使用的与注册商标完全相同的字号，二者的使用会使知名度产生互通互及的辐射影响，进一步加深相关公众对于商品或服务来源的认识；从被诉使用行为的具体方式来看，广州马自达在实体店铺招牌、店内装潢、名片以及微信商城的网店内使用"马自达"的行为属于突出使用字号的商标使用行为，即使是在1995年至2004年9月双方合作期间，广州马自达突出使用的字号所发挥的识别功能也只是令相关公众形成广州马自达是马自达株式会社的特约经销商、其销售的使用"马自达"商标的商品均来源于马自达株式会社的认识，而不是广州马自达销售的商品来源于广州马自达的认识，因此不会对马自达株式会社的"马自达"商标构成在先权利，而只是对马自达株式会社所享有的"马自达"商标权利的部分继受及延伸。在2004年9月30日之后，广州马自达就只能作为普通销售者继续销售合法使用"马自达"商标的库存商品，不能以其字号先于马自达株式会社涉案"马自达"商标权的申请注册就当然拥有在先权利。

案例15　知名商品特有名称权归属的确定标准

——荣华饼家有限公司等（中国香港）与苏氏荣华食品
有限公司、苏国荣等侵害商标权及擅自使用
知名商品特有名称、包装、装潢纠纷案

裁判要旨

在双方分别主张自己对被诉文字标识享有文字注册商标专用权和知名商品特有名称权的擅自使用知名商品特有名称、包装、装潢纠纷中，应当从双方拥有和使用文字标识的历史和发展现状、双方对该文字标识使用的主观心态，特别是从鼓励对有限商业标识资源积极有效使用的原则出发，认定知名商品特有名称权的归属。

在权利人没有提交其因侵权受损失的证据，也未向法院申请调取或者命令被诉侵权人披露其财务账册以便查明其侵权获利时，法院应当综合侵权行为的持续期间、后果，商标的声誉，制止侵权行为的合理开支，被诉侵权产品突出使用商业标识的具体状况，特有名称的知名程度，以及被诉侵权人的侵权恶意等多方面因素，认定侵权实际损失数额。

入选理由

该案的典型性在于对未注册驰名商标的侵权判断认定。明确了判定商标是否构成侵犯商标权意义上近似商标的标准，确定侵犯商标权赔偿责任应当考虑诉争商标实际使用情况，针对双方当事人分别主张自己对"荣华"享有注册商标权和知名商品特有名称权，判决明确了认定知名商品特有名称权权利归属的裁判规则，表明了维护公平竞争、诚实守信市场秩序的司法价值和导向。

案例索引

一审案号：广东省东莞市中级人民法院（2011）东中法民三初字第166号

二审案号：广东省高级人民法院（2013）粤高法民三终字第488号

基本案情

上诉人（一审原告）：荣华饼家有限公司（中国香港）（以下简称"荣华公司"）

上诉人（一审原告）：东莞荣华饼家有限公司（以下简称"东莞荣华公司"）

上诉人（一审被告）：佛山市顺德区苏氏荣华食品有限公司（以下简称"苏氏荣华公司"）

上诉人（一审被告）：苏国荣

上诉人（一审被告）：黄维德

一审诉请

荣华公司、东莞荣华公司请求：（1）判令黄维德停止销售侵犯荣华公司和东莞荣华公司第600301号、第1567181号、第1567182号、第1567183号及第1567184号注册商标专用权的商品的行为，判令苏氏荣华公司和苏国荣停止生产、销售侵犯荣华公司和东莞荣华公司上述注册商标专用权的商品的行为；（2）判令苏氏荣华公司、苏国荣共同赔偿荣华公司、东莞荣华公司经济损失人民币1000万元整；（3）判令苏氏荣华公司、苏国荣、黄维德在《南方日报》《东莞日报》《佛山日报》上公开道歉，内容由法院审定；（4）判令该案一切诉讼费用由苏氏荣华公司、苏国荣、黄维德承担。

一审庭审前及第一次庭审辩论终结前，荣华公司、东莞荣华公司增加如下诉讼请求：（1）认定荣华公司、东莞荣华公司的"荣华月饼"为知名商品特有名称，判令苏氏荣华公司、苏国荣停止在其月饼商品上使用没有区别的"荣华月饼"商品名称的不正当竞争侵权行为，并责令苏氏荣华公司、苏国荣在其生产、销售的"荣华月饼"上附加足以区别商品来源的其他标识；（2）判令黄维德停止销售上述使用了与荣华公司、东莞荣华公司知名商品特有名称"荣华月饼"没有区别的商品名称的商品。在一审第一次开庭审理中，荣华公司、东莞荣华公司除主张苏氏荣华公司、苏国荣、黄国荣侵害其知名商品特有名称"荣华月饼"外，增加主张保护其知名商品特有包装、装潢。

一审裁判

一审法院认为：该案为侵害商标权和擅自使用知名商品特有名称、包装、装潢纠纷。

（一）关于苏国荣、苏氏荣华公司、黄维德是否侵害荣华公司注册商标权的问题

根据《最高人民法院关于审理商标民事纠纷案件适用法律若干问题的解释》（法释〔2002〕32号）第一条规定，下列行为属于商标法第五十二条第（五）项规定的给他人注册商标专用权造成其他损害的行为：（一）将与他人注册商标相同或者相近似的文字作为企业的字号在相同或者类似商品上突出使用，容易使相关公众产生误认的；（二）复制、摹仿、翻译他人注册的驰名商标或其主要部分在不相同或者不相类似商品上作为商标使用，误导公众，致使该驰名商标注册人的利益可能受到损害的。第二条规定依据商标法第十三条第一款的规定，复制、摹仿、翻译他人未在中国注册的驰名商标或其主要部分，在相同或者类似商品上作为商标使用，容易导致混淆的，应当承担停止侵害的民事法律责任。

> 案例 15
>
> 知名商品特有名称权归属的确定标准

荣华公司在中国经核准成为第600301号、第1567181号、第1567182号、第1567183号、第1567184号注册商标的商标注册人，荣华公司对上述注册商标享有的专用权受中国法律保护。以相关公众的一般注意力为标准，将荣华公司上述5个注册商标与被诉侵权产品"清香双黄白莲蓉月饼"的外包装图案进行隔离比对，从题材构图上看，二者的图案均为花好月圆的图案组合，盛开的鲜花位于月亮前方右下角，花好月圆的背景是繁星点点的蓝天，外有一个粗边四方形框。虽然二者花的种类及数量不一样，被诉侵权产品使用一朵鲜花，而注册商标则是两朵鲜花，但只是细节上的区别。从整体上观察，两者在花、月的空间位置、形状大小等要部上均构成相似，足以造成相关公众和普通消费者的混淆和误认。

将其他4个被诉产品的图案与荣华公司上述图形注册商标进行隔离比对，色彩与第1567182号、第1567183号两个注册商标明显不同，不构成侵权。与第600301号、第1567181号、第1567184号3个注册商标比对，则构成侵权。

另外，该案关于商标侵权部分与（2007）东中法民三初字第138号案件被诉侵权产品不同，并不涉及一事不再理的问题。

因此，根据《商标法》第五十二条第（一）项的规定，未经商标注册人许可，在同一种商品或者类似商品上使用与其注册商标相同或者近似的商标的，属侵犯注册商标专用权的行为。

苏国荣、苏氏荣华公司在同一种商品（月饼）上，擅自使用与荣华公司第600301号、第1567181号、第1567182号、第1567183号、第1567184号注册商标相近似的商标，已经构成侵犯注册商标专用权。依照《民法通则》第一百三十四条、《商标法》第五十三条、《最高人民法院关于审理商标民事纠纷案件适用法律若干问题的解释》（法释〔2002〕32号）第二十一条之规定，应当承担相应的法律责任。黄维德承担停止销售侵权产品责任。

（二）关于苏国荣、苏氏荣华公司是否擅自使用知名商品特有名称、包装、装潢，侵害荣华公司等生产的"荣华月饼"知名商品特有名称、包装、装潢的问题

一是关于荣华公司等生产的"荣华月饼"是否为知名商品的问题。

1995年7月6日，国家工商行政管理局《关于禁止仿冒知名商品特有的名称、包装、装潢的不正当竞争行为的若干规定》第二条规定，"仿冒知名商品特有名称、包装、装潢的不正当竞争行为，是指违反《反不正当竞争法》第五条第（二）项规定，擅自将他人知名商品特有的商品名称、包装、装潢作相同或者近似使用，造成与他人的知名商品相混淆，使购买者误认为是该知名商品的行为。前款所称使购买者误认为是该知名商品，包括足以使购买者误认为是该知名商品。"第三条规定，"本规定所称知名商品，是指在市场上具有一定知名度，为相关公众所知悉的商品。本规定所称特有，是指商品名称、包装、装潢非为相关商品所通用，并具有显著的区别性特征。本规定所称知名商品特有的名称，是指知名商品独有的与通用名称有显著区别的商品名称。但该名称已经作为商标注册的除外。本规定所称包装，是指为识别商品以及方便携带、储运而使用在商品上的辅助物和容器。本规定所称装潢，是指为识别与美化商品而在商品或者其包装上附加的文字、图案、色彩及其排列组合。"第四条规定，"商品的名称、包装、装潢被他人擅自作相同或者近似使用，足以造成购买者误认的，该商品即可认定为知名商品。特有的商品名称、包装、装潢应当依照使用在先的原则予以认定。"第五条规定，"对使用与知名商品近似的名称、包装、装潢，可以根据主要部分和整体印象相近，一般购买者施以普通注意力会发生误认等综合分析认定。一般购买者已经发生误认或者混淆的，可以认定为近似。"

1994年以前，虽然荣华公司的"荣华月饼"在国内没有申请注册商标，但"荣华月饼"由荣华公司的股东较早在我国港澳地区和部分国家注册及生产销售，1980年之后就已经在大陆公开销售，在一系列的报纸广告宣传里，荣华月饼的盒子（包装装潢）均刊登并广泛传播，其包装装潢早已使用在先并具有较高的知名度。特别是1994年荣华公司在大陆合资公司东莞荣华公司已注册成立，并以"荣华月饼"的名称在大陆大规模广泛生产月饼，比苏国荣受让商标的1997年、有资格生产月饼的1996年及有证据使用过"荣华月饼"名称的1997年都要早。因此，可以认定荣华公司生产销售"荣华月饼"为在先使用"荣华月饼"名称及包装装潢。

由于广东毗邻港澳，荣华公司又在国内作了大量广告，使荣华公司的"荣华月饼"在广东为相关的消费者所熟悉，且1994年东莞荣华公司已注册成立，并以"荣华月饼"的名称大规模广泛生产月饼，因此，荣华公司等生产销售的"荣华月饼"应认定为知名商品。荣华公司的"荣华月饼"包装盒上的装潢，在大陆注册了两朵牡丹花。该图案以黄色的月亮及带碎花的蓝底色衬托，组成了独特的牡丹图案和色彩，是知名产品的特有装潢，依法应予以保护。

以上事实在2000年4月28日佛山市中级人民法院作出的（1999）佛中法知初字第124号生效判决书中作出了同样的认定。

二是关于苏国荣、苏氏荣华公司使用"荣华月饼"名称是否合法问题。

尽管荣华公司等生产销售的"荣华月饼"应认定为知名商品，但苏国荣于1985年注册成立个体户荣华饼食店就开始一直使用"荣华"为企业名称，在1997年又与沂水县永乐糖果厂达成受让"荣华"商标专用权的协议，享有"荣华"商标专用权，1999年3月14日又被核准注册"荣华月"文字商标。因此，苏国荣、苏氏荣华公司在其生产的月饼上使用"荣华月饼"四个字不构成侵权。同时，最高人民法院（2012）民提字第38号民事判决第二项撤销广东省高级人民法院（2007）粤高法民三终字第412号民事判决第二项（即中山市今明食品有限公司、广州市好又多（天利）百货商业有限公司世博分公司立即停止对荣华饼家有限公司、东莞荣华饼家有限公司"荣华月饼"知名商品特有名称的侵权行为）。法院应根据"一事不再理"原则，驳回荣华公司等该项诉讼请求。

三是关于苏国荣、苏氏荣华公司的产品的包装、装潢是否与荣华公司等的知名产品包装、装潢相同或相近似因而构成侵权的问题。

《反不正当竞争法》第二条第一款规定，经营者在市场交易中，应当遵循自愿、平等、公平、诚实信用的原则，遵守公认的商业道德。第五条第（二）项规定，经营者不得采用下列不正当手段从事市场交易，损害竞争对手：擅自使用知名商品特有的名称、包装、装潢，或者使用与知名商品近似的名称、包装、装潢，造成和他人的知名商品相混淆，使购买者误认为是该知名商品；

第二十条规定，经营者违反本法规定，给被侵害的经营者造成损害的，应当承担损害赔偿责任，被侵害的经营者的损失难以计算的，赔偿额为侵权人在侵权期间因侵权所获得的利润；并应当承担被侵害的经营者因调查该经营者侵害其合法权益的不正当竞争行为所支付的合理费用。被侵害的经营者的合法权益受到不正当竞争行为损害的，可以向人民法院提起诉讼。《最高人民法院关于审理不正当竞争民事案件应用法律若干问题的解释》（法释〔2007〕2号）第一条规定，在中国境内具有一定的市场知名度，为相关公众所知悉的商品，应当认定为反不正当竞争法第五条第（二）项规定的"知名商品"。人民法院认定知名商品，应当考虑该商品的销售时间、销售区域、销售额和销售对象，进行任何宣传的持续时间、程度和地域范围，作为知名商品受保护的情况等因素，进行综合判断。原告应当对其商品的市场知名度负举证责任。在不同地域范围内使用相同或者近似的知名商品特有的名称、包装、装潢，在后使用者能够证明其善意使用的，不构成反不正当竞争法第五条第（二）项规定的不正当竞争行为。因后来的经营活动进入相同地域范围而使其商品来源足以产生混淆，在先使用者请求责令在后使用者附加足以区别商品来源的其他标识的，人民法院应当予以支持。

一审法院认为，荣华公司等生产销售的知名商品"荣华月饼"的包装装潢中，"荣华月饼"即横排魏碑手写繁体的"荣华月饼"，且文字的周边分别加上边框，即"荣華月饼"，与花好月圆的图案的组合，即"■"与"■"，以及黄色、底色、蓝色组合，为知名商品的特有装潢，应受到法律保护。

经比对，一审法院认为苏氏荣华公司等生产的清香双黄白莲蓉月饼的产品装潢■，其主视图（盒盖）的底色，以及中央黄色圆块，中间是盛开的牡丹花，与荣华公司等的"荣华月饼"的装潢相近似，有模仿的故意，对一般消费者会造成误认。因此，苏氏荣华公司等该款包装盒的装潢侵害了荣华公司等知名产品的包装装潢，应停止生产、销售并承担赔偿责任。

至于其余各款商品的包装盒及包装袋的装潢，主视图主要版面是一朵盛开的粉红色牡丹花特写，左侧及上侧周围有由白到黄的光晕，与荣华公司等产品装潢中使用的蓝黄色底有区别。因此，苏氏荣华公司等其他款产品包装盒及包装袋的装潢与荣华公司等的产品既不相同也不相近似,荣华公司等对苏氏荣华公司等其他款产品的指控,理由不成立,应予驳回。

四是关于荣华公司等享有在先使用知名商品特有包装、装潢权利,苏氏荣华公司等应规范使用其受让的"荣华"商标及注册的"荣华月"商标的问题。

上述荣华公司"荣华月饼"商品自1980年之后就已经在大陆有公开销售,其包装装潢早已使用在先并具有较高的知名度,且已被认定为知名商品。而且1994年,荣华公司在大陆合资公司东莞荣华公司已注册成立,并以"荣华月饼"的名称在大陆大规模广泛生产月饼。而苏国荣受让第533357号注册商标▨("圆圈"加"荣华"简体文字的组合商标)为1997年,其无权享有对第533357号注册商标▨1997年之前相关权利,1999年才被核准注册文字注册商标,证据显示苏国荣成立的个体工商户1996年才申请生产糕点等产品,且苏国荣没有证据证明其1997年之前使用过"荣华月饼"名称包装。因此,荣华公司等享有在先使用知名商品特有包装、装潢权利。

尽管苏国荣受让第533357号注册商标▨("圆圈"加"荣华"简体文字的组合商标)和被核准注册文字▨▨注册商标,但应规范使用,不能与荣华公司等享有的在先知名商品包装、装潢权相冲突,以免导致消费者混淆和误认。

一审法院认为,上述认定也与最高人民法院(2012)民提字第38号民事判决作出撤销广东省高级人民法院(2007)粤高法民三终字第412号民事判决第二项判项相符。因为最高人民法院该判决认为,根据已经查明的事实,荣华公司公证购买由中山市今明食品有限公司生产、广州市好又多(天利)百货商业有限公司世博分公司实际销售的被诉侵权商品和进行网上证据保全行为的时间均在第533357号商标▨许可使用合同的期限内,被诉侵权商品上文字部分的主要识别部分"荣华"与中山市今明食品有限公司被许可使用的第533357号商标▨的文字组合及呼叫基本相同,且该标识使用在月饼商品上,故中山市今明食品有限公司在被诉侵权商品上使用"荣华月饼"文字的行为具有正当性。但是对文字的使用不能扩张到包装、装潢,最高人民法院的判决认定更加不能解读为苏国荣、苏氏荣华公司可以不规范使用其商标。

(三) 关于苏国荣、苏氏荣华公司、黄维德应承担的赔偿责任及其他问题

《商标法》第五十六条规定，侵犯商标专用权的赔偿数额，为侵权人在侵权期间因侵权所获得的利益，或者被侵权人在被侵权期间因被侵权所受到的损失，包括被侵权人为制止侵权行为所支付的合理开支。前款所称侵权人因侵权所得利益，或者被侵权人因被侵权所受损失难以确定的，由人民法院根据侵权行为的情节判决给予50万元以下的赔偿。销售不知道是侵犯注册商标专用权的商品，能证明该商品是自己合法取得的并说明提供者的，不承担赔偿责任。《最高人民法院关于审理商标民事纠纷案件适用法律若干问题的解释》（法释〔2002〕32号）第十六条第一款、第二款规定，侵权人因侵权所获得的利益或者被侵权人因被侵权所受到的损失均难以确定的，人民法院可以根据当事人的请求或者依职权适用商标法第五十六条第二款的规定确定赔偿数额。人民法院在确定赔偿数额时，应当考虑侵权行为的性质、期间、后果，商标的声誉，商标使用许可费的数额，商标使用许可的种类、时间、范围及制止侵权行为的合理开支等因素综合确定。《最高人民法院关于审理不正当竞争民事案件应用法律若干问题的解释》（法释〔2007〕2号）第十七条第一款规定，确定反不正当竞争法第五条、第九条、第十四条规定的不正当竞争行为的损害赔偿额，可以参照确定侵犯注册商标专用权的损害赔偿额的方法进行。

现荣华公司等主张的1000万元赔偿，并无直接证据证明，合理费用支出也没有提交证据。一审法院根据荣华公司等经营巨大规模，苏氏荣华公司等自认每年生产规模2000万元，以及苏国荣曾被佛山市中级人民法院作出的(1999)佛中法知初字第124号生效判决书中认定侵权的事实等，酌情判决苏国荣、苏氏荣华公司赔偿荣华公司等损失50万元人民币，其余部分予以驳回。此外，黄维德销售侵权产品有合法来源，因此，黄维德无须承担赔偿责任，仅需要停止销售即可。此外，苏国荣、苏氏荣华公司的侵权行为不可避免给荣华公司等的商誉造成不良影响，但考虑到判令其停止侵害并赔偿经济损失已足以消除对荣华公司等造成的不良影响，故一审法院对荣华公司等关

于赔礼道歉的诉讼请求不予支持。

综上，一审法院判决：（1）佛山市顺德区苏氏荣华食品有限公司、苏国荣立即停止生产销售并销毁其生产的侵犯荣华饼家有限公司、东莞荣华饼家有限公司第 600301 号、第 1567181 号、第 1567182 号、第 1567183 号、第 1567184 号注册商标专用权的涉案被诉侵权产品清香双黄白莲蓉月饼；立即停止生产销售并销毁其生产的侵犯荣华饼家有限公司、东莞荣华饼家有限公司第 600301 号、第 1567181 号、第 1567184 号注册商标专用权的涉案被诉侵权产品即除清香双黄白莲蓉月饼外的其他 3 个产品和 1 个包装袋。（2）黄维德立即停止销售并销毁侵犯荣华饼家有限公司、东莞荣华饼家有限公司第 600301 号、第 1567181 号、第 1567184 号注册商标专用权行为的产品，即（2010）东证内字第 12016 号公证书公证的花开富贵月饼和优品伍仁皇月饼。（3）佛山市顺德区苏氏荣华食品有限公司、苏国荣立即停止生产销售并销毁其生产的与荣华饼家有限公司、东莞荣华饼家有限公司在先使用知名商品特有包装、装潢即相近似的清香双黄白莲蓉月饼。（4）佛山市顺德区苏氏荣华食品有限公司、苏国荣于该判决生效之日起 5 日内向荣华饼家有限公司、东莞荣华饼家有限公司赔偿经济损失人民币 50 万元。（5）驳回荣华饼家有限公司、东莞荣华饼家有限公司其他诉讼请求。如果未按判决指定的期间履行给付金钱义务，应当依照《民事诉讼法》第二百五十三条之规定，加倍支付迟延履行期间的债务利息。该案案件受理费人民币 81800 元，由佛山市顺德区苏氏荣华食品有限公司、苏国荣负担人民币 40000 元，荣华饼家有限公司、东莞荣华饼家有限公司负担 41800 元。

二审判决

二审法院认为：该案为侵害商标权及擅自使用知名商品特有名称、包装、装潢纠纷。根据二审诉讼各方当事人上诉的请求、理由，该案二审诉讼争议的焦点应确定为：（1）苏氏荣华公司、苏国荣生产的月饼产品的包装装潢是否构成对荣华公司、东莞荣华公司 5 个图形注册商标专有权的侵害；（2）苏氏荣华公司、苏国荣在其生产的月饼产品上使用"荣华月饼"文字标识是否属于擅自使用荣华公司、东莞荣华公司主张的知名商品特有名称"荣华月饼";(3)苏氏荣华公司、苏国荣使用的"文字标识+产品形状图案色彩"整体是否属于擅自使用荣华公司、东莞荣华公司主张的知名商品荣华月饼的"花好月圆"包装装潢;(4)若构成侵害商标权和不正当竞争,苏氏荣华公司、苏国荣应否承担1000万元的赔偿责任。

一、关于苏氏荣华公司等生产的月饼产品的包装装潢是否构成对荣华公司等五个图形注册商标专有权侵害的问题

《最高人民法院关于商标法修改决定施行后商标案件管辖和法律适用问题的解释》(法释〔2014〕4号)第九条称,除本解释另行规定外,商标法修改决定施行后人民法院受理的商标民事案件,涉及该决定施行前发生的行为的,适用修改前商标法的规定;涉及该决定施行前发生,持续到该决定施行后的行为的,适用修改后商标法的规定。据此,该案应适用修改前的商标法的规定认定相关行为的性质及其责任。

2001年《商标法》第五十二条规定,有下列行为之一的,均属侵犯注册商标专用权:……(五)给他人的注册商标专用权造成其他损害的。《商标法实施条例》第五十条规定,有下列行为之一的,属于商标法第五十二条第(五)项所称侵犯注册商标专用权的行为:(一)在同一种或者类似商品上,将与他人注册商标相同或者近似的标志作为商品名称或者商品装潢使用,误导公众的。《最高人民法院关于审理商标民事纠纷案件适用法律若干问题的解释》(法释〔2002〕32号)第九条规定,商标法第五十二条第(一)项规定的商标近似,是指被控侵权的商标与原告的注册商标相比较,其文字的字形、读音、含义或者图形的构图及颜色,或者其各要素组合后的整体结构相似,或者其立体形状、颜色组合近似,易使相关公众对商品的来源产生误认或者认为其来源与原告注册商标的商品有特定的联系。司法解释第十条规定,人民法院依据商标法第五十二条第(一)项的规定,认定商标相同或者近似按照以下原则进行:(一)以相关公众的一般注意力为标准;(二)既要进行对商标的整体比对,又要进行对商标主要部分的比对,比对应当在比对对象隔离的状态下分别进行；（三）判断商标是否近似，应当考虑请求保护注册商标的显著性和知名度。

依照该等法律、司法解释的规定，将该案荣华公司等请求保护的5个图形注册商标与苏氏荣华公司等被诉侵权的5个产品的包装装潢进行比较，可以发现：

被诉侵权的"清香双黄白莲蓉月饼"采用扁长方体盒包装，将包装盒正面图案：（1）与第600301号注册商标相比，前者的要部同样存在以写实手法绘制的带叶牡丹花，牡丹花层层相叠的花瓣、花瓣中的花蕊与花瓣周围花叶的伸展姿态，均与注册商标的牡丹花相似。（2）与第1567181号、第1567184号注册商标相比，二者除牡丹花部分存在以上相同外，另外均将牡丹花布局在月饼盒正面长方形的中间偏右下方位置，并衬以圆形的月亮，在月亮的外延是深色的天空。（3）与第1567182号、第1567183号注册商标相比，二者除图案部分存在以上相同外，另外在颜色上均使用了红花绿叶的牡丹花，衬以黄色的月亮和蓝色的夜空。（4）二者的不同之处主要在于：前者牡丹花数量为一朵，后者为两朵；前者在月饼盒正面长方形中部横向布局了一条较细的腰带状图案，腰带中间辅以红色圆环；同时将四个字的商品名称布局在长方形四角，而后者并无此设计。

其余4个产品的包装装潢均采用扁长方体盒包装，将包装盒正面图案与5个图形注册商标进行比较，可以发现："优品伍仁皇月饼"除在月亮外延未使用蓝色代表天空外，其余图案与"清香双黄白莲蓉月饼"产品的包装装潢相同，即其与5个注册商标的相同与不同之处与前述"清香双黄白莲蓉月饼"的其余对比结果一致。

"花开富贵月饼"除缺少腰带状图案，以及将4个字的产品名称集中布局在长方形右上角外，其余图案与"优品伍仁皇月饼"相同，即其与5个注册商标的相同与不同之处与前述"优品伍仁皇月饼"的其余对比结果一致。

"岭南四喜月饼"包装盒及包装袋，除将月亮及牡丹花的位置分别布局在长方形右下角与正下角，将4个字的商品名称布局在长方形上方偏右或正上方外，其余图案与"花开富贵月饼"相同，即其与5个注册商标的相同与不同之处与前述"花开富贵月饼"的其余对比结果一致。

从以上比对结果来看：首先，第600301号、第1567181号、第1567184号注册商标与5个被诉侵权的标识均使用在月饼产品上，二者图案的线条、构图在要部和整体上均相似。第1567181号、第1567184号注册商标除图案外，还着重保护其红花、绿叶、黄色月亮、蓝色星空的特定颜色组合与颜色的特别象征意义，5个被诉侵权标识中"清香双黄白莲蓉月饼"不但使用了与注册商标相似的图案，还使用了相同的颜色组合，故"清香双黄白莲蓉月饼"与5个注册商标均较为接近。而"优品伍仁皇月饼"等4个侵权标识与第1567181号、第1567184号注册商标虽然图案近似，但颜色组合具有较大差别。

其次，荣华公司的商标分别注册于1992年（第600301号）和2001年（其余4个商标），而从1991年到2006年的15年间，荣华公司和东莞荣华公司在大陆地区投入大量资金，在各种类型的媒体上，宣传使用了前述5个"花好月圆"图案注册商标的荣华月饼；荣华公司生产销售的使用该等"花好月圆"图案注册商标的产品，曾获得多个奖项和荣誉。该5个注册商标具有较高的知名度和影响力，相应地具有较大的显著性。

最后，苏氏荣华公司等上诉称自己拥有牡丹花图形外观设计专利权、牡丹花图形商标权等多项知识产权，其有权使用该案花好月圆包装装潢。经审理查明，苏氏荣华公司等的确曾经获得过以月亮和牡丹花为主题的外观设计专利，以及第1317036号图形商标。但是，苏氏荣华公司与东莞荣华公司均位于广东，苏氏荣华公司与东莞荣华公司、荣华公司等之间又因"荣华"文字标识发生过一系列的行政和民事纠纷。鉴于该种特定的历史和现实情况，双方在行使自己的法定权利时，均应该本着诚实信用的原则，严格恪守自己的权利边界，按照自己目前享有合法权利的图案的本来线条、图案和色彩去使用，谨慎避免踏入对方的权利范围。但该案中苏氏荣华公司等并未将自己曾经享有权利的外观设计专利和正在享有权利的图形商标的原貌作为自己产品的包装装潢，反而刻意放弃自己注册的图案，使用与荣华公司注册商标更为近似的图案，其行为难谓正当。

综上，该案被诉侵权的 5 个标识与请求保护的 5 个注册商标分别相近似，在相关公众施以一般注意力并隔离比对的状态下，易使相关公众对商品的来源产生误认，或者认为其来源与注册商标核定使用的商品有特定的联系。苏氏荣华公司等未经许可在相同商品上使用与他人注册商标相近似标识的行为，构成侵害他人注册商标专用权，应依法承担相应的民事责任。苏氏荣华公司等关于其不构成对荣华公司等 5 个图形注册侵害的上诉请求没有事实和法律依据，二审法院不予支持。

二、关于苏氏荣华公司等在其生产的月饼产品上突出使用"荣华月饼"文字标识是否属于擅自使用荣华公司等主张的知名商品特有名称"荣华月饼"的问题

1. 关于一审判决对荣华公司该项诉请进行审理是否违反程序的问题

黄维德上诉称，一审判决代替荣华公司等提出关于知名商品特有包装、装潢的诉讼请求，其未收到任何变更诉讼请求的书面申请，该做法严重违反法定程序。对此，二审判决查明在 2013 年 1 月 28 日该案一审开庭期间，荣华公司等要求增加保护知名商品特有包装、装潢权利的诉讼请求，苏国荣、苏氏荣华公司、黄维德当庭同意荣华公司等增加诉讼请求，一审法院同意荣华公司等在一审庭审辩论终结前增加诉讼请求符合民事诉讼法的相关规定。因此，黄维德该上诉理由没有法律和事实依据。

针对荣华公司主张苏氏荣华公司擅自使用荣华公司等知名商品特有名称"荣华月饼"的诉求，一审判决虽然认定荣华公司生产的"荣华月饼"为知名商品，但认为苏氏荣华公司等在其生产的月饼产品上使用"荣华月饼"等文字标识构成侵权的问题，已经由（2012）民提字第 38 号判决进行了处理。根据"一事不再理"原则，该案应当驳回荣华公司等的该项诉讼请求。对此，二审法院认为，所谓"一事不再理"原则，是指相同的诉讼主体，相同的法律关系和相同的理由，法院不能重复受理。在该案中，荣华公司等明确主张被诉侵权行为是苏氏荣华公司、苏国荣于 2010 年 7 月起至起诉时止实施的侵权行为。而（2012）民提字第 38 号判决受理和判决的是 2006 年之前，中山市今明食品有限公司、广州市好又多（天利）百货商业有限公司世博分公司擅自使用荣华公司、东莞荣华公司"荣华月饼"知名商品特有名称的侵权行为。两案侵权行为的实施主体不同，侵权行为的发生时间不同，不符合"一事不再理"原则。一审法院对此认定错误，二审法院予以纠正。

2. 关于荣华公司是否享有"荣华月饼"知名商品特有名称权的问题

《反不正当竞争法》第五条第（二）项规定，经营者不得采用擅自使用知名商品特有的名称、包装、装潢，或者使用与知名商品近似的名称、包装、装潢，造成和他人的知名商品相混淆，使购买者误认为是该知名商品等不正当手段从事市场交易，损害竞争对手。《最高人民法院关于审理不正当竞争民事案件应用法律若干问题的解释》（法释〔2007〕2号）第一条规定，在中国境内具有一定的市场知名度，为相关公众所知悉的商品，应当认定为反不正当竞争法第五条第（二）项规定的"知名商品"。人民法院认定知名商品，应当考虑该商品的销售时间、销售区域、销售额和销售对象，进行任何宣传的持续时间、程度和地域范围，作为知名商品受保护的情况等因素，进行综合判断。原告应当对其商品的市场知名度负举证责任。第二条规定，具有区别商品来源的显著特征的商品的名称、包装、装潢，应当认定为反不正当竞争法第五条第（二）项规定的"特有的名称、包装、装潢"。同时，要获得知名商品特有名称包装装潢权的，必须遵循诚实信用的原则，并不得与他人在先合法权利相冲突。

从该案查明的事实来看，荣华公司在中国内地经营"荣华月饼"主要分为三个阶段：第一个阶段是1987年到1990年：这一阶段荣华公司的荣华月饼在连接粤港两地的交通工具上以及交通沿线进行销售，以及在深圳国贸、广州友谊商店等少数经营外贸业务的大型商场销售。另外，亦有证据显示确实有位于北京、沈阳、上海、新疆、内蒙古、广东、兰州等省、自治区、直辖市的个别消费者知悉该商品。但荣华月饼在该时期尚未达到有一定影响力的程度。第二个阶段是1991年到1997年：该时期内荣华公司持续在《广州日报》等广东地区的主要报纸媒体上发布大量销售荣华月饼的广告；特别是1994年东莞荣华公司成立后，荣华月饼在上海、北京、武汉、广西、江西、福建、云南、四川、广东各地均有销售。期间荣华公司冠名赞助世界女排大奖赛、香港公开羽毛球锦标赛，随着赛事在各省、自治区、直辖市的直播和转播，广告亦会为相关公众知悉。该阶段荣华月饼已经属于具有一定影响力和知名度，为相关公众所知悉的商品。"荣华月饼"亦具有了区别商品来源的显著特征，属于知名商品的特有名称。第三个阶段是2001年至2007年，该时期荣华月饼获得了中国焙烤食品糖制品工业协会、商业技能鉴定与饮食服务发展中心、中国月饼节组委、上海市粮油烘烤食品专业委员会、中国食品工业协会、中国商业联合会、全国工商联烘焙业公会等多个机构颁发的多个奖项。并且持续多年在电视、广播、报纸、杂志等多种媒体平台上发布荣华月饼广告，具有较强的影响力和知名度。

对比苏氏荣华公司使用"荣华"文字标识的情况可知：沂水县永乐糖果厂于1989年申请商标，并于1990年经国家商标局核准注册，核定使用商品为第30类的糖果、糕点，期间从未使用过该商标。1997年苏国荣受让该商标，并开始在月饼上使用"荣华月饼"文字标识和1997年版的花好月圆包装装潢。该包装装潢于2000年由生效判决认定，与荣华饼家有限公司知名产品"荣华月饼"的特有装潢相近似，构成不正当竞争。1997年之后，苏氏荣华公司在月饼商品上持续使用"荣华"标识和花好月圆包装装潢，与荣华公司之间围绕该文字和图案标识发生了一系列行政和民事纠纷。多个生效民事判决均判决确定苏氏荣华公司恶意模仿荣华公司的花好月圆图形商标。另外，苏氏荣华公司和苏国荣从受让商标时起直至该案诉讼，从未投资对"荣华"商标、商品名称以及其企业字号进行过广告宣传。

从上述事实出发，可以认定：首先，在1989年沂水县永乐糖果厂申请▇商标时，由于荣华公司"荣华月饼"尚不具知名度和影响力，沂水县永乐糖果厂的注册行为符合诚实信用原则，▇商标直至目前为止权利稳定有效，苏氏荣华公司和苏国荣合法拥有对▇商标的专有权。苏氏荣华公司等合法受让▇商标，受让方享有▇在先权利的时间应从1990年开始起算。一审判决关于苏国荣受让该商标的时间为1997年，其对该商标的在先权利的起算时间不能前伸至1989年的认定，违反了商标转让完成之后，应当依法保护受让人正当合法行使商标权的原则,二审法院予以纠正。

其次,1990年至1997年,特别是在1994年东莞荣华公司成立后,荣华公司生产的荣华月饼已经具有了一定的知名度和影响力;而沂水县永乐糖果厂自商标注册时起直至该阶段,从未在月饼产品及任何产品上使用⬛商标,更未向荣华公司主张过商标和"荣华"商品名称之间的相同相近似。至1997年苏氏荣华公司受让该商标生产月饼后,在明知荣华公司的"荣华月饼"已经具有一定影响力的情形下,并未按照⬛图文商标注册的形式规范使用,反而刻意将"荣华"二字从圈中拆解出来,再加上与荣华公司相近似的花好月圆包装装潢,共同使用在月饼上。可见苏氏荣华公司在一开始使用"荣华"文字时,主观上就存在攀附他人商誉、刻意混淆自身商品与他人商品来源的故意。

再次,苏氏荣华公司于1999年获得核准注册"荣华月"文字商标。"荣华月"与"荣华"本身存在区别,但苏氏荣华公司获得该商标后,一直刻意不在自己的产品上使用,而是坚持使用"荣华"文字。直至2010年该案被诉侵权行为发生时,苏氏荣华公司才在月饼产品上组合使用⬛、"荣华"和"荣华月",而且故意将⬛"荣华月"使用在不够显著和突出的位置,而将"荣华"使用在显著位置,明显存在攀附荣华公司商誉的故意。

最后,从目前生效的多个行政判决结果来看,生效行政判决已经否定了苏氏荣华公司对"金荣华""榮華"的注册商标专用权,该等判决实质上系否定了苏氏荣华公司将⬛、"荣华月"中的"荣华"文字单独拆解出来突出使用的权利。因而,该案认定荣华公司享有"荣华月饼"知名商品特有名称,并不会与苏氏公司拥有的⬛和"荣华月"商标专用权相冲突。相反,若该案认定苏氏荣华公司有权继续突出使用"荣华"文字,就会与生效行政判决的结果产生矛盾和冲突。

综上所述,从两家企业拥有和使用"荣华"文字的历史和发展现状,两家企业对"荣华"文字使用的主观心态,特别是从鼓励对有限商业标识资源积极有效使用的原则出发,应当认定荣华公司享有"荣华月饼"知名商品特有名称权。

3. 关于被诉侵权产品上突出使用"荣华""荣华月饼"是否属于侵害荣华公司知名商品特有名称权的问题

二审法院认为，如前所述双方均系位于广东的企业，又因"荣华"文字标识发生过一系列的行政和民事纠纷，其中，苏氏荣华公司还在多个生效判决中被认定攀附荣华公司商誉的主观故意明显。鉴于该种特定的历史和现实情况，双方应严格依照自己目前享有的权利的状况去行使自己的法定权利。苏氏荣华公司将"荣华"从圆圈中拆解出来，在醒目位置突出使用；同时特意选择与荣华公司表现形式相近似的魏碑手写繁体字，在相关公众施以一般注意力并隔离比对的情况下，足以误认和混淆荣华公司的"荣华月饼"与苏氏荣华公司的月饼产品，不利于保护市场消费者的合法权益以及维护公平竞争的市场秩序。因此，苏氏荣华公司在该案被诉的月饼产品上突出使用"荣华"文字，构成对荣华公司等知名商品特有名称权的侵害。

三、关于苏氏荣华公司等使用的"文字标识+产品形状图案色彩"整体是否属于擅自使用荣华公司等主张的知名商品荣华月饼的"花好月圆"包装装潢的问题

如前所述，二审法院已经认定苏氏荣华公司等使用的包装装潢构成对荣华公司5个图形注册商标的侵害；同时亦认定苏氏荣华公司在月饼产品包装装潢上突出使用"荣华"文字构成对荣华公司知名商品特有名称权的侵害。关于苏氏荣华公司等使用的包装装潢整体是否属于擅自使用荣华公司"'荣华'文字标识+'花好月圆'形状图案色彩"知名商品包装装潢（即）的诉请，已经在上述两项诉讼请求中得以实现，二审法院对此不再进行重复处理。

四、关于苏氏荣华公司、苏国荣应否承担1000万元赔偿责任的问题

《民法通则》第一百三十四条规定，承担民事责任的方式主要有停止侵害、排除妨碍、返还财产、恢复原状、赔偿损失、消除影响、恢复名誉、赔

礼道歉等；承担民事责任的方式，可以单独适用，也可以合并适用。《最高人民法院关于审理商标民事纠纷案件适用法律若干问题的解释》（法释〔2002〕32号）第二十一条规定，人民法院在审理侵犯注册商标专用权纠纷案件中，依据《民法通则》第一百三十四条、《商标法》第五十三条的规定和案件具体情况，可以判决侵权人承担停止侵害、排除妨碍、消除危险、赔偿损失、消除影响等民事责任。根据该等法律规定，苏氏荣华公司、苏国荣应承担停止制造、销售侵害荣华公司、东莞荣华公司5个图形注册商标商品的行为，以及停止制造、销售擅自使用荣华公司、东莞荣华公司知名商品特有名称"荣华"的行为。黄维德应当停止销售上述侵权产品。黄维德上诉称，荣华公司、东莞荣华公司并未请求一审法院判令销毁侵权商品，一审法院超诉讼请求判令苏氏荣华公司等销毁侵权商品违反了程序法的相关规定。经查，黄维德该项上诉请求具有事实和法律依据，二审法院对一审判决该处理结果予以纠正。

关于苏氏荣华公司、苏国荣应当承担的赔偿责任。2001年《商标法》第五十六条规定，侵犯商标专用权的赔偿数额，为侵权人在侵权期间因侵权所获得的利益，或者被侵权人在被侵权期间因被侵权所受到的损失，包括被侵权人为制止侵权行为所支付的合理开支。前款所称侵权人因侵权所得利益，或者被侵权人因被侵权所受损失难以确定的，由人民法院根据侵权行为的情节判决给予50万元以下的赔偿。《最高人民法院关于审理商标民事纠纷案件适用法律若干问题的解释》（法释〔2002〕32号）第十六条规定，侵权人因侵权所获得的利益或者被侵权人因被侵权所受到的损失均难以确定的，人民法院可以根据当事人的请求或者依职权适用商标法第五十六条第二款的规定确定赔偿数额。人民法院在确定赔偿数额时，应当考虑侵权行为的性质、期间、后果，商标的声誉，商标使用许可费的数额，商标使用许可的种类、时间、范围及制止侵权行为的合理开支等因素综合确定。《最高人民法院关于审理不正当竞争民事案件应用法律若干问题的解释》（法释〔2007〕2号）第十七条规定，确定反不正当竞争法第五条、第九条、第十四条规定的不正当竞争行为的损害赔偿额，可以参照确定侵犯注册商标专用权的损害赔偿额的方法进行。

荣华公司等上诉称,根据苏国荣在《壹周刊》的自述,其仅在佛山地区1年的销售量就达10万盒,按佛山地区占其全国市场的1/10以及每盒月饼销售价127.5元计算,两年的销售额共计为2.55亿元。同时,根据苏国荣在另案中提交的证据,其月饼中售价较高的双黄白莲蓉月饼的成本为每盒32.23元。依照上述销售额和销售成本,可以计算出苏氏荣华公司两年的月饼总产量的生产成本为0.32亿元,两年销售利润为2.23亿元,故荣华公司主张1000万元赔偿具有事实依据。

对此,二审法院认为,苏国荣在《壹周刊》的自述并非其在该案诉讼中的自认,其在公开发行的杂志上的自述是否属实,尚需要其他相关证据予以佐证。另外,苏氏荣华公司在佛山地区的销售量是否确实占全国销售量的1/10、该案被诉侵权的4种产品在苏氏荣华公司全部月饼产品中所占的比例等,均需要进一步查明。而荣华公司等既没有提交其因侵权受损失的证据,也未在该案一二审诉讼阶段向法院申请调取或者命令苏氏荣华公司披露其财务账册以便查明苏氏荣华公司的侵权获利。因此,该案赔偿数额只能依据现有的证据以及相关法律规定进行综合判断。

从该案侵权事实来看,该案侵权行为持续期间为2010年7月至2011年11月共计一年零四个月时间;该案构成侵权的产品共计4种产品;被诉侵权产品不仅使用了"花好月圆"图形注册商标,而且同时使用了"荣华月饼"知名商品特有名称;苏氏荣华公司和苏国荣长期以来侵权故意明显,侵权情节较为严重。综合衡量上述因素,二审法院确定该案侵权赔偿数额为200万元。

综上所述,该案经二审法院审判委员会讨论,判决如下:(1)撤销一审判决第三项、第五项;(2)变更一审判决第一项为:佛山市顺德区苏氏荣华食品有限公司、苏国荣立即停止在其生产、销售的月饼上使用侵犯荣华饼家有限公司、东莞荣华饼家有限公司第600301号、第1567181号、第1567182号、第1567183号、第1567184号注册商标专用权的包装装潢;(3)变更一审判决第二项为:黄维德立即停止销售使用了侵犯荣华饼家有限公司、东莞荣华饼家有限公司第 600301 号、第 1567181 号、第 1567184 号注册商标专用权的包装装潢的产品；（4）变更一审判决第四项为：佛山市顺德区苏氏荣华食品有限公司、苏国荣于该判决生效之日起 5 日内向荣华饼家有限公司、东莞荣华饼家有限公司赔偿经济损失人民币 200 万元；（5）佛山市顺德区苏氏荣华食品有限公司、苏国荣立即停止在其生产、销售的月饼产品上突出使用荣华公司、东莞荣华公司知名商品特有名称"荣华"；黄维德立即停止销售突出使用荣华公司、东莞荣华公司知名商品特有名称"荣华"的月饼产品；（6）驳回荣华饼家有限公司、东莞荣华饼家有限公司其他诉讼请求。

案例解析

该案为侵害商标权及擅自使用知名商品特有名称、包装、装潢纠纷，主要争议焦点有四个：（1）苏氏荣华公司、苏国荣生产的月饼产品的包装装潢是否构成对荣华公司、东莞荣华公司 5 个图形注册商标专有权的侵害；（2）苏氏荣华公司、苏国荣在其生产的月饼产品上使用"荣华月饼"文字标识是否属于擅自使用荣华公司、东莞荣华公司主张的知名商品特有名称"荣华月饼"；（3）苏氏荣华公司、苏国荣使用的"文字标识+产品形状图案色彩"整体是否属于擅自使用荣华公司、东莞荣华公司主张的知名商品荣华月饼的"花好月圆"包装装潢；（4）若构成侵害商标权和不正当竞争，苏氏荣华公司、苏国荣应否承担 1000 万元的赔偿责任。对于上述焦点问题，合议庭已经在该案判决理由中作了较为详尽而充分的论述，现结合该案，对其中反映的理论和实践问题，再作简要的分析。

一、关于使用相近似包装装潢构成侵害注册商标专有权的认定

在判定使用相近似包装装潢是否构成侵害注册商标专有权时，主要依据为混淆理论。判断是否构成侵权，核心问题在于是否可能导致消费者混淆，

即所谓混淆可能性。❶

2001年《商标法》第五十二条规定，有下列行为之一的，均属侵犯注册商标专用权：……（五）给他人的注册商标专用权造成其他损害的。❷《商标法实施条例》第五十条规定，有下列行为之一的，属于商标法第五十二条第（五）项所称侵犯注册商标专用权的行为：（一）在同一种或者类似商品上，将与他人注册商标相同或者近似的标志作为商品名称或者商品装潢使用，误导公众的。❸《最高人民法院关于审理商标民事纠纷案件适用法律若干问题的解释》（法释〔2002〕32号）第九条规定，商标法第五十二条第（一）项规定的商标近似，是指被控侵权的商标与原告的注册商标相比较，其文字的字形、读音、含义或者图形的构图及颜色，或者其各要素组合后的整体结构相似，或者其立体形状、颜色组合近似，易使相关公众对商品的来源产生误认或者认为其来源与原告注册商标的商品有特定的联系。该解释第十条规定，人民法院依据商标法第五十二条第（一）项的规定，认定商标相同或者近似按照以下原则进行：（一）以相关公众的一般注意力为标准；（二）既要进行对商标的整体比对，又要进行对商标主要部分的比对，比对应当在比对对象隔离的状态下分别进行；（三）判断商标是否近似，应当考虑请求保护注册商标的显著性和知名度。❹

依照上述标准，该案中苏氏荣华公司被控侵权的5个标识在图案、线条、颜色等方面与被请求保护的5个注册商标分别相近似，且由于被请求保护的5个注册商标具有较高的知名度和影响力、相应地具有较大的显著性，在相关公众施以一般注意力并隔离比对的状态下，易使相关公众对商品的来源产生误认，或者认为其来源与注册商标核定使用的商品有特定的联系。苏氏荣华

---

❶ 黄晖. 驰名商标和著名商标的法律保护［M］. 北京：法律出版社，2005.
❷ 2013年《商标法》第五十七条亦作此规定。
❸ 2014年《商标法实施条例》第七十六条亦作此规定。
❹ 根据《最高人民法院关于商标法修改决定施行后商标案件管辖和法律适用问题的解释》（法释〔2014〕4号）第九条，除本解释另行规定外，商标法修改决定施行后人民法院受理的商标民事案件，涉及该决定施行前发生的行为的，适用修改前商标法的规定；涉及该决定施行前发生，持续到该决定施行后的行为的，适用修改后商标法的规定。据此，该案应适用修改前的商标法的规定认定相关行为的性质及其责任。

公司刻意放弃自己注册的图案，未经许可在相同商品上使用与荣华公司注册商标更为近似的图案，易使消费者发生混淆，构成侵害他人注册商标专用权，应依法承担相应的民事责任。

二、关于知名商品特有名称权的归属认定

所谓知名商品特有名称，2006年12月，《最高人民法院关于审理不正当竞争民事案件应用法律若干问题的解释》（法释〔2007〕2号）对其规定了两项要件，其中第一条规定了"知名商品"的认定标准，第二条第一款规定了"特有的名称、包装、装潢"的认定标准。由这两条规定来看，该解释实际上将知名商品特有名称保护的对象分为两项：知名商品和特有名称。❶

在具体认定是否构成知名商品特有名称时，根据《最高人民法院关于审理不正当竞争民事案件应用法律若干问题的解释》（法释〔2007〕2号）第一条第一款的规定，"人民法院认定知名商品，应当考虑该商品的销售时间、销售区域、销售额和销售对象，进行任何宣传的持续时间、程度和地域范围，作为知名商品受保护的情况等因素，进行综合判断。原告应当对其商品的市场知名度负举证责任。"根据《最高人民法院关于审理不正当竞争民事案件应用法律若干问题的解释》（法释〔2007〕2号）第二条，"具有区别商品来源的显著特征的商品的名称、包装、装潢，应当认定为反不正当竞争法第五条第（二）项规定的特有的名称、包装、装潢"。同时满足上述两项要件的，方可作为知名商品特有名称受到保护。同时，还必须遵循诚实信用的原则，并不得与他人在先合法权利相冲突。

而在双方都分别主张自己对被诉文字标识享有知名商品特有名称权时，依据二审法院的看法，需要从双方拥有和使用文字标识的历史和发展现状、双方对该文字标识使用的主观心态，特别是从鼓励对有限商业标识资源积极有效使用的原则出发，认定知名商品特有名称权的归属。

---

❶ 姚鹤徽. 知名商品特有名称反不正当竞争保护制度辩证与完善——兼评《反不正当竞争法（修订草案送审稿）》[J]. 法律科学，2016（3）.

具体到该案，荣华公司自1991年持续在《广州日报》等广东地区的主要报纸媒体上发布大量销售荣华月饼的广告，冠名赞助世界女排大奖赛、香港公开羽毛球锦标赛等，其产品荣华月饼当时已属于具有一定影响力和知名度、为相关公众所知悉的商品，"荣华月饼"亦具有了区别商品来源的显著特征，属于知名商品的特有名称。苏氏荣华公司自1997年受让沂水县永乐糖果厂于1989年申请但从未使用过的涉案商标之后，在明知荣华公司的"荣华月饼"已经具有一定影响力的情形下，并未按照图文商标注册的形式规范使用，反而刻意将"荣华"二字从圈中拆解出来，再加上与荣华公司相近似的花好月圆包装装潢，共同使用在月饼上，因而与荣华公司之间围绕该文字和图案标识发生了一系列行政和民事纠纷，被多个生效民事判决判决确定恶意模仿荣华公司的花好月圆图形商标；至于1999年获得核准注册的"荣华月"文字商标，苏氏荣华公司直至2010年该案被诉侵权行为发生时才在月饼产品上组合使用，而且故意将其使用在不够显著和突出的位置，而将"荣华"使用在显著位置。上述行为明显存在攀附荣华公司商誉、刻意混淆自身商品与他人商品来源的故意。因此，双方拥有和使用文字标识的历史和发展现状、双方对该文字标识使用的主观心态，特别是从鼓励对有限商业标识资源积极有效使用的原则出发，应当认定荣华公司享有"荣华月饼"知名商品特有名称权。

三、关于侵害商标权及不正当竞争的赔偿数额确定

2001年《商标法》第五十六条规定，侵犯商标专用权的赔偿数额，为侵权人在侵权期间因侵权所获得的利益，或者被侵权人在被侵权期间因被侵权所受到的损失，包括被侵权人为制止侵权行为所支付的合理开支。前款所称侵权人因侵权所得利益，或者被侵权人因被侵权所受损失难以确定的，由人民法院根据侵权行为的情节判决给予50万元以下的赔偿。❶ 人民法院为确定

---

❶ 2013年《商标法》对此规定在第六十三条：侵犯商标专用权的赔偿数额，按照权利人因被侵权所受到的实际损失确定；实际损失难以确定的，可以按照侵权人因侵权所获得的利益确定；权利人的损失或者侵权人获得的利益难以确定的，参照该商标许可使用费的倍数合理确定。对恶意侵犯商标专用权，情节严重的，可以在按照上述方法确定数额的一倍以上三倍以下确定赔偿数额。赔偿数额应当包括权利人为制止侵权行为所支付的合理开支。

赔偿数额，在权利人已经尽力举证，而与侵权行为相关的账簿、资料主要由侵权人掌握的情况下，可以责令侵权人提供与侵权行为相关的账簿、资料；侵权人不提供或者提供虚假的账簿、资料的，人民法院可以参考权利人的主张和提供的证据判定赔偿数额。权利人因被侵权所受到的实际损失、侵权人因侵权所获得的利益、注册商标许可使用费难以确定的，由人民法院根据侵权行为的情节判决给予三百万元以下的赔偿。《最高人民法院关于审理商标民事纠纷案件适用法律若干问题的解释》（法释〔2002〕32号）第十六条规定，侵权人因侵权所获得的利益或者被侵权人因被侵权所受到的损失均难以确定的，人民法院可以根据当事人的请求或者依职权适用商标法第五十六条第二款的规定确定赔偿数额。人民法院在确定赔偿数额时，应当考虑侵权行为的性质、期间、后果，商标的声誉，商标使用许可费的数额，商标使用许可的种类、时间、范围及制止侵权行为的合理开支等因素综合确定。《最高人民法院关于审理不正当竞争民事案件应用法律若干问题的解释》（法释〔2007〕2号）第十七条规定，确定反不正当竞争法第五条、第九条、第十四条规定的不正当竞争行为的损害赔偿额，可以参照确定侵犯注册商标专用权的损害赔偿额的方法进行。

根据上述规定，在权利人没有提交其因侵权受损失的证据，也未向法院申请调取或者命令被诉侵权人披露其财务账册以便查明其侵权获利时，法院应当综合侵权行为的持续期间、后果，商标的声誉，制止侵权行为的合理开支，被诉侵权产品突出使用商业标识的具体状况，特有名称的知名程度，以及被诉侵权人的侵权恶意等多方面因素，认定侵权实际损失数额。

具体到该案，苏氏荣华公司和苏国荣的侵权行为持续期间为2010年7月至2011年11月共计一年零四个月时间；该案构成侵权的产品共计4种产品；被诉侵权产品不仅使用了"花好月圆"图形注册商标，而且同时使用了"荣华月饼"知名商品特有名称；苏氏荣华公司和苏国荣长期以来侵权故意明显，侵权情节较为严重。综合衡量上述因素，二审法院确定该案侵权赔偿数额为200万元。

值得注意的是，该案在判定商标侵权赔偿数额时在司法解释中的列举项之外特别强调了对侵权人过错程度的考量。2009年《最高人民法院关于贯彻实施国家知识产权战略若干问题的意见》（法释〔2009〕16号）中指出，"要突出发挥损害赔偿在制裁侵权和救济权利中的作用，坚持全面赔偿原则，依法加大赔偿力度，加重恶意侵权、重复侵权、规模化侵权等严重侵权行为的赔偿责任，努力确保权利人获得足够的充分的损害赔偿，切实保障当事人合法权益的实现。"在判定商标侵权赔偿数额时引入对侵权人过错程度的考量，既有利于对不同侵权人区别对待，遏制主观恶性严重的侵权行为的发生；又使过错程度较深、容易造成被侵权方当前市场销售份额及利润降低以及未来市场价值的减损的故意侵权损害赔偿数额高于过错程度较轻的过失侵权，给予了权利人充分保护，有利于更好地发挥商标侵权损害赔偿功能，促进当前知识产权司法保护基本政策的落实。❶ 这在第三次修正的2013年《商标法》有所体现。❷

---

❶ 张先昌，张怡歌. 论过错与商标权侵权损害赔偿的关系——以我国知识产权司法保护政策为背景［J］. 知识产权，2015（1）.

❷ 2013年《商标法》第六十三条：侵犯商标专用权的赔偿数额，按照权利人因被侵权所受到的实际损失确定；……对恶意侵犯商标专用权，情节严重的，可以在按照上述方法确定数额的一倍以上三倍以下确定赔偿数额。

案例16　涉外定牌加工是否构成商标侵权的判定

——ZENGPERRY（曾培瑞）与威海市弘企制衣有限公司确认不侵害商标权纠纷案

[裁判要旨]

在涉外定牌加工中，国内加工企业是否构成侵害商标权行为，应当按照是否构成直接侵权和间接侵权的思路分别加以分析。在是否构成直接侵权的审查认定中，关键在于审查国内加工企业的行为是否属于商标使用而容易导致相关公众混淆，而不必以国内加工企业是否存在主观过错作为侵权构成要件；若构成直接侵权，则国内加工企业作为承揽人是否具有主观过错只应对其能否参照适用合法来源抗辩免除赔偿责任产生影响，而不应对直接侵权的定性产生影响。在是否构成间接侵权的审查认定中，关键在于审查国内加工企业的行为是否属于在明知或应知的情况下教唆他人实施侵害商标权的行为，或者故意为他人直接侵害商标权提供帮助。

[入选理由]

在该案中，威海市弘企制衣有限公司提起的诉讼属于不侵权确认之诉。知识产权不侵权确认之诉在我国是一种新兴的诉讼类型，但是在国际上，知识产权不侵权确认之诉是应对侵权滥诉的普遍手段，是侵权警告函收受方，进行主动反击的有力武器。

在现实生活中，权利人经常发出侵权警告函，意图捏造、散布虚假事实，损害竞争对手的商业信誉、商品声誉，进行不正当竞争，企业该如何应对？大多数时候，企业只想到进行不正当竞争之诉，而不正当竞争需以主观上故意、行为上捏造和散布虚假事实、结果上损害竞争对手商业信誉为条件，现实生活中，大多数侵权警告函都不符合该条件。这个时候，知识产权不侵权确认之诉是防止权利人滥用知识产权的重要手段。在该案中，威海市弘企制衣有限公司主动提起知识产权不侵权确认之诉，既维护了自己的合法权益，也具有较强的示范效应。

案例索引

一审案号：广东省广州市白云区人民法院（2016）粤0111民初11712号

二审案号：广州知识产权法院（2017）粤73民终1373号

基本案情

上诉人（一审被告、一审反诉原告）：ZENGPERRY（曾培瑞）（澳大利亚）

被上诉人（一审原告、一审反诉被告）：威海市弘企制衣有限公司（以下简称"弘企公司"）

一审诉请

弘企公司起诉请求：（1）确认弘企公司加工"Valleygirl"品牌服装并出口至澳大利亚的行为不侵犯ZENGPERRY第1935442号"valley girl"商标权；（2）案件受理费、保全费等诉讼费用由ZENGPERRY承担。

ZENGPERRY提起反诉，请求法院判令：（1）弘企公司生产加工"Valleygirl"注册商标品牌服装的行为侵犯了ZENGPERRY所有的第1935442号（25类）"valley girl"注册商标专用权；（2）弘企公司赔偿因侵犯ZENGPERRY

上述商标专用权所致损失50万元；（3）案件受理费、保全费等诉讼费用由弘企公司承担。

一审裁判

一审法院认为，该案系涉外侵害商标权纠纷，结合双方诉辩意见，该案主要存在以下两个争议焦点：

（一）弘企公司与澳大利亚FFB公司是否存在涉外定牌加工合同关系对此，一审法院认为，所谓涉外定牌加工，一般指国内加工方接受境外委托方的委托，按境外委托方指定的商标生产产品，并将产品全部交付境外委托方由其在境外销售，境外委托方向境内加工方支付加工费的一种贸易方式。就该案而言，弘企公司与FFB公司签署的两份订单显示供货商为弘企公司，品牌为"Valleygirl"，涉案服装报关时的出口运抵国为澳大利亚，弘企公司也提供了FFB公司在澳大利亚注册的第1122859号"Valleygirl"注册商标证书，弘企公司加工的涉案服装上均带有"Valleygirl"商标而非ZENGPERRY注册的第1935442号"valley girl"商标，FFB公司亦声明确认弘企公司是按其要求定牌生产涉案产品出口至澳大利亚的，且ZENGPERRY亦未能提供涉案服装在中国大陆境内销售的证据，故可认定弘企公司与澳大利亚FFB公司存在涉外定牌加工合同关系。涉案的2122件女装报关时的运抵国均为澳大利亚，ZENGPERRY亦未能提供证据证实涉案服装被广州白云山机场海关解除扣留措施后弘企公司曾将该批服装在中国大陆境内销售，故ZENGPERRY以弘企公司未能提供证据证实该批货物中除后来已出口至澳大利亚的1440件服装外的剩余服装的去向为由，主张涉案弘企公司与澳大利亚FFB公司不存在涉外定牌加工合同关系且侵犯其商标权的抗辩意见一审法院不予支持。

（二）弘企公司加工生产涉案的Valleygirl品牌服装的行为是否侵权一审法院认为，商标法保护商标的基本功能是保护其识别性，是否破坏商标的识别功能是判断是否构成侵害商标权的基础。在该案中，弘企公司受FFB公司委托，按照其要求生产服装，在服装上使用"Valleygirl"标识并全部出口至澳大利亚，该批服装并不在中国市场上销售，也就是该标识不会在我国领域内发挥商标的识别功能，不具有使我国相关公众将贴附该标志的商品与贴附有 ZENGPERRY 注册的"valley girl"商标的商品的来源产生混淆和误认的可能，则弘企公司在涉案服装上贴附"Valleygirl"标识的行为并不能被认定为我国商标法意义上的使用行为，其加工生产涉案的 Valleygirl 品牌服装的行为并不侵犯 ZENGPERRY 第 1935442 号"valley girl"商标权，故一审法院对弘企公司主张其上述行为不侵害商标权的诉讼请求予以支持，对 ZENGPERRY 主张弘企公司的上述行为侵害其第 1935442 号"valley girl"商标权并要求弘企公司赔偿损失 50 万元的反诉请求不予支持。

综上所述，依照《商标法》第四十八条、《商标法实施条例》第三条的规定，一审法院判决如下：（1）确认威海市弘企制衣有限公司加工涉案的"Valleygirl"品牌服装并出口至澳大利亚的行为不侵害 ZENGPERRY（中文名：曾培瑞）第 1935442 号"valley girl"商标权；（2）驳回 ZENGPERRY（中文名：曾培瑞）的全部反诉请求。一审本诉受理费 100 元（弘企公司已预缴）、反诉受理费 8800 元（ZENGPERRY 已预缴）均由 ZENGPERRY 负担。ZENGPERRY 负担的本诉受理费 100 元应在判决生效之日起 15 日内向一审法院缴纳。

二审判决

经二审法院询问，双方当事人对于弘企公司提起确认不侵害商标权之诉的程序要件均无异议，均认为弘企公司有权提起该案确认不侵权之诉。

二审法院认为，该案的本诉属于确认不侵害商标权纠纷、反诉属于侵害商标权纠纷，法院应当合并审理。根据双方当事人的上诉及答辩，双方当事人对于该案符合确认不侵害商标权之诉的程序要件、弘企公司有权提起确认不侵权之诉不持异议，该案的争议焦点为弘企公司在涉外定牌加工中作为国内加工企业的行为是否侵害了 ZENGPERRY 第 1935442 号"valley girl"注册商标专用权；若构成侵权，ZENGPERRY 反诉主张的侵权赔偿责任是否应当支持。

根据《侵权责任法》第六条、第九条，《商标法》第五十七条以及《商标法实施条例》第七十五条的规定，侵害商标权的行为既包括因商标使用而容易导致混淆的直接侵权行为；也包括行为人虽然并未直接实施商标使用行为，但在明知或应知的情况下教唆他人实施侵害商标权的行为或者故意为他人直接侵害商标权的行为提供仓储、运输、邮寄、印制、隐匿、经营场所、网络交易平台等便利条件的帮助侵权行为，后两种教唆、帮助行为属于间接侵权行为。因此，在认定是否构成直接侵害商标权行为时，首先要进行认定的是被诉行为是否属于商标使用行为。根据《商标法》第四十八条的规定，商标法所称的商标使用必须发生在商业活动中，并发挥识别商品来源的功能。如被诉行为不构成商标使用，则被诉侵权人不构成直接侵害商标权的行为，但有构成间接侵害商标权行为的可能。

根据上述思路，涉外定牌加工中，国内加工企业是否构成侵害商标权行为应当按照是否构成直接侵权和间接侵权的思路分别加以分析。在是否构成直接侵权的审查认定中，关键在于审查国内加工企业的行为是否属于商标使用而容易导致相关公众混淆，而不必以国内加工企业是否存在主观过错作为侵权构成要件；若构成直接侵权，则国内加工企业作为承揽人是否具有主观过错只应对其能否参照适用合法来源抗辩免除赔偿责任产生影响，而不应对直接侵权的定性产生影响。在该案中，弘企公司根据其于2015年12月1日与澳大利亚FFB公司签订的采购订单，受FFB公司委托，按照其要求生产女式针织开襟衫720件和女式针织套头衫720件，在女士服装上使用"Valleygirl"标识并全部出口至澳大利亚，该批女士服装不在中国市场上销售，也就是说，以上标识并不会在我国境内发挥商标应具有的识别商品来源的功能，不存在使我国相关公众将贴附"Valleygirl"标识的上述涉案女士服装与使用ZENGPERRY第1935442号"valley girl"注册商标的商品的来源发生混淆的可能性。因此，弘企公司在涉案女士服装上使用"Valleygirl"标识并全部出口的行为，不属于《商标法》第四十八条规定的商标使用，弘企公司不构成直接侵害ZENGPERRY第1935442号"valley girl"注册商标权的行为。至于ZENGPERRY上诉认为弘企公司加工生产的涉案服装2122件，除了1440件出口外，还有682件去向不明，因此涉案服装并未全部用于出口的主张，根据

案例 16
涉外定牌加工是否构成商标侵权的判定

二审法院查明的2015年12月1日的采购订单、2016年2月的货物托运单及进仓记录、2016年3月2日的增值税发票、2016年3月3日的海关出口货物报关单、2017年3月15日广州浚捷国际货运代理有限公司出具的情况说明，其中，合同协议号、货物名称、规格型号、价格及数量等都形成对应互相印证，足以证明弘企公司加工生产并出口的涉案女士服装为1440件，因此，二审法院对于ZENGPERRY的该项上诉理由不予采纳。

关于弘企公司是否构成间接侵害商标权的行为，由于弘企公司作为国内加工企业在涉案定牌加工中处于接受委托的承揽人地位，且没有其他证据证明其存在教唆FFB公司的行为，因此，该案仅审查弘企公司是否在明知或应知的情况下，故意实施为他人直接侵害商标权的行为提供便利条件的帮助侵权行为。首先，FFB公司在澳大利亚自1996年开始陆续在第25类服装商品上注册第717116号"Valleygirl"商标、第804600号"Valleygirl"商标以及第1122859号"Valleygirl"商标并使用，于2015年7月24日在澳大利亚公证了上述商标注册证明，证明中包含了FFB公司的主体资料；弘企公司在2015年12月1日与FFB公司签订的采购订单，订单签订时间在上述商标注册证明公证时间之后，订单中明确约定了FFB公司定作的女士服装的样品图片、数量、所使用的"Valleygirl"标识、出口供往澳大利亚以及开船时间等具体内容，因此，弘企公司主张其在签订采购订单时FFB公司已向其出具上述商标注册证明，明确授权弘企公司加工并向澳大利亚出口上述服装，证据充分，足以证明弘企公司对FFB公司的主体信息及其在澳大利亚享有"Valleygirl"商标的情况已尽合理注意义务。其次，虽然FFB公司的"Valleygirl"商标与ZENGPERRY第1935442号"valley girl"注册商标的英文部分基本相同，就标识而言，二者之间极为近似，但二者之间仍存在V字母的大小区分、girl前是否存在空格的细微区别，而弘企公司接受FFB公司委托在涉案女士服装上所使用的"Valleygirl"标识不存在以超出核定商品的范围或者以改变显著特征、拆分、组合等方式恶意使用的情形，与FFB公司在澳大利亚享有商标权的"Valleygirl"商标完全相同。再次，弘企公司在涉案女士服装上使用的"Valleygirl"商标标识都是由FFB公司指定并授权的广州市明金服装辅料有限公司制造并提供的，此种提供商标标识的方式并未违反法律规定，广州市公安局天河区分局也作出了穗公天撤案字（2017）00313号撤销案件决定书，因此，弘企公司对于商标标识的来源也不存在未尽注意义务的主观过错。最后，目前没有证据证明FFB公司后续在涉案女士服装上使用商标的行为侵害了ZENGPERRY第1935442号"valley girl"注册商标专用权，更没有证据证明弘企公司对此存在明知或应知的主观过错。综合上述四方面，虽然弘企公司依据FFB公司的授权定牌加工涉案女士服装后出口澳大利亚，为FFB公司使用"Valleygirl"商标的行为提供了便利条件构成帮助行为，但弘企公司已经履行了其作为国内加工企业必要的注意义务，不存在主观过错，因此，弘企公司不构成帮助侵害商标权的行为。

综上，二审法院判决：驳回上诉，维持原判。二审案件受理费8900元，由上诉人ZENGPERRY负担。

案例解析

该案是一个确认不侵害商标权纠纷案，争议焦点为弘企公司在涉外定牌加工中作为国内加工企业的行为是否侵害了ZENGPERRY第1935442号"valley girl"注册商标专用权；若构成侵权，ZENGPERRY反诉主张的侵权赔偿责任是否应当支持。对于上述焦点问题，合议庭已经在该案判决理由中作了较为详尽而充分的论述，现结合该案，对其中反映的理论和实践问题，再作简要的分析。

一、关于涉外定牌加工合同关系的认定

涉外定牌加工，指的是我国境内企业接受境外商标权人或商标使用权人的委托，按照其要求加工产品，贴附其提供的商标，并将加工的产品全部交付给境外委托人的贸易形式。❶根据我国《合同法》的规定，加工承揽是指

---

❶ 张玉敏．涉外"定牌加工"商标侵权纠纷的法律适用[J]．知识产权，2008（4）．

承揽方按照定作方的要求完成一定的工作，定作方接受承揽完成的工作成果并给付约定的报酬的法律关系。涉外定牌加工中，境外商标权人或商标使用权人是委托方，通过签订定牌加工合同委托我国境内企业加工产品并支付相应费用，我国境内企业作为定作方负责产品的加工，并将加工后的产品返还委托方。

在该案中，弘企公司与FFB公司签署的两份采购订单显示供货商为弘企公司，品牌为"Valleygirl"，涉案服装报关时的出口运抵国为澳大利亚。弘企公司加工的涉案服装上均带有"Valleygirl"商标而非ZENGPERRY注册的第1935442号"valley girl"商标，FFB公司亦声明确认弘企公司是按其要求定牌生产涉案产品出口至澳大利亚的，且ZENGPERRY亦未能提供涉案服装在中国境内销售的证据，故可认定弘企公司与澳大利亚FFB公司存在涉外定牌加工合同关系。

二、关于涉外定牌加工中加工方的侵害商标权行为认定

在涉外定牌加工中，如果境外定牌与境内注册的商标相同或者近似，而且核定使用的商品相同或者类似，就会发生加工方的行为是否侵权的问题。根据《侵权责任法》第六条、第九条以及《商标法》第五十七条、《商标法实施条例》第七十五条的规定，侵害商标权的行为既包括因商标使用而容易导致混淆的直接侵权行为；也包括行为人虽然并未直接实施商标使用行为，但在明知或应知的情况下教唆他人实施侵害商标权的行为或者故意为他人直接侵害商标权的行为提供仓储、运输、邮寄、印制、隐匿、经营场所、网络交易平台等便利条件的帮助侵权行为，后两种教唆、帮助行为属于间接侵权行为。根据上述思路，涉外定牌加工中，国内加工企业是否构成侵害商标权行为应当按照是否构成直接侵权和间接侵权的思路分别加以分析。

（一）关于直接侵害商标权的认定

在是否构成直接侵害商标权的审查认定中，关键在于审查国内加工企业的行为是否属于商标使用而容易导致相关公众混淆，而不必以国内加工企业是否存在主观过错作为侵权构成要件。如不构成商标使用，则被诉侵权人不

构成直接侵害商标权的行为,但有构成间接侵害商标权行为的可能;若属于商标使用且构成直接侵权,则国内加工企业作为承揽人是否具有主观过错只应对其能否参照适用合法来源抗辩免除赔偿责任产生影响,而不应对直接侵权的定性产生影响。

在认定是否属于商标使用上,根据《商标法》第四十八条的规定,商标法所称的商标使用必须发生在商业活动中,并发挥识别商品来源的功能。商标最主要的功能是识别,而只有在商品进入流通领域时,才需要通过商标表彰自己的商品,商标的识别功能才得以发挥。如果产品不进入流通领域,商标就不过是一种装饰,无所谓识别问题。因此,商标法上的商标使用,应当是与商品流通相联系的使用。由此可知,在涉外定牌加工的过程中,如定牌加工商品没有在国内销售,所贴的商标就不会在国内市场流通并发挥识别商品来源的功能,更不可能导致相关公众的混淆,因此,不属于《商标法》第四十八条规定的商标使用,不侵犯中国境内商标权人的权利。❶

在该案中,弘企公司根据其于2015年12月1日与澳大利亚FFB公司签订的采购订单,受FFB公司委托,按照其要求生产女式针织开襟衫720件和女式针织套头衫720件,在女士服装上使用"Valleygirl"标识并全部出口至澳大利亚。该批女士服装不在中国市场上销售,也就是说,以上标识并不会在我国领域内发挥商标应具有的识别商品来源的功能,不存在使我国相关公众将贴附"Valleygirl"标识的上述涉案女士服装与使用ZENGPERRY第1935442号"valley girl"注册商标的商品的来源发生混淆的可能性。因此,弘企公司在涉案女士服装上使用"Valleygirl"标识并全部出口的行为,不属于《商标法》第四十八条规定的商标使用,弘企公司不构成直接侵害ZENGPERRY第1935442号"valley girl"注册商标权的行为。

(二)关于间接侵害商标权的认定

根据上文,涉外定牌加工中的间接侵害商标权,包括行为人虽然未直接

---

❶ 张伟君,魏立舟,赵勇. 涉外定牌加工在商标法中的法律性质——兼论商标侵权构成的判定[J]. 知识产权,2014(2).

实施商标使用行为，但在明知或应知的情况下教唆他人实施侵害商标权的行为，以及故意为他人直接侵害商标权的行为提供仓储、运输、邮寄、印制、隐匿、经营场所、网络交易平台等便利条件的帮助侵权行为。

具体到该案，弘企公司在涉案女士服装上使用"Valleygirl"标识并全部出口的行为不属于《商标法》第四十八条规定的商标使用，且没有其他证据证明其存在教唆FFB公司的行为，因此要判断其是否成立侵害ZENGPERRY第1935442号"valley girl"注册商标权，还需审查其是否在明知或应知的情况下，故意实施为他人直接侵害商标权的行为提供便利条件的帮助侵权行为。

在该案中，弘企公司对FFB公司的主体信息、其在澳大利亚享有"Valleygirl"商标的情况以及商标标识的来源均已尽合理注意义务。弘企公司接受FFB公司委托在涉案女士服装上所使用的"Valleygirl"标识不存在以超出核定商品的范围或者以改变显著特征、拆分、组合等方式恶意使用的情形，且该标识都是由FFB公司指定并授权的公司制造并提供的。同时，没有证据证明FFB公司后续在涉案女士服装上使用商标的行为侵害了ZENGPERRY第1935442号"valley girl"注册商标专用权，更没有证据证明弘企公司对此存在明知或应知的主观过错。因此，弘企公司亦不构成对ZENGPERRY第1935442号"valley girl"注册商标权的间接侵害。

综上所述，弘企公司不构成对ZENGPERRY第1935442号"valley girl"注册商标权的侵权。

案例17　集成电路型号是否属于商品特有名称的认定标准

——恩智浦半导体股份公司（荷兰）等与无锡市晶源微电子有限公司等擅自使用知名商品特有名称纠纷案

裁判要旨

产品型号常常只是被企业用来区分自己不同规格的产品，而不具有区别商品来源的功能，也不具有指代商品名称的功能。但是，如果某个企业产品型号或型号的组成部分并非国家或行业通用，且经过企业的长期使用，具有了显著性，对相关公众能够起到识别商品或服务来源的作用，则在其具备了一定知名度的情况下，可以作为知名商品特有名称获得反不正当竞争法的保护。

入选理由

集成电路型号的命名大致可分为通用模式和可区别来源的特有模式。通用模式命名的型号不能认定为"特有名称"，企业特有规则命名的型号经使用具有区别来源和指代商品名称特征的，方可认定为知名商品"特有名称"。该案判决旨在规范集成电路型号命名，防止通过型号命名攀附他人商誉及混淆市场的行为，此前，相关判例尚不多见。

案例 17

集成电路型号是否属于商品特有名称的认定标准

[案例索引]

一审案号：广东省深圳市福田区人民法院（2015）深福法知民初字第88号

二审案号：广东省深圳市中级人民法院（2017）粤03民终835号

[基本案情]

上诉人（一审被告）：无锡市晶源微电子有限公司（以下简称"晶源公司"）

上诉人（一审被告）：无锡友达电子有限公司（以下简称"友达公司"）

上诉人（一审被告）：深圳市亿达微电子有限公司（以下简称"亿达公司"）

被上诉人（一审原告）：恩智浦半导体股份公司（NXP Semiconductors N. V.）

被上诉人（一审原告）：NXP股份有限公司（NXP B. V.）

被上诉人（一审原告）：恩智浦半导体荷兰有限公司（NXP Semiconductors Netherlands B. V.）

被上诉人（一审原告）：恩智浦（中国）管理有限公司［原恩智浦半导体（上海）有限公司］

一审诉请

恩智浦半导体公司、NXP公司、恩智浦半导体荷兰公司、恩智浦中国公司向一审法院起诉请求：（1）晶源公司、友达公司、亿达公司停止在其汽车音频/收音芯片产品上使用恩智浦半导体公司、NXP公司、恩智浦半导体荷兰公司、恩智浦中国公司汽车音频/收音芯片产品知名商品特有名称（TEF，TEF66某某，TEF6621T）相同或者相近似的产品名称/型号（如TEF6621T）；（2）晶源公司、友达公司、亿达公司连带赔偿恩智浦半导体公司、NXP公司、恩智浦半导体荷兰公司、恩智浦中国公司人民币50万元；（3）晶源公司、友达公司、亿达公司连带赔偿恩智浦半导体公司、NXP公司、恩智浦半导体荷兰公司、恩智浦中国公司因制止不正当竞争而支出的合理费用（包括但不限于律师费、公证费、调查费、翻译费、诉讼费等）人民币147969元；（4）晶源公司、友达公司、亿达公司在《广州日报》《经济日报》《扬子晚报》上发布道歉声明以消除不良影响（内容需经法院审核）；（5）该案诉讼费用全部由晶源公司、友达公司、亿达公司共同承担。

一审裁判

一审法院认为，根据《反不正当竞争法》第五条第（二）项的规定，经营者不得擅自使用知名商品特有的名称、包装、装潢，或者使用与知名商品近似的名称、包装、装潢，造成和他人的知名商品相混淆，使购买者误认为是该知名商品。根据上述规定，该案争议焦点为：（1）恩智浦半导体公司、NXP公司、恩智浦半导体荷兰公司、恩智浦中国公司的型号为TEF6621T汽车音频/收音芯片是否构成知名商品；（2）恩智浦半导体公司、NXP公司、恩智浦半导体荷兰公司、恩智浦中国公司的产品型号TEF6621T是否具有特有性；（3）晶源公司、友达公司、亿达公司的行为是否构成擅自使用知名商品特有名称的不正当竞争行为。

关于争议焦点一，恩智浦半导体公司、NXP公司、恩智浦半导体荷兰公司、恩智浦中国公司型号为TEF6621T的汽车音频/收音芯片是否构成知名商品。

根据《最高人民法院关于审理不正当竞争民事案件应用法律若干问题的解释》（法释〔2007〕2号）第一条第一款的规定，所谓知名商品是指在中国境内具有一定的市场知名度，为相关公众所知悉的商品。知名商品的认定应当考虑该商品的销售时间、销售区域、销售额和销售对象，进行任何宣传的持续时间、程度和地域范围，作为知名商品受保护的情况等因素综合判断。

从该案的具体情况看，第一，恩智浦半导体公司、NXP公司、恩智浦半导体荷兰公司、恩智浦中国公司自2009年起开始生产、销售TEF6621T汽车音频/收音芯片产品，并通过其自身和经销商在国内进行销售，销售时间较长；百度搜索结果显示，该芯片销售商分布于全国各地，销售区域覆盖较广。第二，"为相关公众所知悉"的"相关公众"应指与该商品有关的消费者和与该商品的营销有密切关系的其他经营者。结合涉案产品特点分析，汽车音频/收音芯片的销售对象主要是面向汽车电子厂商和专业经营者，是专业性和技术性较强的产品，与上述产品相关的公众范围主要是该领域的专业人士和相关经营人员。恩智浦半导体公司、NXP公司、恩智浦半导体荷兰公司、恩智浦中国公司提交的多篇国内专业论文均对该款产品进行了推荐性介绍，这反映了该款产品在国内相关领域的专业人士内具有一定知名度。第三，晶源公司、友达公司、亿达公司辩称，NXP/恩智浦品牌在市场上获得的知名度或美誉度不能证明TEF6621T汽车音频/收音芯片具有市场知名度或美誉度。虽然不能将企业、品牌的知名度当然等同于具体商品知名度，但商品的知名度以及企业、品牌的知名度并非孤立存在，而是密切相关。因此，在判断具体商品的知名度时，企业、品牌的知名度可以成为考量因素。在该案中，恩智浦2013年在全球汽车半导体市场销售收入排名第五，在中国车用半导体市场份额排名全球第一，且恩智浦或NXP品牌在国内半导体领域荣获了多项荣誉和奖项，而且，恩智浦半导体公司、NXP公司、恩智浦半导体荷兰公司、恩智浦中国公司是将"NXP"商标与型号"TEF6621T"共同使用在该商品上，因此，恩智浦或NXP企业、品牌的知名度可以进一步证明恩智浦半导体公司、NXP公司、恩智浦半导体荷兰公司、恩智浦中国公司TEF6621T汽车音频/收音芯片的知名度。综合考虑上述各因素，恩智浦半导体公司、NX－P公司、恩智浦半导体荷兰公司、恩智浦中国公司的TEF6621T汽车音频/收音芯片可以被认定为知名商品。

关于争议焦点二，恩智浦半导体公司、NXP公司、恩智浦半导体荷兰公司、恩智浦中国公司型号"TEF6621T"是否构成特有名称。

根据《最高人民法院关于审理不正当竞争民事案件应用法律若干问题的解释》（法释〔2007〕2号）第二条的规定，反不正当竞争法第五条第（二）项所称知名商品的特有名称是指具有区别商品来源的显著特征的商品名称。一般情况下，其不能是商品的通用名称、图形、型号，不能仅仅直接表示商品的质量、主要原料、功能、用途、重量、数量及其他特点。商品特有名称的这种显著特征是指相关公众能够通过该商品名称将其他相同或者类似商品区分开来,起到区别商品来源的作用。

恩智浦半导体公司、NXP公司、恩智浦半导体荷兰公司、恩智浦中国公司主张其产品型号"TEF6621T"作为知名商品特有名称予以反不正当竞争法的保护。一般情况下,产品型号的主要功能在于标示产品的品种、性能、规格和尺寸等,从而为相关公众在选购产品时提供必要的信息。因此,产品型号常常被企业用来区分自己不同规格的产品,不具有区别商品来源的功能,也不具有指代商品名称的功能。但是,如果某个企业产品型号或型号的组成部分并非国家或行业通用,经过企业的长期使用,具有了显著性,对相关公众能够起到识别商品或服务来源的作用,则在其具有了一定知名度的情况下,可以作为知名商品特有名称获得反不正当竞争法的保护。

结合该案具体情况,对于恩智浦半导体公司、NXP公司、恩智浦半导体荷兰公司、恩智浦中国公司主张的产品型号"TEF6621T"是否具有特有性,分析如下:首先,根据恩智浦半导体公司、NXP公司、恩智浦半导体荷兰公司、恩智浦中国公司提交的书籍《集成电路型号速查手册》以及商务部优质品牌保护委员会的公告可知,集成电路企业对其芯片产品通常以型号进行命名,且各企业芯片产品型号命名都有各自不同的规则是行业惯例。虽然晶源公司、友达公司、亿达公司提交的证据显示某些集成电路的型号有超过一家厂家使用,但这些特例不足以否定上述行业惯例。其次,目前并没有证据证明除双方当事人外有其他厂商使用"TEF6621T"作为汽车音频/收音芯片的产品型号,可见,该型号并非汽车音频/收音芯片商品的通用型号。再次,晶源公司、友达公司、亿达公司并未举证证明"TEF6621T"具有特定的含义,能直接表示商品的质量、主要原料、功能、用途、重量、数量及其他特点。最后,根据百度搜索结果显示,搜索"TEF6621T"第1页、第2页的搜索结果均指向恩智浦半导体公司、NXP公司、恩智浦半导体荷兰公司、恩智浦中国公司的产品,可见,型号"TEF6621T"在汽车音频/收音芯片产品上已与恩智浦半导体公司、NXP公司、恩智浦半导体荷兰公司、恩智浦中国公司产生了特定的联系，足以发挥识别商品来源的作用。

综合上述分析，认定恩智浦半导体公司、NXP 公司、恩智浦半导体荷兰公司、恩智浦中国公司汽车音频/收音芯片产品型号"TEF6621T"构成知名商品的特有名称。恩智浦半导体公司作为该知名商品的生产制造者，NXP 公司经恩智浦半导体公司授权享有该知名商品特有名称的知识产权，均有权以自己名义主张该知名商品特有名称项下的知识产权。恩智浦半导体荷兰公司、恩智浦中国公司作为该项知识产权的普通被许可人，与恩智浦半导体公司、NXP 公司共同起诉，可视为取得了权利人的明确授权，亦可以以自己名义提起诉讼。

恩智浦半导体公司、NXP 公司、恩智浦半导体荷兰公司、恩智浦中国公司同时主张其产品型号"TEF""TEF66 某某"为知名商品的特有名称，证据不足，不予认定。

关于争议焦点三，晶源公司、友达公司、亿达公司的行为是否构成擅自使用知名商品特有名称的不正当竞争行为。

晶源公司、友达公司、亿达公司均确认晶源公司系被控侵权商品 TEF6621T 芯片的生产者和销售者，亿达公司系被控侵权商品 TEF6621T 芯片的销售者。被控侵权商品在友达公司经营场所购买，友达公司亦出具过销售单据，可以认定亿达公司亦是被控侵权商品的销售者。虽然恩智浦半导体公司、NXP 公司、恩智浦半导体荷兰公司、恩智浦中国公司公证取证时获取的产品手册上印有友达公司的名称，但该手册系多款产品的汇集，且其显示的产品型号为 CSC6621，故恩智浦半导体公司、NXP 公司、恩智浦半导体荷兰公司、恩智浦中国公司主张被控侵权商品 TEF6621T 芯片系友达公司所生产，不予认定。晶源公司是被控侵权商品的生产者，其当属被控侵权商品名称的使用者。至于友达公司、亿达公司的销售行为是否属于"使用"行为，根据《最高人民法院关于审理不正当竞争民事案件应用法律若干问题的解释》（法释〔2007〕2 号）第七条规定，在中国境内进行商业使用，包括将知名商品特有的名称、包装、装潢用于商品、商品包装以及商品交易文书上，或者用于广告宣传、展览以及其他商业活动中，应当认定为反不正当竞争法第五条第（二）项规定的"使用"。由此可见，使用知名商品特有名称中的"使用"并不限于制造，还包括了在商业活动中的使用，友达公司、亿达公司销售被控侵权商品，并在交易文书中使用了"TEF6621T"的行为亦应属于在商业活动中的使用行为。

关于恩智浦半导体公司、NXP公司、恩智浦半导体荷兰公司、恩智浦中国公司的芯片与晶源公司、友达公司、亿达公司的芯片是否会造成混淆。首先，双方商品是同款产品，晶源公司、友达公司、亿达公司在庭审时亦认可两者可以互相兼容；其次，两者型号的名称完全相同；再次，晶源公司、友达公司、亿达公司辩称其向用户销售产品时明确告知其不提供NXP公司的芯片，而是销售自己生产的自有芯片。但是，商品的混淆不仅包括售中混淆，还包括售后混淆。经营者负有在其商品来源的标示性文字上与他人产品相区别，避免使相关公众对商品来源产生混淆或误认的义务。即使晶源公司、友达公司、亿达公司在销售时已告知购买者其销售的并非NXP公司的产品，但晶源公司、友达公司、亿达公司在其产品本体及外包装上均未使用任何标示商品来源的任何信息，仅是单独使用了与恩智浦半导体公司、NXP公司、恩智浦半导体荷兰公司、恩智浦中国公司的"TEF6621T"完全相同的名称，这种使用方式极有可能造成之后流通环节和售后的混淆。

恩智浦半导体公司、NXP公司、恩智浦半导体荷兰公司、恩智浦中国公司早于晶源公司在其汽车音频/收音芯片中使用型号"TEF6621T"，经过多年的经营，该型号产品已经具有一定的知名度。晶源公司与恩智浦半导体公司、NXP公司、恩智浦半导体荷兰公司、恩智浦中国公司为同业经营者，均从事集成电路行业，在集成电路行业各企业芯片产品型号命名有各自不同的规则，而且根据产品手册显示，晶源公司明知恩智浦半导体公司、NXP公司、恩智浦半导体荷兰公司、恩智浦中国公司"TEF6621T"芯片的存在，但晶源公司不作合理避让，仍在同一种产品上使用与恩智浦半导体公司、NXP公司、恩智浦半导体荷兰公司、恩智浦中国公司商品相同的名称，晶源公司对其命名亦无法提供合理依据，可见晶源公司主观上是为了利用他人知名的商品名称，攀附他人的声誉，为自己获取市场竞争优势以及更多的市场交易机会，具有明显恶意，客观上会造成混淆，违反了诚实信用原则和公认的商业道德，扰乱了正常的竞争秩序，构成擅自使用他人知名商品特有名称的不正当竞争行为，应承担停止侵权、赔偿损失的法律责任。晶源公司为友达公司的股东，亿达公司与晶源公司法定代表人相同，股东亦相同，可见，晶源公司、友达公司、亿达公司为关联公司，友达公司、亿达公司知道或应当知道晶源公司生产的被控侵权商品可能构成擅自使用他人知名商品特有名称的不正当竞争行为，仍销售被控侵权商品，亦具有恶意，构成不正当竞争行为，应承担停止侵权、赔偿损失的法律责任。恩智浦半导体公司、NXP 公司、恩智浦半导体荷兰公司、恩智浦中国公司主张晶源公司、友达公司、亿达公司立即停止在其汽车音频/收音芯片上使用"TEF6621T"名称，理由成立，予以支持。

关于赔偿损失的数额问题，因恩智浦半导体公司、NXP 公司、恩智浦半导体荷兰公司、恩智浦中国公司未能提供晶源公司、友达公司、亿达公司因侵权所获利益或者恩智浦半导体公司、NXP 公司、恩智浦半导体荷兰公司、恩智浦中国公司因侵权行为所受损失的证据，综合考虑涉案商品的知名度、侵权行为性质、情节以及该案维权所支付的合理费用等因素，酌情确定晶源公司赔偿恩智浦半导体公司、NXP 公司、恩智浦半导体荷兰公司、恩智浦中国公司经济损失及为制止侵权的合理开支共计 15 万元，友达公司与亿达公司连带赔偿恩智浦半导体公司、NXP 公司、恩智浦半导体荷兰公司、恩智浦中国公司经济损失及为制止侵权的合理开支共计 5 万元。恩智浦半导体公司、NXP 公司、恩智浦半导体荷兰公司、恩智浦中国公司诉请的经济损失及合理开支过高部分，不予支持。恩智浦半导体公司、NXP 公司、恩智浦半导体荷兰公司、恩智浦中国公司诉请晶源公司、友达公司、亿达公司公开登报以消除影响，因其未举证证明其商誉因晶源公司、友达公司、亿达公司的侵权行为受到损害，对该诉请不予支持。

依照《反不正当竞争法》第五条第（二）项，《最高人民法院关于审理不正当竞争民事案件应用法律若干问题的解释》（法释〔2007〕2 号）第一条第一款、第二条、第六条第一款、第七条，《民事诉讼法》第六十四条第一款、第一百四十二条之规定，判决：（1）晶源公司、友达公司、亿达公司应立即停止在其汽车音频/收音芯片产品上使用"TEF6621T"字样;(2)晶源公司应于判决生效之日起 10 日内赔偿恩智浦半导体公司、NXP 公司、恩智浦半导体荷兰公司、恩智浦中国公司经济损失及为制止侵权的合理开支共计 15 万元;(3)友达公司、亿达公司应于判决生效之日起 10 日内赔偿恩智浦半导体公司、NXP 公司、恩智浦半导体荷兰公司、恩智浦中国公司经济损失及为制止侵权的合理开支共计 5 万元;(4)驳回恩智浦半导体公司、NXP 公司、恩智浦半导体荷兰公司、恩智浦中国公司的其他诉讼请求。如果未按该判决指定的期间履行给付金钱义务,应当依照《民事诉讼法》第二百五十三条之规定,加倍支付迟延履行期间的债务利息。案件受理费人民币 10279.69 元,由晶源公司负担 8000 元,友达公司、亿达公司负担 2279.69 元。

二审判决

二审法院认为:该案为擅自使用知名商品特有名称纠纷。根据晶源公司、友达公司、亿达公司上诉理由及请求,晶源公司、友达公司、亿达公司对其生产、销售的电子芯片上使用了"TEF6621T"名称不持异议,该案二审争议焦点仍为:恩智浦半导体公司、NXP 公司、恩智浦半导体荷兰公司、恩智浦中国公司主张的"TEF6621T"是否构成知名商品特有名称,晶源公司、友达公司、亿达公司的行为是否构成擅自使用知名商品特有名称的不正当竞争行为。对于该争议焦点评判及所依证据,一审法院已作详尽论述,在此不一一赘述,二审法院重点评述如下:

恩智浦半导体公司、NXP 公司、恩智浦半导体荷兰公司、恩智浦中国公司一审提交的易达电子有限公司、威特高国际有限公司出具的证明函、Strategy Analytics 公司出具的 2013 年汽车半导体供应商市场份额报告未经公证、认证程序,不得直接采信。然而,即使不采信上述证据,根据恩智浦半导体公司、NXP 公司、恩智浦半导体荷兰公司、恩智浦中国公司提交的现有证据亦可证实,其自 2009 年起研发、生产、销售 TEF6621T 汽车音频/收音芯片,在中国境内经销商众多,销售区域广,销售量大,该芯片在半导体集成电路领域具有一定影响与知名度,一审考量时结合了恩智浦企业与品牌的知名度,认定

> 案例 17
> 集成电路型号是否属于商品特有名称的认定标准

恩智浦半导体公司、NXP公司、恩智浦半导体荷兰公司、恩智浦中国公司的TEF6621T汽车音频/收音芯片为知名商品并无不当。需要指出的是，晶源公司、友达公司、亿达公司上诉多次提出的百度搜索结果作为证据的采信问题。恩智浦半导体公司、NXP公司、恩智浦半导体荷兰公司、恩智浦中国公司提交的百度搜索证据形成过程经公证，搜索结果中只有极少部分是"推广链接"内容，一定程度上能反映出该搜索关键词的受关注程度以及与搜索结果之间的关联性，一审法院结合其他证据对该证据予以采信亦无不当。

"TEF6621T"为恩智浦半导体公司、NXP公司、恩智浦半导体荷兰公司、恩智浦中国公司生产、销售的汽车音频/收音芯片的型号，一般只具区分企业自己不同规格产品的功能，判断该芯片的型号是否符合法律规定的知名商品"特有名称"，关键在于该型号经过使用是否具有区别商品来源和指代商品名称功能的显著性特征。集成电路商品种类繁多，各企业对不同商品型号命名时除了代表类型、工作温度范围、封装形式等行业惯用代码，企业一般会在编制型号时加入代表自己企业的特定代码或企业自行编制的商品类别代码，使得商品的型号具有一定区别来源的"特有"性。"TEF6621T"系恩智浦半导体公司、NXP公司、恩智浦半导体荷兰公司、恩智浦中国公司根据企业自己商品型号命名规则命名，非国家或行业的通用型号名称。晶源公司、友达公司、亿达公司上诉称"TEF6621T"为通用名称，依据不足。"TEF6621T"经过恩智浦半导体公司、NXP公司、恩智浦半导体荷兰公司、恩智浦中国公司的长期使用，相关公众已将"TEF6621T"与恩智浦半导体公司、NXP公司、恩智浦半导体荷兰公司、恩智浦中国公司生产、销售的涉案汽车音频/收音芯片建立起特定的联系。如恩智浦半导体公司、NXP公司、恩智浦半导体荷兰公司、恩智浦中国公司提交的证据显示，百度搜索"TEF6621T"结果前两页的信息包括经销商的商品信息、网络销售平台的商品信息等均指向恩智浦半导体公司、NXP公司、恩智浦半导体荷兰公司、恩智浦中国公司的涉案芯片，结合行业对该芯片介绍的相关文章、该芯片知名度等证据，"TEF6621T"已在相关公众中起到识别商品或服务来源的作用，一审法院认定其构成知名商品特有名称的事实清楚，证据充分。晶源公司、友达公司、亿达公司关于一审法院认定"TEF6621T"构成知名商品特有名称认定事实错误、证据不足的上诉意见不成立，二审法院不予采纳。

晶源公司、友达公司、亿达公司为关联公司，其与恩智浦半导体公司、NXP公司、恩智浦半导体荷兰公司、恩智浦中国公司为同业经营者。晶源公司、友达公司、亿达公司明知恩智浦半导体公司、NXP公司、恩智浦半导体荷兰公司、恩智浦中国公司生产、销售的"TEF6621T"汽车音频/收音芯片具有一定的知名度，仍在其生产、销售的同种商品上使用了与"TEF6621T"相同的名称，且对其该命名无法提供合理解释，攀附他人知名商品美誉的意图明显，这也使相关公众对晶源公司、友达公司、亿达公司生产、销售的涉案芯片来源产生混淆或误认，扰乱了市场竞争秩序，其行为构成擅自使用他人知名商品特有名称的不正当竞争，应承担停止侵权、赔偿损失的法律责任。晶源公司、友达公司、亿达公司关于其行为不会构成购买者误认、没有实施不正当竞争行为的上诉意见不成立，二审法院不予支持。

一审法院综合考虑恩智浦半导体公司、NXP公司、恩智浦半导体荷兰公司、恩智浦中国公司涉案芯片的知名度，晶源公司、友达公司、亿达公司侵权行为性质、情节以及恩智浦半导体公司、NXP公司、恩智浦半导体荷兰公司、恩智浦中国公司为该案维权所支付的合理费用等因素，酌情确定晶源公司赔偿恩智浦半导体公司、NXP公司、恩智浦半导体荷兰公司、恩智浦中国公司经济损失及合理开支共计15万元，友达公司与亿达公司连带赔偿恩智浦半导体公司、NXP公司、恩智浦半导体荷兰公司、恩智浦中国公司经济损失及合理开支共计5万元，处理适当。

综上，二审法院判决：驳回上诉，维持原判。二审案件受理费4300元，由上诉人晶源公司负担3000元，友达公司、亿达公司各负担650元。

案例解析

该案为擅自使用知名商品特有名称纠纷，该案争议的焦点主要集中在两个方面：其一，恩智浦半导体公司、NXP公司、恩智浦半导体荷兰公司、恩智浦中国公司主张的"TEF6621T"是否构成知名商品特有名称；其二，晶源公司、友达公司、亿达公司的行为是否构成擅自使用知名商品特有名称的不正当竞争行为。对于上述焦点问题，合议庭已经在该案判决理由中作了较为详尽而充分的论述，现结合该案，对其中反映的理论和实践问题，再作简要的分析。

一、关于知名商品的认定

在我国，一般认为，所谓知名商品是指在中国境内具有一定的市场知名度，为相关公众所知悉的商品。在司法实践中，曾有一段时间，我国行政执法机构与法院对知名商品的认定采用"仿冒→知名"的推定方式，即只要商品特有的名称、包装、装潢被他人擅自作相同或者近似使用，就推定该商品具有知名度。例如，1995年7月，国家工商行政管理局《关于禁止仿冒知名商品特有的名称、包装、装潢的不正当竞争行为的若干规定》第四条第一款规定："商品的名称、包装、装潢被他人擅自作相同或者近似使用，足以造成购买者误认的，该商品即可认定为知名商品。"法院在案件审理中也采用过这种推定方式。但是，这种由结果推定原因的推定方式毕竟有点武断，甚至容易诱发通过制造诉讼以此来认定知名商品的虚假诉讼行为，存在知名商品认定被异化的风险。因此，2006年12月，最高人民法院通过《最高人民法院关于审理不正当竞争民事案件应用法律若干问题的解释》（法释〔2007〕2号）修正了这种认识和做法。❶

根据《最高人民法院关于审理不正当竞争民事案件应用法律若干问题的解释》（法释〔2007〕2号）第一条第一款的规定，"人民法院认定知名商品，应当考虑该商品的销售时间、销售区域、销售额和销售对象，进行任何宣传的持续时间、程度和地域范围，作为知名商品受保护的情况等因素，进行综合判断。原告应当对其商品的市场知名度负举证责任。"由此可知，在司法审判中，在举证责任上，应按照"谁主张，谁举证"的原则由原告举证证明其

---

❶ 钱光文，丁文联．知名商品的司法认定［J］．人民司法，2011（7）．

商品属于知名商品；在裁判标准上，法院应当考虑商品销售时间、销售区域、销售额、销售对象、商品宣传等认定知名商品的若干因素，统一裁判标准。

除上述标准外，该案判决认为企业、品牌的知名度也可以成为判断具体商品知名度的考量因素。企业、品牌的知名度虽然不能当然等同于具体商品知名度，但商品的知名度以及企业、品牌的知名度并非孤立存在，而是密切相关。

在该案中，恩智浦半导体公司、NXP 公司、恩智浦半导体荷兰公司、恩智浦中国公司的 TEF6621T 汽车音频/收音芯片产品，在中国境内经销商众多，销售区域广，销售量大，在半导体集成电路领域具有一定影响与知名度。恩智浦或 N-XP 企业、品牌自身的知名度，也可以进一步证明恩智浦半导体公司、NXP 公司、恩智浦半导体荷兰公司、恩智浦中国公司 TEF6621T 汽车音频/收音芯片的知名度。因此，该芯片可以认定为知名商品。

二、关于知名商品特有名称的认定

《最高人民法院关于审理不正当竞争民事案件应用法律若干问题的解释》（法释〔2007〕2 号）对于知名商品特有名称的保护规定了两项要件，其中第一条第一款如上文所述，规定了"知名商品"的认定标准；第二条第一款则规定了"特有的名称、包装、装潢"的认定标准。由这两条规定来看，该解释实际上将知名商品特有名称保护的对象分为两项：知名商品和特有名称。在司法实践中，法院也遵循此项规则，在"太极集团诉重庆恒春堂药房和沈阳恒久生物保健品公司侵犯知名商品特有名称""河北衡水老白干酒业公司与衡水运河酿酒厂使用知名商品特有名称"等涉及知名商品特有名称保护的案件中，均要求受保护的对象首先是知名商品，在此基础上继而判断是否构成特有名称、包装或装潢。❶

根据《最高人民法院关于审理不正当竞争民事案件应用法律若干问题的

---

❶ 姚鹤徽. 知名商品特有名称反不正当竞争保护制度辩证与完善——兼评《反不正当竞争法（修订草案送审稿）》[J]. 法律科学，2016（3）.

解释》(法释〔2007〕2号)第二条,具有区别商品来源的显著特征的商品的名称、包装、装潢,应当认定为反不正当竞争法第五条第(二)项规定的"特有的名称、包装、装潢"。在该案中,判断TEF6621T芯片的型号是否符合法律规定的知名商品"特有名称",关键在于该型号经过使用是否具有区别商品来源和指代商品名称功能的显著性特征。"TEF6621T"系恩智浦半导体公司、NXP公司、恩智浦半导体荷兰公司、恩智浦中国公司根据企业自己商品型号命名规则命名,非国家或行业的通用型号名称。在经过长期使用后,相关公众已将"TEF6621T"与恩智浦半导体公司、NXP公司、恩智浦半导体荷兰公司、恩智浦中国公司生产、销售的涉案汽车音频/收音芯片建立起特定的联系。结合行业对该芯片介绍的相关文章、百度相关搜索结果、该芯片知名度等证据,可以认定"TEF6621T"已在相关公众中起到识别商品或服务来源的作用,构成知名产品特有名称。

值得指出的是,这种先判断是否构成知名商品、后判断是否构成特有名称的认定方式,被一些学者认为不尽合理。有学者提出,把《反不正当竞争法》保护知名商品特有名称的保护对象区分为知名商品和特有名称,增加了原告的举证负担,可能造成一些应当得到《反不正当竞争法》保护的特有名称因为其商品知名程度不够而无法受到保护;使用"知名商品"而不是"知名"来修饰"名称、包装、装潢"等商品的标志,就可能导致"以出身论英雄"——只要商标著名或者驰名,使用该商标的商品就是知名商品;而这种知名商品上使用的"名称、包装、装潢"只要是特有的,那么就应该受到保护。[1] 我国《反不正当竞争法》在保护对象上区分特有名称、包装、装潢和知名商品,在司法实践中要求原告证明商品系属知名,目的其实在于说明其特有名称、包装、装潢具备了一定的影响力,能够作为未注册商标受法律保护。由此可知,只要特有名称、包装、装潢具备了一定的市场影响力,在相关公众中具有知名度,就符合了保护的条件,要求商品知名本身就是一个伪

---

[1] 王太平. 我国知名商品特有名称法律保护制度之完善——基于我国反不正当竞争法第5条第2项的分析 [J]. 法商研究, 2015 (6).

问题。因此，建议立法直接将保护对象确定为具有一定影响力的特有名称、包装、装潢，摒弃知名商品的要件，这不仅与《商标法》保护未注册商标的立法精神和制度设计相一致，符合商标法的原理，也能避免使人们对特有名称保护对象发生误读，使《反不正当竞争法》保护特有名称的制度更为科学。❶

三、关于擅自使用知名商品特有名称的不正当竞争行为的认定

根据《反不正当竞争法》第二条，所谓不正当竞争行为，是指经营者在生产经营活动中，违反本法规定，扰乱市场竞争秩序，损害其他经营者或者消费者的合法权益的行为；根据《最高人民法院关于审理不正当竞争民事案件应用法律若干问题的解释》（法释〔2007〕2号）第七条，在中国境内进行商业使用，包括将知名商品特有的名称、包装、装潢用于商品、商品包装以及商品交易文书上，或者用于广告宣传、展览以及其他商业活动中，应当认定为反不正当竞争法第五条第（二）项规定的"使用"。

由此可见，使用知名商品特有名称中的"使用"并不限于制造，还包括了在商业活动中的使用。晶源公司生产被控侵权商品，友达公司、亿达公司销售被控侵权商品并在交易文书中使用了"TEF6621T"的行为，均属于在商业活动中的使用行为。在该案中，晶源公司、友达公司、亿达公司为关联公司，其与恩智浦半导体公司、NXP公司、恩智浦半导体荷兰公司、恩智浦中国公司为同业经营者，在明知恩智浦半导体公司、NXP公司、恩智浦半导体荷兰公司、恩智浦中国公司生产、销售的"TEF6621T"汽车音频/收音芯片具有一定知名度的情况下，仍在己方生产、销售的同种商品上单独使用了与"TEF6621T"完全相同的名称，且对其该命名无法提供合理解释，攀附他人知名商品美誉的意图明显，也使相关公众对晶源公司、友达公司、亿达公司生产、销售的涉案芯片来源产生混淆或误认，扰乱了市场竞争秩序。晶源公

---

❶ 姚鹤徽.知名商品特有名称反不正当竞争保护制度辩证与完善——兼评《反不正当竞争法（修订草案送审稿）》[J].法律科学，2016（3）.

司、友达公司、亿达公司的行为构成擅自使用他人知名商品特有名称的不正当竞争，应承担停止侵权、赔偿损失的法律责任。

需要补充的是，在判断是否构成不正当竞争时，由于对知名商品特有名称、包装、装潢的保护是基于使用的保护，并不当然扩展到全国范围，在我国地域广阔的情况下，不同地区的经营者善意使用相同或者近似商品名称、包装和装潢的情形在所难免，认定善意使用也构成不正当竞争显然是不公平的，❶ 因此《最高人民法院关于审理不正当竞争民事案件应用法律若干问题的解释》（法释〔2007〕2号）第一条第二款规定，"在不同地域范围内使用相同或者近似的知名商品特有的名称、包装、装潢，在后使用者能够证明其善意使用的，不构成反不正当竞争法第五条第（二）项规定的不正当竞争行为。"而针对原本属于在不同地域范围内的善意使用，但随着一方或者双方经营范围的扩大，致使本来互不交叉重合的适用范围形成了重合交叉的情况，第一条第二款也作出规定，"因后来的经营活动进入相同地域范围而使其商品来源足以产生混淆，在先使用者请求责令在后使用者附加足以区别商品来源的其他标识的，人民法院应当予以支持。"

---

❶ 蒋志培，孔祥俊，王永昌．《关于审理不正当竞争民事案件应用法律若干问题的解释》的理解与适用［J］．人民司法，2007（5）．

案例18　网络游戏界面是否属于反不正当竞争法意义上特有装潢的认定标准

——暴雪娱乐有限公司等诉北京分播时代网络科技有限公司等不正当竞争纠纷案

> **裁判要旨**

　　网络游戏是指由软件程序和信息数据构成，通过互联网、移动通信网等信息网络提供的游戏产品和服务。网络游戏上网运营是指通过信息网络，使用用户系统或收费系统向公众提供游戏产品和服务的经营行为。由此可知，网络游戏兼具商品和服务的属性。玩家从游戏运营商获得客户端软件，体现了网络游戏的商品属性。玩家每次登录网络游戏，都必须与游戏运营商的服务器连接，接受游戏运营商提供相关服务，体现了网络游戏的服务属性。考虑到反不正当竞争法语境下商品即为服务，两者没有本质区别。玩家获得客户端软件是接受游戏运营商服务的前提，如果没有后续服务，玩家获得的客户端软件将没有实际意义，故《魔兽世界》系列游戏是服务。

　　知名游戏的名称具有区别商品来源显著特征的，可以作为反不正当竞争法中的知名商品特有名称予以保护。知名游戏的标题、登录、创建界面，是玩家正式享受游戏服务前的必经界面，若这些界面具有独特装饰风格，能够产生来源区分作用，可以构成反不正当竞争法中的特有装潢。

案例 18
网络游戏界面是否属于反不正当竞争法意义上特有装潢的认定标准

〖入选理由〗

随着网络游戏产业的飞速发展，为追求经济利益，通过模仿或抄袭他人网络游戏名称、标题、登录、创建界面等来获取游戏玩家更多关注的现象不断出现，由此引发的网络游戏侵权案不断增加。暴雪公司作为全球领先的游戏开发运营公司，旗下的《魔兽世界》系列游戏知名度很高并获得巨大的市场成功，因此成为恶意模仿和"搭便车"者快速获取不法利益的目标。

该案的典型意义在于，首次回答了游戏界面能否构成反不正当竞争法意义上特有装潢的问题，具有较强参考价值。此外，依据被诉游戏第三方销售平台客观数据，在认定被告构成举证妨碍的情况下，综合考虑各种因素后确定 200 万元高额赔偿，体现了知识产权市场价值。

〖案例索引〗

一审案号：广州知识产权法院（2015）粤知法商民初字第 2 号
二审案号：广东省高级人民法院（2016）粤民终 1775 号

〖基本案情〗

上诉人（一审被告）：北京分播时代网络科技有限公司（以下简称"分播公司"）

上诉人（一审被告）：广州市动景计算机科技有限公司（以下简称"动景公司"）

被上诉人（一审原告）：暴雪娱乐有限公司（以下简称"暴雪公司"），住所地美国

被上诉人（一审原告）：上海网之易网络科技发展有限公司（以下简称"网之易公司"）

一审被告：成都七游科技有限公司（以下简称"七游公司"）

一审诉请

暴雪公司、网之易公司向一审法院起诉请求判令：（1）分播公司、动景公司、七游公司立即停止侵犯暴雪公司、网之易公司知名商品特有名称、装潢的不正当竞争行为；（2）分播公司立即停止虚假宣传的不正当竞争行为；（3）分播公司、动景公司、七游公司立即停止使用暴雪公司、网之易公司游戏角色特有名称的不正当竞争行为；（4）七游公司、分播公司连带赔偿含维权合理开支在内的经济损失共500万元，动景公司对其中的25万元负连带赔偿责任；（5）分播公司在被诉游戏官网及腾讯游戏网上刊登由法院审核的道歉声明，消除不利影响。

一审判决

一审法院认为，该案主要涉及以下问题：（1）《魔兽世界》系列游戏是否是知名商品或服务，暴雪公司、网之易公司主张的名称和装潢是否特有；（2）如果是，七游公司、分播公司是否构成擅自使用暴雪公司、网之易公司游戏名称、装潢的不正当竞争行为；（3）分播公司是否构成虚假宣传；（4）七游公司、分播公司、动景公司是否侵犯了暴雪公司、网之易公司的商品化权；（5）暴雪公司、网之易公司的诉讼请求能否成立。

一、《魔兽世界》系列游戏是否是知名商品或服务，暴雪公司、网之易公司主张的名称和装潢是否特有

关于涉案系列游戏是商品还是服务。《魔兽世界》系列游戏属于网络游戏。根据国家文化部《网络游戏管理暂行办法》第二条，网络游戏是指由软件程序和信息数据构成，通过互联网、移动通信网等信息网络提供的游戏产品和服务。网络游戏上网运营是指通过信息网络，使用用户系统或收费系统向公众提供游戏产品和服务的经营行为。由此可知，网络游戏兼具商品和服务的属性。玩家从游戏运营商获得客户端软件，体现了网络游戏的商品属性。玩家每次登录网络游戏，都必须与游戏运营商的服务器连接，接受游戏运营

案例 18
网络游戏界面是否属于反不正当竞争法意义上特有装潢的认定标准

商提供相关服务，体现了网络游戏的服务属性。考虑到反不正当竞争法语境下商品即为服务，两者没有本质区别。玩家获得客户端软件是接受游戏运营商服务的前提，如果没有后续服务，玩家获得的客户端软件将没有实际意义。故《魔兽世界》系列游戏是服务。

关于是否知名。根据《最高人民法院关于审理不正当竞争民事案件应用法律若干问题的解释》（法释〔2007〕2号）第一条规定，在中国境内具有一定的市场知名度，为相关公众所知悉的商品，应当认定为反不正当竞争法第五条第（二）项规定的"知名商品"。人民法院认定知名商品，应当考虑该商品的销售时间、销售区域、销售额和销售对象，进行任何宣传的持续时间、程度和地域范围，作为知名商品受保护的情况等因素，进行综合判断。暴雪公司、网之易公司应当对其商品的市场知名度负举证责任。

在该案中，暴雪公司、网之易公司为证明《魔兽世界》系列游戏是知名服务，提供了该系列游戏在国外和中国的发行运营情况、国内知名网络媒体和期刊对该系列游戏用户数量和销售收入的报道、第三方游戏网站对该系列游戏最新资料片《魔兽世界：德拉诺之王》上线前后的大量宣传、该系列游戏在国内荣获的权威奖项等证据。这些证据相互印证，足以证明《魔兽世界》系列游戏在中国境内具有很高的知名度，为游戏玩家和游戏经营者所熟知。而被诉游戏官网链接文章称《魔兽世界》是国内神话般的游戏，与它靠边的作品几乎红得发紫。也在一定程度上反映了分播公司对《魔兽世界》游戏知名度的认可。所以，一审法院认为《魔兽世界》系列游戏是知名服务。这里需要说明的是，《魔兽世界：德拉诺之王》正式上线至该案发生不到两个月的时间。如果仅以上线时间短为由认为其不构成知名，则无疑是孤立、机械地看待问题。《魔兽世界：德拉诺之王》是《魔兽世界》系列游戏的最新资料片，其天然承继了该系列游戏长达10年运营所累积的知名度，且自该资料片上线前几个月起，暴雪公司、网之易公司就通过官网和第三方游戏网站持续性地大量宣传。故《魔兽世界：德拉诺之王》游戏也应当是知名服务。

关于涉案名称、装潢是否特有。根据解释第二条，具有区别商品来源的显著特征的商品的名称、包装、装潢，应当认定为反不正当竞争法第五条第

（二）项规定的"特有的名称、包装、装潢"。根据解释第三条，由经营者营业场所的装饰、营业用具的式样、营业人员的服饰等构成的具有独特风格的整体营业形象，可以认定为反不正当竞争法第五条第（二）项规定的"装潢"。国家工商行政管理总局《关于禁止仿冒知名商品特有的名称、包装、装潢的不正当竞争行为的若干规定》第三条规定，知名商品特有的名称，是指知名商品独有的与通用名称有显著区别的商品名称。但该名称已经作为商标注册的除外。

在该案中，暴雪公司、网之易公司主张"魔兽""魔兽世界""魔兽世界德拉诺之王""德拉诺"是《魔兽世界》系列游戏的特有名称。首先，"德拉诺"是《魔兽世界》系列游戏中一个星球的名称，其既不能指代《魔兽世界》系列游戏，也不能指代《魔兽世界：德拉诺之王》游戏，故不构成游戏的名称。其次，虽然"魔兽世界"是《魔兽世界》系列游戏的名称，"魔兽"可以解释为《魔兽世界》系列游戏的简称，但暴雪公司已经在第41类提供在线计算机游戏服务上进行了商标注册，根据上述规定，其不构成知名商品的特有名称。关于暴雪公司、网之易公司称这两个名称作为商标注册的事实不影响其主张的知名商品特有名称权的问题。一审法院认为，由于知识产权专门法与反不正当竞争法的保护角度和保护条件不同，后者对前者起到一定的补充作用。知名商品特有名称与注册商标一样，具有区分商品来源的作用。擅自使用知名商品特有名称的行为，不仅损害了权利人努力构建的商品名称与商品来源的指向关系，也容易导致市场混淆，从而损害了广大消费者的利益，故有必要进行法律规制。但商标法只保护注册商标和未注册驰名商标，在此情况下，反不正当竞争法应当发挥补充作用，对擅自使用知名商品特有名称的行为予以制止。一旦商品名称作为商标注册，商标法足以维护权利人合法权益，制止市场混淆行为，已无寻求反不正当竞争法补充保护之必要，故不应将该商品名称认定为知名商品特有名称。据此，暴雪公司、网之易公司的主张不能成立。最后，"魔兽世界德拉诺之王"是《魔兽世界：德拉诺之王》游戏的名称。由于《魔兽世界：德拉诺之王》游戏具有很高知名度，"魔兽世界德拉诺之王"能明确指向暴雪公司、网之易公司开发运营的游戏，具有区分商品来源的显著特征,分播公司也未能举证证明该名称已作为商标注册,故应认定其构成知名服务的特有名称。

暴雪公司、网之易公司还主张涉案游戏标题界面、登录界面和人物构建界面是《魔兽世界》系列游戏的特有装潢。一审法院认为,《魔兽世界》系列游戏是暴雪公司、网之易公司向玩家提供的游戏服务。与现实世界的服务不同,暴雪公司、网之易公司提供的是虚拟环境下的服务。但现实服务与虚拟服务都是服务,两者在服务环境上的区别,不应该成为拒绝虚拟服务提供者享有反不正当竞争法中知名服务特有装潢权利的理由。由于玩家接受游戏服务时只看到一幕幕游戏界面,故如果相关界面具有独特的装饰风格,能够产生区分服务来源的作用,根据解释第三条应当构成服务的特有装潢。《魔兽世界》属于大型多人在线角色扮演游戏,玩家必须选定扮演的角色(即登录后在人物创建界面选择角色),才能以该角色身份进入游戏世界。故暴雪公司、网之易公司主张的三个游戏界面,是玩家正式享受游戏服务前必经界面,其中,标题界面类似于现实服务经营场所的招牌,登录界面和人物创建界面类似于现实服务经营场所的门面装饰。根据对比,标题界面的主副标题分为上下两层并被造型独特的边框围绕,边框上有飞檐、龙形生物或尖锐的戒指。登录界面有一个巨大的传送门,门前立柱站着两个手持重剑不怒而威的巨人,眼睛是血红色的,门后是陡峭的山峦和紫红色的天空。人物创建界面是一个带窗的穹顶,正中有巨大的吊灯,窗外可见绿色的森林、灰色的建筑和山峦。这些设计充分体现了《魔兽世界》系列游戏神秘、奇幻、绚丽、大气的风格,能够建立起与暴雪公司、网之易公司游戏的特定联系,产生区分服务来源的作用,故构成知名服务特有的装潢。

二、是否构成擅自使用暴雪公司、网之易公司游戏名称、装潢的不正当竞争行为

根据《反不正当竞争法》第二条,不正当竞争是指经营者违反本法规定,损害其他经营者的合法权益,扰乱社会经济秩序的行为。根据第五条第(二)项,擅自使用知名商品特有的名称、包装、装潢,造成和他人的知名商品相混淆，使购买者误认为是该知名商品，构成不正当竞争。根据解释第四条，足以使相关公众对商品的来源产生误认，包括误认为与知名商品的经营者具有许可使用、关联企业关系等特定联系的，应当认定为反不正当竞争法第五条第（二）项规定的"造成和他人的知名商品相混淆，使购买者误认为是该知名商品"。

关于竞争关系。《魔兽世界》系列游戏是个人电脑游戏，通过互联网提供。被诉游戏主要是手机游戏（也可适用于平板电脑），通过移动通信网提供。但两者都属于网络游戏，客户群存在一定的重合。随着移动互联网技术的迅猛发展，越来越多的个人电脑游戏经营者会进入手机游戏市场，越来越多的个人电脑游戏玩家也会玩手机游戏。所以，作为两类游戏的经营者，双方当事人具有较强的竞争关系，满足不正当竞争之诉的前提。

关于名称的对比。被诉游戏先后使用了两个名称，即《酋长萨尔：魔兽远征》和《全民魔兽：决战德拉诺》。《酋长萨尔：魔兽远征》游戏名称与《魔兽世界：德拉诺之王》游戏名称，音形意均存在显著区别，两者不构成相同或近似名称。《全民魔兽：决战德拉诺》游戏名称与《魔兽世界：德拉诺之王》游戏名称，两者都包含"魔兽"与"德拉诺"。虽然被诉游戏上线在先，但其在《魔兽世界：德拉诺之王》上线后紧接着改名为《全民魔兽：决战德拉诺》，明显具有攀附《魔兽世界：德拉诺之王》游戏知名度的故意，容易造成玩家混淆误认，应当认定两者构成相似名称。

关于装潢的对比。被诉游戏玩家在挑选角色正式进入游戏世界前，也必须经过标题界面、登录界面和人物创建界面。根据对比可知，被诉游戏无论是《酋长萨尔：魔兽远征》还是《全民魔兽：决战德拉诺》标题界面，主副标题也分为上下两层，边框的造型独特，边框上有飞檐和龙形生物。被诉游戏的登录界面也有巨大的传送门，门前立柱站着两个手持重剑不怒而威的巨人，眼睛是血红色的，门后是陡峭的山峦和紫红色的天空。被诉游戏人物创建界面也是一个带窗的穹顶，正中有巨大的吊灯，窗外可见绿色的森林、灰色的建筑和山峦。显然，除标题文字有所区别外，被诉游戏完全抄袭了《魔兽世界》系列游戏的装潢设计。将三个界面作为游戏整体装潢进行考虑，被诉装潢已足以导致玩家的混淆误认,应认定其与暴雪公司、网之易公司主张的装潢构成近似。

七游公司是被诉游戏的开发商,分播公司是独家运营商,分播公司还是七游公司的股东。故七游公司、分播公司共同构成擅自使用暴雪公司、网之易公司知名服务特有名称、装潢的不正当竞争行为。

三、分播公司是否构成虚假宣传

根据《反不正当竞争法》第九条,经营者不得利用广告或其他方法,对商品的质量、制作成分、性能、用途、生产者、有效期限、产地等作引人误解的虚假宣传。根据解释第八条,经营者以歧义性语言或者其他引人误解的方式进行商品宣传,足以造成相关公众误解的,可以认定为反不正当竞争法第九条规定的引人误解的虚假宣传行为。人民法院应当根据日常生活经验、相关公众一般注意力、发生误解的事实和被宣传对象的实际情况等因素,对引人误解的虚假宣传行为进行认定。

根据查明事实,分播公司在其官方网站、官方微信、官方微博以及第三方网站对被诉游戏进行了宣传,称被诉游戏是一款以魔兽世界为背景的手游,是一款魔兽手游、最魔兽手游、指尖上的魔兽,是正统魔兽传承。这些宣传用语,足以让玩家误以为被诉游戏是暴雪公司开发或其关联公司开发或经许可开发的手机游戏。所以,分播公司的行为构成虚假宣传。

四、是否侵犯了暴雪公司、网之易公司的商品化权

商品化权并非我国法定权利。对此,暴雪公司、网之易公司并无异议。暴雪公司、网之易公司因此以反不正当竞争法第二条为依据,主张七游公司、分播公司、动景公司擅自使用其《魔兽世界》系列游戏知名角色特有名称,构成不正当竞争。

根据《反不正当竞争法》第二条,经营者在市场交易中,应当遵循自愿、平等、公平、诚实信用的原则,遵守公认的商业道德。不正当竞争是指经营者违反该法规定,损害其他经营者的合法权益,扰乱社会经济秩序的行为。

一审法院认为，从字面含义理解，该条制止的不正当竞争行为是以违反诚实信用原则和公认商业道德的方式实施，并损害其他经营者合法权益的行为。由于《反不正当竞争法》第五条至第十五条规定了特定的不正当竞争行为，所以第二条制止的不正当竞争行为不是某种特定的不正当竞争行为，否则没有适用该条之必要。另外，反不正当竞争法在有限范围内对知识产权专门法起补充保护作用。所以，该条提供的保护不能与知识产权专门法的立法政策相悖，知识产权专门法已作穷尽保护的，不能以该条为依据提供额外保护。因此，该条的适用条件可归纳为：（1）暴雪公司、网之易公司寻求保护的是合法权益，对其进行保护不会与知识产权专门法立法政策相悖；（2）被诉行为不是反不正当竞争法规定的特定不正当竞争行为；（3）被诉行为以违反诚实信用原则和公认商业道德的方式实施，侵害了暴雪公司、网之易公司的合法权益，确有制止之必要。

关于第一个条件。根据暴雪公司、网之易公司提交的相关出版物如《魔兽世界：终极视觉宝典》及第三方网站如新浪网的介绍，暴雪公司、网之易公司主张的6个人物是《魔兽世界》系列游戏的主要角色。由于《魔兽世界》系列游戏具有很高的知名度，涉案6个角色必然为玩家所熟知，相应具有很高的知名度。暴雪公司、网之易公司能够利用涉案角色的知名度。根据查明事实，网之易公司经暴雪公司许可在网易暴雪周边商城推销印有涉案角色名称的马克杯、玩偶、手机壳和T恤衫。这些产品能够对《魔兽世界》游戏的玩家产生吸引力。游戏玩家看到这些产品上涉案角色名称，就会与《魔兽世界》系列游戏联系起来，想起游戏时的美好体验，产生情感上的共鸣，从而激发消费需求。这表明，涉案角色的知名度为暴雪公司、网之易公司带来了更多的商业利益和竞争优势。这种商业利益和竞争优势，归根结底来源于暴雪公司、网之易公司创造性的智力劳动、经年的诚实经营、精心的商誉维护以及持续的广告投入等。涉案角色名称，虽然因欠缺作品相关要件不能得到著作权法的保护，因未注册不能得到商标法的保护，但保护涉案角色名称承载的商业利益和竞争优势，并不会与知识产权专门法鼓励创新和促使经营者保证商品（服务）质量的立法政策相悖。所以，涉案角色名称应当得到反不正当竞争法的保护,是合法权益。

关于第二个条件。《反不正当竞争法》第五条至第十五条对特定的不正当竞争行为作出了规定。根据反不正当竞争法第五条,擅自使用他人的企业名称或者姓名,引人误认为是他人的商品,构成不正当竞争。一审法院认为,这里的姓名应指自然人的姓名,并不包括游戏角色的姓名。所以,该案无法依据该条对擅自使用涉案角色名称的行为作出法律评价。另外,被诉行为也明显不属于《反不正当竞争法》第六条至第十五条调整的对象。

关于第三个条件。七游公司和分播公司未经许可,在与《魔兽世界》系列游戏具有较强竞争关系的被诉游戏中,使用与涉案知名角色名称相同或近似的角色名称,主观上具有攀附暴雪公司、网之易公司游戏知名度的故意,客观上容易导致玩家的混淆误认,割裂了涉案角色与暴雪公司、网之易公司游戏的特定联系,损害了暴雪公司、网之易公司的合法权益,显然是违反诚实信用原则和公认商业道德的行为,不制止将不足以维护公平竞争的市场秩序。

关于动景公司行为的侵权认定。根据《最高人民法院关于审理侵害信息网络传播权民事纠纷案件适用法律若干问题的规定》第四条和第七条,网络服务提供者能够证明其仅提供自动接入、自动传输、信息存储空间、搜索、链接、文件分享技术等网络服务,主张其不构成共同侵权行为的,人民法院应予支持。网络服务提供者在提供网络服务时教唆或者帮助网络用户实施侵害信息网络传播权行为的,人民法院应当判令其承担侵权责任。在该案中,动景公司为证明其是网络服务提供者不构成侵权,提交了《九游开发平台合作协议》。但根据该协议内容,动景公司不仅提供合作游戏的上传、存储、下载服务,还提供用户系统和支付系统服务,并收取服务费,且有权授权第三方为游戏提供信息服务、广告服务、推广服务,有权对游戏软件提出技术建议,负责协助游戏的客户服务,客服人员在游戏发布的公告内容也须经动景公司认可。显然,动景公司不是仅提供自动接入、自动传输、信息存储空间、搜索、链接、文件分享的网络服务提供者。由于《魔兽世界》系列游戏具有很高的知名度,作为专业的游戏发布平台,动景公司在提供上述服务时应当知道被诉游戏涉嫌侵权，从而有要求分播公司提供合法授权的义务。但动景公司未尽合理注意义务，主观上存在过错，客观上为分播公司侵权提供了帮助，构成帮助侵权。

五、暴雪公司、网之易公司的诉讼请求能否成立

分播公司、动景公司、七游公司的行为构成不正当竞争，应依法承担停止侵权的民事责任。鉴于一审法院已在著字第 2 号案中判决被诉游戏整体下线，暴雪公司、网之易公司诉请分播公司、动景公司、七游公司停止侵权的诉请已经满足，故该案不再重复判决。分播公司不仅实施虚假宣传行为，还采用美女登门陪玩等营销方式，给暴雪公司、网之易公司造成了不良影响，损害其商誉，故暴雪公司、网之易公司要求分播公司在被诉游戏官网及腾讯游戏网刊登声明消除不利影响，依据充分，一审法院亦予以支持。

关于暴雪公司、网之易公司诉请赔偿经济损失 500 万元的问题。七游公司和分播公司共同实施了不正当竞争行为，依法应承担连带赔偿责任。根据《反不正当竞争法》第二十条，经营者违反本法规定，给被侵害的经营者造成损害的，应当承担损害赔偿责任，被侵害的经营者的损失难以计算的，赔偿额为侵权人在侵权期间因侵权所获得的利润；并应当承担被侵害的经营者因调查该经营者侵害其合法权益的不正当竞争行为所支付的合理费用。根据解释第十七条，确定反不正当竞争法第五条、第九条、第十四条规定的不正当竞争行为的损害赔偿额，可以参照确定侵犯注册商标专用权的损害赔偿额的方法进行。在该案中，被诉不正当竞争行为包括虚假宣传和擅自使用知名服务特有名称、装潢。故该案可以参照确定商标侵权赔偿额的方法确定赔偿额。《商标法》第六十三条规定，权利人因被侵权所受到的实际损失、侵权人因侵权所获得的利益、注册商标许可使用费难以确定的，由人民法院根据侵权行为的情节判决给予 300 万元以下的赔偿。

在该案中，暴雪公司、网之易公司并未举证证明其实际损失。暴雪公司、网之易公司虽然提出了被诉游戏在安卓和苹果平台销售收入的计算方式，但这并非是对侵权获利的直接计算。故在此情况下，法院应当综合考虑案件相关因素酌情确定赔偿数额。一审法院认为，需要考虑的相关因素包括：（1）《魔兽世界》系列游戏具有很高知名度；（2）不正当竞争行为包括虚假宣传、擅自使用知名服务特有名称和装潢、擅自使用他人知名游戏角色名称，侵权行为性质严重；（3）七游公司和分播公司侵权故意明显；（4）分播公司关于被诉游戏在苹果平台销售收入5381665元的陈述，客观真实。关于分播公司主张该数据是为达成调解而妥协认可事实的问题。根据《最高人民法院关于民事诉讼证据的若干规定》第六十七条，当事人为达成调解协议或者和解的目的作出妥协所涉及的对案件事实的认可，不得在其后的诉讼中作为对其不利的证据。一审法院认为，为达成调解而妥协认可的事实，应指一方当事人为达成调解目的，对另一方当事人提出的对其不利的事实，在未经充分举证质证情况下，妥协确认的事实。由于未经充分举证质证，该事实可能缺乏足够证据证明，甚至存在与客观事实相反的情形。如果法院在其后诉讼中以当事人自认为由对该事实直接认定，免除另一方当事人的举证责任，就违背了程序公平和以事实为根据的基本原则。然而，被诉游戏在苹果平台销售收入高达5381665元的事实，并不属于上述规定中妥协认可的事实，理由如下：第一，该数据并非暴雪公司、网之易公司主张或提出，分播公司认可，而是由分播公司主动提交。第二，该数据已由分播公司自行证明。分播公司为证明该数据的真实性，在一审法院见证下登录其苹果商店账户操作查询过程，并将查询结果界面出示给暴雪公司、网之易公司审核。第三，一审法院注意到，分播公司还提出该数据包括同时运营的其他游戏销售收入的主张。虽然该主张与分播公司在调解中的陈述和其向一审法院展示的事实不符，为尽可能还原客观事实，一审法院指定期限要求分播公司进行合理解释并提交相关证据证明，但其称法院禁令后其无法登录平台账户，无法提供准确数据。该说法显然不能成立，因为调解正是发生在该案禁令之后，当时分播公司能够自如登录其苹果账户进行查询。综上，5381665元销售收入不是分播公司为达成调解而妥协认可的数据，其客观真实，应被采纳。由于该数据已经扣除苹果商店30%分成，故被诉游戏在苹果平台总的销售收入为7688093元。（5）被诉游戏在安卓平台的销售收入。一审法院在指定期限要求分播公司提交苹果平台相关数据时,亦要求分播公司提交安卓平台相关数据。分播公司以相同理由未能提交,如前所述其理由不能成立。由于苹果平台与安卓平台是被诉游戏运营的两大平台,具有基本相当的市场份额,一审法院推定安卓平台销售收入与苹果平台 7688093 元销售收入基本相当。(6) 参考手游行业一般利润率。根据该案及著字第 2 号案判决的情况,被诉游戏抄袭《魔兽世界》游戏诸多重要元素,且利用《魔兽世界》游戏知名度营销,故开发宣传成本较低,其利润率应高于行业一般利润率。(7) 侵权行为对被诉游戏实现利润的作用。(8) 暴雪公司、网之易公司为制止侵权所支付的合理费用。暴雪公司、网之易公司主张的公证费、打印费、交通费及住宿费均为合理费用,一审法院予以支持。(9) 该案与著字第 2 号案的关联关系在确定赔偿数额时的体现。综上,由于被诉游戏在安卓和苹果两大平台总的销售收入超过 1500 万元,分播公司无正当理由拒绝提供被诉游戏相关财务账册资料,一审法院着重考虑这两点,并考虑以上其他因素和参考手机游戏行业一般利润率,酌定七游公司和分播公司连带赔偿暴雪公司、网之易公司 200 万元。

动景公司帮助分播公司实施侵权,应就该帮助部分的侵权承担连带赔偿责任。考虑到九游网的侵权在全案侵权事实中所起作用,一审法院酌定动景公司对 200 万元赔偿额中的 10 万元承担连带赔偿责任。

综上所述,一审法院判决:(1) 成都七游科技有限公司、北京分播时代网络科技有限公司于该判决发生法律效力之日起 10 日内连带赔偿暴雪娱乐有限公司、上海网之易网络科技发展有限公司人民币 200 万元;(2) 广州市动景计算机科技有限公司对第一项判决金额中的 10 万元承担连带赔偿责任;(3) 北京分播时代网络科技有限公司于该判决发生法律效力之日起 30 日内在《全民魔兽:决战德拉诺》(原名《酋长萨尔:魔兽远征》) 官网 (http://lmvsbl.rekoo.com/) 和腾讯游戏网 (http://games.qq.com/) 刊登声明,消除对暴雪娱乐有限公司、上海网之易网络科技发展有限公司的不利影响 (内容须经法院审定);(4) 驳回暴雪娱乐有限公司、上海网之易网络科技发展有限公司其他诉讼请求。一审案件受理费 46800 元,由暴雪娱乐有限公司、上海网之易网络科技发展有限公司共同负担 14040 元,成都七游科技有限公司、北京分播时代网络科技有限公司共同负担32760元。

二审判决

广东省高级人民法院认为，该案系不正当竞争纠纷。根据上诉请求和理由、答辩意见，相关事实和证据，该案二审焦点为：一审判决对涉案游戏知名服务特有名称、装潢相关权益的认定，是否有事实和法律依据；分播公司是否属于反不正当竞争法规制的经营者范畴；动景公司的行为是否构成不正当竞争；一审判决确定的民事责任承担方式、赔偿数额的计算依据是否正确，数额是否合理。

一、审判决对涉案游戏知名服务特有名称、装潢相关权益的认定是否有事实和法律依据

根据《反不正当竞争法》第五条第（二）项规定，经营者不得擅自使用知名商品特有的名称、包装、装潢，或者使用与知名商品近似的名称、包装、装潢，造成和他人的知名商品相混淆，使购买者误认为是该知名商品，损害竞争对手。受反不正当竞争法保护的该类民事权益，需满足"知名商品"和"特有名称、包装、装潢"的法定要件。分播公司上诉主张《魔兽世界》系列游戏不构成"知名商品"，《魔兽世界：德拉诺之王》不构成"特有名称"，涉案游戏标题界面、登录界面、人物创建界面不构成"特有装潢"，对此，二审法院分析认定如下：

关于《魔兽世界》系列游戏是否属于"知名商品"的问题。《反不正当竞争法》第二条规定经营者包括"从事商品经营或者营利性服务（以下所称商品包括服务）"的主体，因此"知名商品"包括知名服务。解释第一条规定，在中国境内具有一定的市场知名度，为相关公众所知悉的商品，应当认定为反不正当竞争法第五条第（二）项规定的"知名商品"；认定知名商品，应当考虑该商品的销售时间、销售区域、销售额和销售对象，进行任何宣传的持续时间、程度和地域范围，作为知名商品受保护的情况等因素，进行综合判断。该案中，暴雪公司、网之易公司为证明《魔兽世界》系列游戏的知名程度，提交了长期以来该款游戏在中国境内进行大量宣传活动，参与游戏行业评选并获得荣誉，受到各大知名媒体正面宣传报道等证据，以上证据相互印证，综合反映出《魔兽世界》系列游戏进入国内市场时间长，用户数量巨大，盈利能力强，行业评价高，足以证明《魔兽世界》系列游戏在中国境内具有非常高的知名度，此外，分播公司宣传被诉游戏时自身也对《魔兽世界》作出很高评价，也进一步印证其知名度。一审判决认定《魔兽世界》系列游戏构成"知名商品"，有事实和法律依据，二审法院予以维持。

关于"特有名称""特有装潢"的问题。根据解释第二条的规定，具有区别商品来源的显著特征的商品的名称、包装、装潢，应当认定为反不正当竞争法第五条第（二）项规定的"特有的名称、包装、装潢"。因此，名称、装潢是否特有，关键在于其是否具备足以区别商品来源的显著性。分播公司主张角色扮演类游戏中英雄等元素普遍存在，界面和装饰风格难免相似。对此，二审法院认为，显著性的认定应以案件具体事实为基础进行判断。"魔兽世界德拉诺之王"系《魔兽世界》系列游戏之一的主题名称，主题内容明确，游戏知名度非常高，因此，该名称具有区别商品来源的显著性。具体到涉案标题界面、登录界面、人物创建界面，其界面构成与《魔兽世界》特定游戏元素紧密结合，通过色彩、线条、图案及构图形成独特风格，相关公众接触到该界面时能够建立起与《魔兽世界》的联系。一审判决关于涉案特定的游戏名称和界面构成知名商品特有名称、装潢的认定有事实依据，适用法律正确，二审法院予以维持，暴雪公司、网之易公司合法享有的民事权益应予保护。

二、分播公司是否属于反不正当竞争法规制的经营者范畴

反不正当竞争法旨在维护公平健康的市场经济竞争秩序，故受反不正当竞争法调整的法律关系中的经营者，须在从事市场经济活动中存在竞争关系。暴雪公司、网之易公司从事互联网游戏等游戏商品或服务的经营活动，是《魔兽世界》系列游戏的经营者，分播公司亦从事互联网游戏经营，双方当事人所在行业领域相同，具有竞争关系。分播公司主张计算机端游和手机端游不同,而该区别属于互联网游戏行业中进一步细分领域的差别,而且两个细分领域密切关联,往往相互渗透,对于游戏开发运营商或用户而言并非泾渭分明的不同领域。分播公司与暴雪公司、网之易公司具有竞争关系,受反不正当竞争法调整,分播公司该上诉理由不成立,二审法院予以驳回。

三、动景公司的行为是否构成不正当竞争

《民事诉讼法》第六十九条规定,"经过法定程序公证证明的法律事实和文书,人民法院应当作为认定事实的根据,但有相反证据足以推翻公证证明的除外"。暴雪公司、网之易公司主张动景公司共同实施不正当竞争行为并提供了(2014)沪东证经字第15991号、第15992号公证书(证据15、16)等证据,动景公司上诉质疑公证过程的真实性并据此认为证据15、16不应作为认定事实的依据。对此,二审法院认为,上述两份证据系经过法定程序公证证明的文书,公证书明确记载了证据保全过程,未发现违反公证法定程序的情形,在没有相反证据足以推翻公证证明时,该公证书依法应作为认定事实的依据。动景公司对公证保全过程中部分细节真实性的怀疑缺乏充分理由和足够的反证,不能否定公证书的真实性、合法性、关联性。

根据该案查明事实,动景公司经营的九游网站向公众提供了被诉游戏苹果版本和安卓版本的下载,为游戏运营提供技术支持,并进行相关广告宣传等,此外,动景公司和分播公司签订《九游开发平台合作协议》,约定合作中,九游网提供游戏的上传、存储、下载、用户系统和支付系统技术支持等。由此可见,分播公司与动景公司就被诉游戏在九游网上的运营存在合作关系,动景公司作为九游网经营者与分播公司分工合作实施以上行为,与分播公司构成共同不正当竞争行为,应承担相应的民事侵权责任。动景公司与分播公司之间即便签订知识产权免责条款,该约定的效力也仅限于合同相对方,不能对抗合同方以外的权利人,且基于《魔兽世界》享有极高知名度,被诉游戏中存在大量与《魔兽世界》实质近似的内容以及被诉游戏宣传介绍的实际情况,作为专门从事游戏行业的动景公司,主观上也未尽到合理的注意义务。综上所述,动景公司以其仅提供网络服务并尽到合理注意义务为由抗辩不承

担责任，缺乏事实和法律依据，二审法院不予支持。

四、民事责任问题

针对一审判决确定的各项民事责任，分播公司、动景公司上诉主要认为判赔于法无据且数额过高。关于民事赔偿责任问题，《反不正当竞争法》第二十条第一款规定"经营者违反本法规定，给被侵害的经营者造成损害的，应当承担损害赔偿责任，被侵害的经营者的损失难以计算的，赔偿额为侵权人在侵权期间因侵权所获得的利润；并应当承担被侵害的经营者因调查该经营者侵害其合法权益的不正当竞争行为所支付的合理费用"；解释第十七条第一款规定"确定反不正当竞争法第五条、第九条、第十四条规定的不正当竞争行为的损害赔偿额，可以参照确定侵犯注册商标专用权的损害赔偿额的方法进行"。首先，关于因经营者遭受的实际损失，暴雪公司、网之易公司并未主张也未就具体数额如何计算提交相应的证据证明，且不正当竞争行为与遭受的实际损失应以具有因果关系为限，鉴于《魔兽世界》系列游戏商业运营广泛，游戏市场动态变化快，盈利情况比较复杂，论证因不正当竞争行为遭受的实际损失确有困难，故该案无法以实际损失作为确定赔偿数额的依据。其次，关于侵权获利问题。现有证据表明，被诉游戏采用免费下载、付费购买虚拟游戏币的模式盈利。一审法院组织调解时，分播公司登录其苹果商店账户展示了被诉游戏自上线至2015年2月期间的销售收入金额。分播公司上诉认为该数额不能采信作为判决依据，对此，二审法院认为，根据民事诉讼法规定，在诉讼中当事人为达成调解协议或者和解协议作出妥协而认可的事实，不得在后续的诉讼中作为对其不利的根据，而该案分播公司当场登录苹果商店账户查询的事实系客观事实，并非作出妥协而认可的事实，不属于前述法律规定的情形。苹果商店账户的收入额系反映获利情况最直接关联和重要的证据，而且该账户只处于分播公司的掌握之中，他人难以获知，基于尊重客观事实和倡导诚信诉讼的考虑，该事实可作为认定案件事实的依据。经双方当事人确认的一审笔录记载，分播公司在其代理人和财务人员在场的情况下登录苹果商店账户查询的销售额为5381665元，分播公司随后主张该数额不

案例 18
网络游戏界面是否属于反不正当竞争法意义上特有装潢的认定标准

准确且不唯一对应被诉游戏,对此,一审法院要求分播公司予以解释并提供相应证据,分播公司无正当理由未提供合理说明和相应证据,上诉期间亦未对其主张举证,分播公司应自行承担相应后果。此外,根据暴雪公司、网之易公司提供的来自分播公司的相关宣传报道,被诉游戏短期内安卓版和苹果版的下载安装量巨大,再结合苹果商店游戏货币最低充值单价、付费玩家在所有玩家中的合理占比、移动终端中苹果系统和安卓系统的行业市场份额等情况考虑,可以进一步印证被诉游戏的获利数额较大。最后,在确定具体赔偿数额时,一审判决从被诉游戏在苹果商店的收入实际情况出发,综合考虑了民事权益类别,手游在苹果和安卓平台的行业情况,手游一般利润率,以及该案不正当竞争行为的类型和具体情节,合理维权开支等因素,并考虑了相关著作权纠纷案件的民事责任认定情况。二审法院认为一审判决具体考虑的各个因素具有合理性,其综合考虑方法也体现了客观、公正和全面的要求,在此基础上,一审法院酌定七游公司和分播公司连带赔偿 200 万元,该数额体现了涉案知识产权价值,故二审法院予以维持。至于动景公司就其中 10 万元承担连带责任的问题,二审法院认为动景公司的赔偿责任应与其不正当竞争行为的范围和程度相适应,动景公司实施的不正当竞争行为限于九游网站而非分播公司运营的所有渠道,一审判决确定 10 万元,数额合理,二审法院予以维持。

此外,需要指出的是,该案暴雪公司、网之易公司还主张享有 6 个游戏角色特有名称的商品化权,并就此请求判令七游公司、分播公司、动景公司停止使用上述游戏角色的不正当竞争行为,一审判决认定暴雪公司、网之易公司对游戏角色享有合法权益并依据《反不正当竞争法》第二条的规定予以保护。分播公司、动景公司未对一审判决商品化权益的认定内容提出具体上诉理由,但其上诉请求涵盖该部分。对此,二审法院认为,首先,商品化权并非法定权利,而是否产生商品化权益以及如何保护,现行法律体系和司法实践主要集中于商标法关于保护在先权利和禁止恶意抢注相关条文中"在先权利"的范畴讨论。其次,该案暴雪公司、网之易公司就 6 个游戏角色在马克杯、手机壳、T 恤衫等商品上进行商业使用的事实进行了举证,但并无证据证明七游公司、分播公司、动景公司在周边商品进行了游戏角色的商业使用，二审庭审中暴雪公司、网之易公司亦确认未发现存在该类事实。因此，暴雪公司、网之易公司虽提出商品化权（益）主张，但客观上并无直接对应的侵害行为。再次，暴雪公司、网之易公司主张商品化权（益）的6个游戏角色，已在相关著作权纠纷案件［一审（2015）粤知法著民初字第2号；二审（2016）粤民终1719号］中主张美术作品并获得保护，一般情况下，无再依照反不正当竞争法予以补充保护的必要。最后，从民事责任承担后果上考虑，整个被诉游戏已在相关著作权纠纷案件中被判令停止代理、运营、传播以及向公众提供，暴雪公司、网之易公司的该项诉请已然可以实现。综上，一审判决关于存在游戏角色名称不正当竞争行为的认定欠妥，二审法院予以纠正，但不影响最终民事责任承担认定。

综上所述，二审法院判决：驳回上诉，维持原判。二审案件受理费人民币22800元，由分播公司负担人民币20500元，动景公司负担人民币2300元。

案例解析

该案是一个具有典型意义的不正当竞争案件。原告方主张被告方构成不正当竞争的行为主要表现在三个方面：一是《魔兽世界》系列游戏构成知名商品，被告方擅自使用游戏的特有名称、装潢，构成不正当竞争；二是被告方虚假宣传，构成不正当竞争；三是被告方擅自使用游戏角色的特有名称，侵犯了原告方的商品化权，构成不正当竞争。对于第一个问题，法院支持了暴雪公司、网之易公司的观点，将涉案游戏界面认定为网络游戏的装潢，具有一定的指导意义。但鉴于一审、二审法院在此问题上的观点一致，对该问题的论述也是十分详尽的，故不另作解析。第三个问题实际上涉及游戏人物名称的保护以及《反不正当竞争法》一般条款的适用问题，两级法院持有不同的观点，很有进一步研究的必要。

案例 18
网络游戏界面是否属于反不正当竞争法意义上特有装潢的认定标准

一、《反不正当竞争法》一般条款的适用条件

对于具体的不正当行为类型，1993年《反不正当竞争法》第五条至第十五条作出了规定❶。对于除了上述条文规定的不正当竞争行为之外，能否根据《反不正当竞争法》第二条之规定，认定其他的不正当竞争行为，理论和司法实践中一直存有争议❷。不过，学理和司法实践的通说观点持肯定观点，认为《反不正当竞争法》第二条一般条款可以作为认定不正当竞争行为的裁判依据，但该条款的适用受一定条件的限制。在山东省食品进出口公司、山东山孚集团有限公司、山东山孚日水有限公司与青岛圣克达诚贸易有限公司、马达庆不正当竞争纠纷案❸中，最高人民法院明确指出："虽然人民法院可以适用反不正当竞争法的一般条款来维护市场公平竞争，但同时应当注意严格把握适用条件，以避免不适当干预而阻碍市场自由竞争。凡是法律已经通过特别规定作出穷尽性保护的行为方式，不宜再适用反不正当竞争法的一般规定予以管制。总体而言，适用《反不正当竞争法》第二条第一款和第二款认定构成不正当竞争应当同时具备以下条件：一是法律对该种竞争行为未作出特别规定；二是其他经营者的合法权益确因该竞争行为而受到了实际损害；三是该种竞争行为因确属违反诚实信用原则和公认的商业道德而具有不正当性或者说可责性。"在该案中，法院实际上也采纳了这种观点，对于上述第一个要件，一审法院还作了进一步的解释："由于反不正当竞争法第五条至第十五条规定了特定的不正当竞争行为，所以第二条制止的不正当竞争行为不是某种特定的不正当竞争行为，否则没有适用该条之必要。另外，反不正当竞争法在有限范围内对知识产权专门法起补充保护作用。所以，该条提供的保护不能与知识产权专门法的立法政策相悖，知识产权专门法已作穷尽保护的，不能以该条为依据提供额外保护。"

---

❶ 2017年修改后的《反不正当竞争法》在第六条至第十二条作出规定。考虑到该案适用的是修改前的《反不正当竞争法》，故仍以修改前的《反不正当竞争法》为对象进行论述。
❷ 种明钊. 竞争法 [M]. 3版, 北京：法律出版社, 2016：86-87.
❸ 参见最高人民法院（2009）民申字第1065号民事裁定书。

二、游戏角色名称能否适用《反不正当竞争法》第二条予以保护

在该案中，暴雪公司、网之易公司主张享有6个游戏角色特有名称的商品化权，并就此请求判令七游公司、分播公司、动景公司停止使用上述游戏角色的不正当竞争行为。首先需要指出的是，当事人的这一主张，在逻辑上是存在问题的，如果存在所谓的商品化权，则被告侵犯了这种权利，其行为当然构成商品化权侵权，这种行为不宜认定为不正当竞争行为而通过《反不正当竞争法》规制；既然认为被告的行为属于不正当竞争行为，则被告所侵犯的，应当是原告依法享有的合法利益而非权利。

关于何谓商品化权以及我国是否要承认商品化权，理论上存在较大的争议。但有一点是比较明确的，正如一审、二审判决所指出的，"商品化权"并非一项法定的权利，故对网络游戏的人物名称无法以权利的方式进行救济，只能适用《反不正当竞争法》。由于网络游戏的人物名称并非特定商品或者服务的名称，故其无法依据1993年版《反不正当竞争法》第五条获得保护。那么，能否适用《反不正当竞争法》第二条的规定为其提供保护呢？对此，一审法院持肯定的观点，一审法院认为，该案符合以下三个适用《反不正当竞争法》第二条保护的要件，应当依法认定被告擅自使用涉案网络游戏人物名称的行为构成不正当竞争：（1）暴雪公司、网之易公司寻求保护的是合法权益，对其进行保护不会与知识产权专门法立法政策相悖；（2）被诉行为不是反不正当竞争法规定的特定不正当竞争行为；（3）被诉行为以违反诚实信用原则和公认商业道德的方式实施，侵害了暴雪公司、网之易公司的合法权益，确有制止之必要。二审法院则对此则有不同的观点，并从四个方面阐述了具体的理由。

笔者认为，就该案而言，二审判决的结论无疑是正确的。但需要进一步思考的是，擅自使用他人网络游戏的人物角色名称，是否会构成不正当竞争行为，具体的要件如何？对此，一审法院持肯定观点，而二审判决则并没有给出一个明确的答案。在此问题上，笔者亦与一审法院一样，持肯定的观点，但理由有所不同。笔者认为，这种行为是否构成不正当竞争，应当以是否造

成市场混淆为判断标准，在《反不正当竞争法》修订后，应当以《反不正当竞争法》第六条而非第二条作为裁判依据。理由在于：作为竞争者，擅自使用他人具有一定影响力的网络游戏中的特有人物名角色称，其行为违反诚实信用原则和公认的商业道德，具有不正当性或者说可责性。而且这种行为的确也可能给其他经营者的合法权益造成实际损害。但是，这种行为之所以会给他人造成损害，是基于可能的混淆而非其他。对于市场混淆行为，2017年修订的《反不正当竞争法》第六条规定："经营者不得实施下列混淆行为，引人误认为是他人商品或者与他人存在特定联系：（一）擅自使用与他人有一定影响的商品名称、包装、装潢等相同或者近似的标识；（二）擅自使用他人有一定影响的企业名称（包括简称、字号等）、社会组织名称（包括简称等）、姓名（包括笔名、艺名、译名等）；（三）擅自使用他人有一定影响的域名主体部分、网站名称、网页等；（四）其他足以引人误认为是他人商品或者与他人存在特定联系的混淆行为。"显然，擅自使用他人网络游戏中人物角色名称的行为并不属于该条明确列举的三种情形，但其可能属于第四项规定的"其他足以引人误认为是他人商品或者与他人存在特定联系的混淆行为"。从体系解释的角度来看，这种行为构成不正当竞争的要件三：一是行为人擅自使用他人网络游戏的人物角色名称。二是被使用的网络游戏的人物名称必须有一定的影响力。三是这种使用足以导致混淆，即足以引人误认为行为人的网络游戏与他人的网络游戏存在特定联系。